韩非子传

三晋百位历史文化名人传记丛书

追寻先贤足迹　倾听历史回声
守望伟大传统　成就时代梦想

高专诚／著

山西出版传媒集团
北岳文艺出版社
BEIYUE LITERATURE & ART PUBLISHING HOUSE
·太原

图书在版编目(CIP)数据

韩非子传 / 高专诚著. —太原：北岳文艺出版社，2022.1
ISBN 978-7-5378-6476-3

Ⅰ. ①韩… Ⅱ. ①高… Ⅲ. ①韩非（前280–前233）—传记 Ⅳ. ①B226.5

中国版本图书馆CIP数据核字（2021）第236772号

书　　名：韩非子传
著　　者：高专诚
责任编辑：孙　茜
装帧设计：张永文
篆　　刻：刘　刚
插图设计：阎宏睿
印装监制：郭　勇

出版发行：山西出版传媒集团·北岳文艺出版社
地　　址：山西省太原市并州南路57号
邮　　编：030012
电　　话：0351-5628696（发行部）
　　　　　0351-5628698（编辑室）
传　　真：0351-5628680
网　　址：http://www.bywy.com
E-mail：bywycbs@163.com
经 销 商：新华书店
印刷装订：山西人民印刷有限责任公司

开　　本：787mm×1092mm　1/16
字　　数：270千字
印　　张：20.5
版　　次：2022年1月　第1版
印　　次：2022年1月　山西第1次印刷
书　　号：ISBN 978-7-5378-6476-3
定　　价：48.00元

《三晋百位历史文化名人传记丛书》组织机构

◎韩非子画像

◎战国时代行进中的骑兵

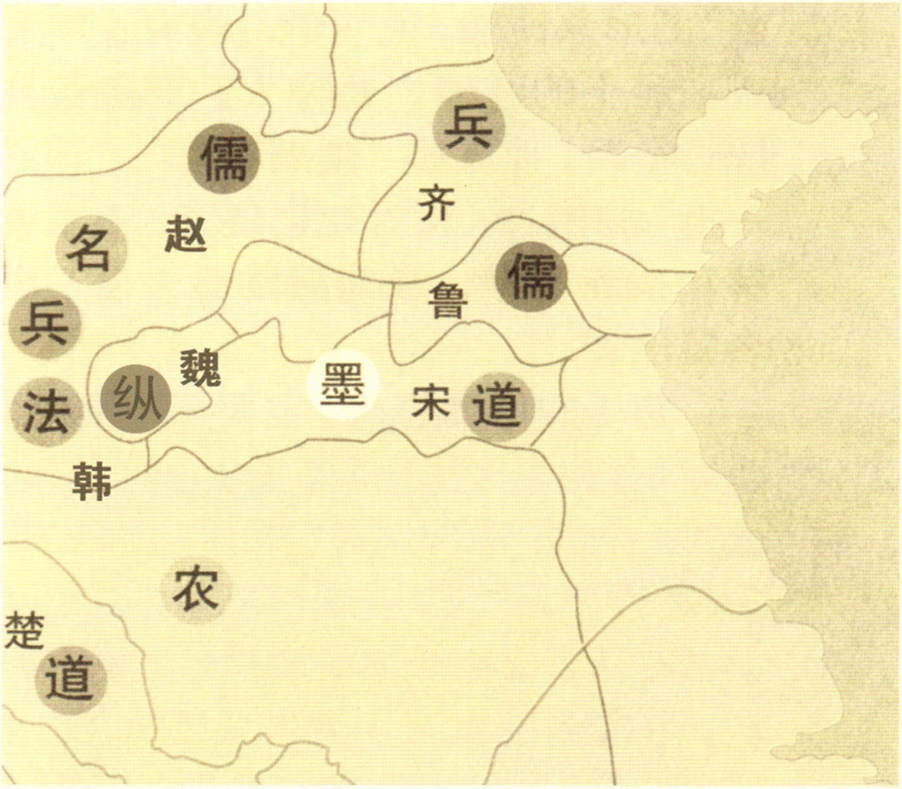

◎春秋战国时期百家争鸣示意图

◎管仲画像

◎子夏画像

◎韩非子老师荀子画像

◎韩非子同窗李斯画像

◎老子画像

◎司马迁画像

◎秦代书体始皇帝

◎秦始皇画像

◎商鞅的铜方升

序：现代化进程中的山西文学

杜学文

从传统社会向现代社会的转化是人类发展进程中的重大课题。每一个国家、每一个民族都将面对，难以回避。个人，作为社会的组成细胞，也同样如此。这并不以我们自己的意志来转移。综观世界各国，在这种转化的进程中，都有了不同的选择，并表现出各异的特色。但总的来说，还是目前我们称之为“发达国家”的率先实现了现代化。其成功的转化有诸多原因，但从文化的角度来看，与其自然环境的特殊性、农耕文明的不发达，以及突出的个人奋斗精神、重利思想、实用主义等有极大的关系。而目前世界上的欠发达国家或发展中国家，则在向现代化转化的历史进程中，又表现出各自不同的特色。就中国而言，在其漫长的历史进程中，农耕文明得到了充分发展，并达到了最为繁荣的境界。现在的发达国家在转型早期的生存压力等表现得并不明显，从而一种自给自足、自得其乐的生活方式逐渐固化。向现代化转型的原生性动力并不强大。从某种意义来看，中国实际上进入了一种人类最美好的发展境界，那就是，依靠劳动来创造财富，与大自然和谐共处，有剩余的时间来体验人生的乐趣等等。中国从传统社会向现代社会的转化主要靠外部的强力推动。就是说，因为先发国家对财富、权力、欲望的强烈追求，在吸纳了东方文化，其中非常重要的是中国文化之后，骤然表现出突飞猛进的发展状态。其商业首先得到了快速的发展。特别是依靠对海外市场的分割，使过去形成的传统的世界市场在大航海时代变得更加活跃。同时，工业技术得到了快速的进步。人类的新发明成几何级数增长。新技术的出现使社会生产力得到了空前的解放，物质生产表现出前所未有的丰富。而与之相应的是社会制度的进一步变革。一种能够服务新的生产力发展的社会管理系统逐渐建立，并在血与火之中不断完善。在这样的变革转型中，东方古老的中国受到了西方先发国家的强烈冲击。传统的农耕文明与新发展的工业文明之间出现了严重了错位，并引发了控制、占有与反控制、反占有的残酷斗争。中国从农耕文明的辉煌顶峰跌落，中国人开始睁开眼睛看世界，并反思自身文明存在的问题。在外力的冲击下，中国不自觉地开始了向现代化转化的历史进程。一代又一代的中国人筚路蓝缕、奉献牺牲，前赴后继、求索奋斗，就是要重新找到国家独立、发展、进步的正确道路，实现民族的复兴。在不同的历史时期，他们承担了不同的历史使命。不同的人们从自己所从事的事业中为这样一个艰难而宏伟的目标做出了自己的贡献。而中国的文学，同样没有疏离民族的历史追求，甚至在许多关键的历史时刻，承担了开启民智、传播思想、激发斗志、重塑文明的历史重任。在这样一个艰难的充满了探索的转型进程中，中国人民表现出了自己最大的智慧与韧性。一直到新中国的建立，才基本形成了主权统一、独立自主的现代国家形态，并以超人的勇气与奋斗精神、惊人的创造力与发展速度迈向现代化。在这样一个伟大的转化进程中，中国虽然经历了失败、屈辱、挫折，但终于创造了他人所没有的成就。而我们的文学，正是这一历史的亲历者、推动者、表现者。就山西文学来说，是中国文学的重要方阵，当然也是这一历史的组成部分。其努力与贡献非常突出。

首先是推动了现代汉语的大众化，为现代汉语从知识阶层走向普通民众，并使二者有机结合做出了积极的贡献。在中国追求现代化的进程中，经历了一个从“器”到“道”的转变。所谓“器”，就是中国人在最初以为是西方发达国家的技术、器物先进，因而倡导“洋务运动”，开办现代工厂，引进西方设施，等等。这些努力从历史发展的必然来看，当然是非常重要的。但是，事实很快证明，仅仅引进西方的先进技术并不能解决问题。之后发生了制度层面的改革，包括推翻清王朝，建立立宪政权，仿效欧美三权分立及选举制度等等。但是，这种形式上的制度变革没有使中国强大起来，反而使中国成了一盘散沙，四分五裂。于是，更多的人开始反思中国的文化。一方面，对中国传统文化中的落后部分进行批判；一方面引进国外的思想如无政府主义、新村主义，包括马克思主义等等。新文化运动成为当时风生水起的社会思潮。从今天来看，其对中国传统文化的批判有许多过激之言。但是如果我们回到具体的历史场景，就会感到这些批判背后所表露的急切心情及历史合理性。在新文化运动中，一个最为突出的问题，也是最为重要的成果就是把中国人使用了数千年的文言文转化为白话文。从文化发展传承的角度来说，以文言文为代表的中国书面语言具有其重要的历史价值、文化价值、文明意义。可以说，文言文的简洁、精炼、典雅，以及其表情达意的丰富性，是世界上任何语言都难以企及的。这也正是其生命力之所在。但是，从历史发展的现实来看，文言文也具有非常严重的局限性，难以适应现代社会的发展要求。首先是缺乏精确性。由于中国传统文化中思维追求整体感、人文感、艺术感，中国的语言缺少对事物的准确表述。这种特点虽然具有非常强烈的人文色彩，以及超越了具体现象的整体感，但是与现代工业技术发展中对事物精确性表达的要求有很大的距离。语言的背后体现的是思维方式。如果语言难以体现精确性要求，人们的思维同样将不能适应时代发展的要求。其次是书面语言与口头语言的分离。虽然任何语言都会表现出书面与口头的差别，也就是说，人们不可能把口头语言照搬为书面语言。但这种差别在汉语中表现得尤为突出。这就是作为书面语言的文言文与口头语言的“白话”之间的区别。这种区别使更多的普通民众与书面书写脱离，对开启民智、提升大众的文化素养产生了障碍。而现代化的实现并不仅仅是少数“文化人”的事，而是全民族的事。因此，语言的变革，使之更能够适应现代化的需要就成为一种时代的必然。20世纪的新文化运动，除了其在价值观方面的追求如“科学”“民主”等之外，对语言的解放也是一种非常强烈的期待。一些有识之士率先放弃了对古代汉语的使用，积极采用白话文来构建现代汉语。这其中，出现了许多具有代表性的人物，如鲁迅、胡适等。今天我们仍然能够感受到鲁迅的语言中存留有古代汉语的元素。这是中国语文从古代汉语向现代汉语过渡的典型表现。而胡适等人则努力使自己的书面语言更加通俗化、口语化，也显示出某种过分倾向于白话的特点。另外一些具有欧美留学背景的人则企望借鉴外来语言对中国的语言进行改造，因而出现了许多非常欧化的表达方式。就中国现代汉语的成熟完善来说，这些努力都是非常珍贵的。但是，真正使新生的现代汉语从古代汉语中出走，并吸纳了民间语言的丰富、生动的特质，使之成为一种既有古代汉语的节制、典雅，又有民间口头语言的生动、活泼，从而使现代汉语能够成为一种具有完整的语法体系、鲜活的表现力，以及体现民族语言特色的“现代汉语”形态，则是以赵树理为代表的作家们做出了重要的不可忽略的贡献。

就赵树理个人的创作而言，其早期也是走欧美语法特色浓重的路线。但是当他发现这条路难以被普通民众接受后，其语言表达发生了转化，开始更加注重民族语言与现代性的融合。他的语言生根于中国古代汉语与民间语言的丰厚土壤。在保持语言典雅品格的同时，至少从这样两个方面进行了努力。一是更多地吸收了民间语言的表达方式，使普通民众能够走进这样的语言，使用这样的语言。也正因此，他的语言表现出非常鲜活、生动的状态，使语言的活力大大增强，表现力得到了拓展甚至突破。二是他的语言在规范性方面进行了重大的努力。一方面剔除了民间语言、方言中粗俗的、生僻的元素，使之更加典雅、庄重，另一方面，他保持并强化了以北方方言为主的结构形式，使之在语法形态方面更加完善严谨。所以，今天我们读赵树理的作品，其语言的流畅、生动、鲜活仍然非常突出。可以说，在中国现代汉语出现、发展、完善的进程中，赵树理做出了不可跨越的贡献。当然，这种贡献不可能是他一个人完成的，而是在特定历史条件下，由包括他在内的一大批作家共同努力，并在一代又一代作家的接力中实现的。赵树理丰富了现代汉语的表现力，并使这种获得新生的语言成为广大民众自己的语言。这后一方面的贡献更为重要。因为如果一种新生的语言难以得到民众的认可，其生命力是非常值得怀疑的。可以这样说，如果没有这些作家的努力，中国的现代汉语很可能成为一种“精英”的语言。也就是说，很可能成为一种少数有“文化”的知识分子的语言。这不仅将使语言的普及受到阻碍，也将因为得不到大众的认可而导致中国现代化的迟滞。

山西的作家受赵树理的影响甚深。除了创作理念、题材选择等方面外，在语言的运用上也同样如此。这也就是说，从赵树理以来的几代山西作家不仅坚持了赵树理的创作方向，也共同为中国现代汉语的进一步完善、发展做出了努力。尽管今天我们可以说，这些作家个人的成就不同，在语言表达方面风格各异，但是他们有一个共同的特点，即在坚持语言的民族化方面都进行了非常积极的实践。进入新时期，随着改革开放的不断深化，各种创作观念竞相显现。山西作家虽然与全国的创作相比更多地表现出固守的姿态，但是新的创作手法、元素等也在自觉不自觉地借鉴当中。其中就语言表达的追求而言，大体表现出两种特点。一种是仍然坚持语言表达的民族风格，并随着时代的发展变化使之更加丰富生动起来。他们的语言，不仅缘于题材选择的民间性、地域性，以及人物、故事的原生性，更缘于吸纳了民间语言的鲜活元素，在叙述、描写等诸多方面更多地体现了植根于本土的语言活力。另一种虽然也注重题材的地域性选择，但在语言表达中更多地呈现出一种开放的意识，比较侧重吸纳外来语言中的合理成分。如修辞的繁复，语句的长结构，象征意象的频繁使用等等。虽然这两种追求表现出各自不同的倾向，但他们随着时代的发展而推动现代汉语不断进步的努力是一致的。

需要我们重视的是，山西作家在自己的创作中表现了中国文化的原生态及其变化。这种原生态不是指文化最初形成的形态，而是指数千年来一直呈现出来的未经现代化浸染、改变的文化。从某种意义来看，它已经成为生活在这样的历史环境中每一个人不自觉的潜在意识，并支配着人们的思想与行为。文学的表达虽然是语言与形象的表达。但是隐藏在语言与形象背后的却是生成这种语言与形象的文化。如果一种文学性的描写没有隐晦地展示出某种文化及其价值观，我以为就是一种表面性的甚或肤浅的描写。山西作家在自己的创作中表现出一个非常突出的特点，即对自己生活的土地、家园有一种执着的关注。而就山西这一地域来说，其文化又具有某种典型性。这就是生根于黄土高原的农耕文化。在中国现代化的进程中，一个非常艰难的任务就是要改变这种文化，使之蜕变为一种新的文化：现代化。这一过程是非常艰难的，也是非常痛苦的。数千年的农耕劳作，已经形成了一种自足的完善的文明体系。但是，就在这种文明体系达到顶峰的时刻，我们突然发现她已经不能适应现代化的要求。于是，开始不自觉地改变自己。这一过程伴随着战争、灾难、屈辱、失去国土与家园等等。在经受这种外在考验的同时，还有我们内在的情感、思想、精神等诸多方面的考验。一方面，救亡与重生成为一种时代的必然使命。另一方面，精神与文化的重建、新生也面临着更大的挑战。就前者而言，山西作家的创作并不是真正的重点。而后者却是其在描写社会变革进步中隐藏的中心。山西是中国最早开始工业化、现代化建设的地区，但是我们很少能够看到山西作家所描写的这方面的作品，而曾经作为抗日战争敌后根据地中心的山西，实际上也没有太多的文学作品来表现。反倒是有许多作品在这样的社会背景下来描写当时的人们如何生活，并参与了这一影响世界文明进程的历史。可以说，这些作家们表面上看起来对社会变革更关心。但是一到拿起笔的时候，就情不自禁地流露出他们对于特定文化及其价值观的不自觉的关注。这实际上成就了他们，也局限了他们。如果就当代文学而言，最早的表达在于农民群体的觉醒。他们感受到了时代的变化，并参与、推动了这样的变化。比如小二黑，虽然具有了杀敌英雄的身份，但作家所要说的却是旧的文化观念，以及由此形成的生活方式对人性的伤害——当然是从爱情的角度切入的。作家的贡献不仅在于表现了时代变化中人性尊严的重新确立，更重要的是，作家生动地再现了这种旧的文化制约在人们劳动、生产、生活、情感，以及社会关系诸多方面的表现。也就是说，作家不是把一个关于追求自由恋爱、自主婚姻的故事作为一种孤立的现象展示出来，而是生动地表现了这种文化观念在旧的生活方式中的普遍性，以及其荒谬性。也就是表达了必须改变这种文化观念的必然要求。这当然是非常符合时代需要的，也是中国在现代化进程中必须跨越的。在山西作家的创作中，相当多地表现了劳动者——当然主要是农民，以及农民出身的、具有农耕文化背景的其他身份的人们对劳动的热爱，对土地的执着，对家庭的重视等等。从历史的层面来看，这些内容都构成了农耕文明的重要组成部分，也是这一文明能够发展、生长的原动力。但是从时代的要求来看，这种文化又成为那些最终必然要离开土地，不再是农民的人们内心世界与精神领域的时代痛苦。比如在改革开放之后，工业化的浪潮漫卷一切。在最具现代化特点的大型露天煤矿当工人的吴福却难以适应这种快节奏的标准化的生活方式。他无限怀恋地回到了自己的家乡。但是家乡已经不再是曾经的家乡，吴福也不再是过去的吴福。他身跨两界，无所归依，内心充满了痛苦。这是一种时代转换、文明更替的痛苦，是一种具有重大典型意义的内心再现。而在现代化程度日益加深的历史时期，农村也已不再是传统意义的农村。农民也不再是仅仅从事农业生产的农民。更大的市场与财富吸引了更多的农民，城市成为新的生活中心。虽然从某种意义来看，城市化可以作为现代化程度的一种标志。但是城市化也同时带来了传统文化的消失、传统生活方式的改变，以及传统人际关系的新建。老甘，这个仍然坚守在内心世界的“过去的农村”中的农民，痛苦地怀恋着昔日活色生香的农村及农村的生活。但是，过去的一切似乎已经义无反顾地过去了。他的农村已然不再。如果说这样的农村随着市场化程度的提高有新生的希望的话，也与过去的农村大不一样。老甘的痛苦同样是一种时代的痛苦，是我们在走向现代化进程中不可回避的痛苦。当然，山西的作家也描写了这种进程中人们的希望、新生，以及由此而来的快乐、自信。宋老大进城送公粮时那种发自内心的自豪感、主人感，那种终于直起了腰板的幸福感将永远感动我们。而在首都打工并学会说普通话的小雪也动人地透露出新一代农民美好的未来。

山西的作家们也企图从比较宏大的层面来揭示中国文化的品格，以及由此而反映出来的中国精神。这些描写不在意于对现实生活具体人事的再现，而是企图通过某种具象化的人事具有隐喻意味地表达作家对民族性的理解。他们营造的人物生活环境不太具体，而是具有某种概括性，超越了具体的、实指的时间、空间。其中人物的行为，以及由这种行为所表现出来的文化内涵、价值选择体现出一种超越了具象的恒久性。由此可以使我们领略一种民族的生存状态与价值操守。其中的一部分作品甚至具有进行人生意义、价值意义探求的哲学性努力。这时，作家关注的不再是现实生活中具体的人事，以及其中透露出的社会文化内涵，而是超越其上的价值追寻。在临危受命的戴夫人身上，作者赋予她民族人格最为优秀的内涵。她不仅具有一般人所可能具有的大局观，以及人性的智慧，而且作为生命个体，她具有了一种古人所言的“浩然之气”。她在漫长艰难的商旅途中，没有感受到生命的渺小，而是站在太行山顶吟诵前人的诗篇。她感受到的是生命的博大、伟岸，以及大自然的神奇、浩渺，是一种天人合一、物我两忘的至高境界。这不仅是她个体生命的壮美华章，也是民族文化中价值体系的完美内化。张马丁的遭遇则从另一种角度表现了不同文化短兵相接所引发的一系列事件，以一种宏阔的视野描写了文化境遇背后各异的价值体系之间的交锋、错位、融合。还有许多作品通过对具体人物生命境遇的描写，表现了具有历史意味的在潜意识中特定价值观支配下的民族精神世界。

读山西作家的作品，事实上也可以看到中国从农耕文明的顶峰跌落到重新崛起，实现现代化的历史进程。在当代文学中为数不多的抗日战争题材的作品中，我们可以看到以中国北方农民为主的人们如何从屈辱中觉醒、抗争，并取得了历史性意义的胜利。抗日战争的胜利，不仅仅是军事的胜利，而且是中华民族在经历了无数的失败、屈辱之后终于走向独立、自主，重新以一个文明民族的形象自立于世界民族之林的标志；也是中国在经历了种种探索，尝试了不同发展道路之后，终于表现出走向正确发展道路，迈出实质性转型步伐的标志。

尽管一直以来我们都有这方面的创作，但是具有宏观性、历史深刻性的作品还不多。新中国的建立是中华民族终于在百余年的努力之后有了自己独立政权的大事，也是中国开始以超人预料的成就向现代化迈进的起点。山西的作家以自己敏锐的笔触描写了这一关键时刻中国普通人内心世界的喜悦、自豪，以及对未来的憧憬。还是在1949年10月1日，诗人高沐鸿就创作了诗歌《这是我们人民自己的胎生》，为新中国的建立而欢歌。之后的一系列文学作品生动地表现了站起来的普通民众内心世界的巨大变化，特别是其人格世界的变化。他们实实在在地感受到了新社会的进步，以及当家做主的自豪。他们不仅在经济上得到了解放，在政治上得到了翻身，而且在精神世界上发生了积极的蜕变。一个新的时代带来了新的发展与进步。也正是这些作品成就了这个新文学史上一个最具典型意义、产生重大影响的文学流派——"山药蛋派"。他们有共同的创作追求，有共同的题材选择，有以赵树理为代表的领军人物。这个流派出现的意义，不仅仅是属于文学的，更是属于中国文化的。他们在尊重并表现中国优秀传统文化价值观的前提下，呈现在这种价值体系影响下中国民众，主要是农民如何生活、生产、思考、发展。读这些作家的作品，不仅使我们能够了解到特定历史时期中国发生的事情，而且将使我们了解中国人是怎样的一种生活方式，中国人在新的历史时期发生了怎样的变化。在20世纪70年代末、80年代初，山西的作家们非常敏锐地感受到时代将要发生的巨变。这种感受不是源于理性的分析研究，而是源于他们对现实生活的关注与热爱，是他们从具体的生活中感受、发现了时代变革的动力。其中有他们对极"左"路线的批判，以及对中国变革发自内心世界的呼唤。这首先是已经成名的一批被称为"老作家"的人们走上了历史的舞台。而另一批将在中国文学园地表现出勃勃生机的作家以自己的敏锐发现了生活的变化。至20世纪80年代中期，以《当代》发

表一组山西作家的作品为标志，文学“晋军崛起”成为中国文坛的一个重要事件，引起了广泛关注。这批作家一进入文坛即表现出不俗的活力，显得生龙活虎，风生水起。他们首先成为对极“左”路线的批判者。通过一系列生动的、充满生活意蕴的人物形象来揭示中国曾经走过的弯路，以及即将出现的变革。而后，出现了一系列呼唤改革的优秀作品。一些小说被改编为影视作品，在当时传媒欠发达的条件下产生了极大的轰动效应，甚至有万人空巷之叹。其中的朱克实、李向南、李高成等成为新的历史条件下拨乱反正、推进改革的典型人物。这些作品既是文学的，更是时代的、历史的。它们表达了中国人内心深处希望变革的期待，也呼唤着一个新的历史时期的到来！

中国的改革是中国从传统的农耕文明出走，迈向现代化的重大事件。随着改革开放的不断深化，中国表现出强劲的发展态势。同时，也遇到到了许多需要解决的问题。一方面是现代化程度的不断提高，另一方面是这一进程的艰难演进。一个时期，那种充满浪漫主义色彩的乐观情调被现实生活中的艰难前行所生发的复杂性代替。改革并非一帆风顺，充满了困惑、曲折，有许多困难需要智慧与勇气来克服。这一时期，山西的文学创作沿两条主线展开。一方面是直面现实，表现新的发展时期人民的智慧力量，及时代的进步，如农村改革，国企改革，全球化背景下的商业博弈，以及反腐倡廉、环境保护、民主选举、基层生活、重大事件等等。总的来说，山西文学表现出社会的艰难进步，这种进步首先是积极的、正义的、人民的力量战胜了消极的、不义的、损害人民利益的力量。同时也表现出了中国传统社会在时代的发展进步历程中逐渐变化：如传统农村的式微与新盛；农村人口向城镇的转移；土地的工业化、商业化等等；商品经济的蔓延，城镇化的发展；以及身处其间人们内心世界的彷徨、痛苦、选择；人对土地以及建立其上的生产生活方式的依恋；对改革进程中传统国有企业的情感等等。从这些作品中，我们可以观察、感受到中国正在发生的翻天覆地的变化。另一方面，许多作家企图从超越现实的具有形而上意味的层面来探求中国的民族精神。一些作品甚至具有了某种哲学性品味。他们可能借助于某一历史事件，或者设计一个与现实生活隔离的故事来表现自己理解的民族精神。这一类作品可能表面上与现实生活没有直接的关联，但是对我们认识民族文化、民族品格具有积极的意义。事实上这些作品为我们提供了一种思想文化资源，是对现实生活中剧烈变革引发人的价值观的迷茫进行的某种文化性指引。它不涉及现实问题，不为我们思考感受现实生活提供具体的形象。但是，为我们提供观照现实、解决现实问题的精神力量、价值选择和思想资源。这其中也有一个如何认识人生、如何认识民族、如何面对个人价值的问题。

总之，不论是对现实生活的直接表现，还是以隐晦的笔法对现实生活提供精神资源，都可以看到山西作家对社会生活、人生价值的一种积极的态度。他们试图以自己的描写来表达某种具有积极意义的思想内涵，为今天的人们提供精神力量，以推动中国社会的发展、进步，以及在历史蜕变中人的完善。这些努力也可以视为是在现代化进程中对民族精神的一种回顾与追寻。读山西作家的作品，可以使我们从一个侧面感受到中国走向现代化的历史进程。

山西作家在艺术创造上也进行了积极的努力。就山西文学的当代面貌来看，表现出一种从一元向多样的发展态势。当代山西文学受以赵树理为代表的“山药蛋派”影响甚重。一代一代的作家不仅受到这一流派作家关注现实生活、关注社会民生的创作理念的影响，而且在表现手法上也多承续这一流派。因此，直至改革开放前，山西文学基本呈现出一种“山药蛋派”式的一元状态。但是，进入改革开放的新时期后，这种局面开始发生变化。一些人更注重语言描写、心理表达等等。不同于“山药蛋派”风格的作品开始大量出现。首先是题材选择表现得更加多样，其次是表现手法更加多样，再次是创作观念也呈现出多样化的格局。山西文学终于形成了从一元走向多样的创作态势。那些坚持以农村为主要创作题材的作家们也积极地吸纳了其他的表现手法，使农村生活的表现领域大大拓展。另一方面，山西也出现了典型的所谓“现代派”小说。心理结构、借鉴侦探小说手法的“悬念”结构、无情节结构、意象结构、寓言式结构等等次第登场，宏大叙事与个人化叙事并存一体。这些作品有的已经产生了比较大的影响。无论如何，他们都是山西作家对文学自身进步的积极探索。

从某种角度来看，山西文学似乎为我们呈现出了中国走向现代化的百年变迁史。这不仅表现在人们广为关注的小说创作之中，同时也更加丰富地表现在文学的其他领域，如诗歌、散文、戏剧，以及逐渐从散文文体中独立出来的报告文学及传记文学之中。当我们追寻这种变迁的历史时，不能割断由山西而表现出来的中国五千年文明史。山西是华夏文明的主要发祥地，从远古以来，这一文明代代相传，承续不绝，其中涌现出众多的仁人贤士。作为个人，他们有自己所处的具体的历史环境、成长条件，对人类文明的进步做出了自己的贡献。但是，作为一种文化现象，他们似乎勾勒出中国文明发展进程的历史脉络。在他们身上体现了中华文明的历史贡献、价值选择，以及思维模式。对他们进行研究，并用传记的方式表现出来，使今天的人们了解并感受他们所具有的闪光的人文价值，不仅对今天的改革发展具有积极的意义，对我们现代化进程中的文明亘建同样具有非常重要的意义。这将首先使我们看到历史发展进程中文化的影响力，进而使我们能够进一步确立文化的自信心与自觉性。在这些如星光一般闪烁的先人身上，我们将体会到中华文化的魅力、价值和绵延不绝的生命力。承续山西文学的精神品格，创作出新的能够表现时代精神的优秀作品，是我们这一代人的使命。而对五千年文明发展进程中那些曾经做出突出贡献的英杰才俊进行文学式的描述，也将是我们传承民族精神的一种努力。因此，组织编辑出版山西文学“双百工程”，有着非常积极的现实意义。

这一“工程”包含两个序列三个方面的内容。一是“百部长篇小说”，其中一部分是已经发表出版并产生了较大影响的现当代小说。通过集中编辑出版，可以使我们比较全面地回顾审视山西文学某一方面的成就与贡献。另一部分是新创作的长篇小说。其目的是推动山西长篇小说的不断繁荣。把它们列入这一工程，即是对文学发展的新推动，也可以延续已有的成果，使人们看到山西文学创作的最新成就及更加生动的面貌。二是“百部山西历史文化名人传记”。山西的报告文学近些年来表现出非常活跃的态势。不仅参与创作的作家比较多，出现的作品比较多，而且产生的影响也比较大。其中一些作家应该说是中国报告文学领域的领军人物。同时山西也是华夏文明的重要发祥地，在五千年的文明发展历程中涌现出许许多多的对中华文化发展进步做出重大贡献的英杰先贤。以传记的方式把这些先人在中华文化发展进程中的贡献表现出来，有助于我们重新认识中华文明对人类的重大贡献，有助于我们进一步追寻中华文化的精神、操守、品格，并使我们从先人的风采中找到自己前行的楷模和动力，激励我们推动中国的改革发展进步。所以，这也就成为我们的一种责任。相信通过这一努力，既将促进山西文学的进一步繁荣，也将进一步增强我们的文化责任，重塑我们的文化形象，展示中华民族在漫长发展历程中表现出来的精神力量与智慧，为实现民族复兴的中国梦做出积极的贡献。

自序

随着时代变迁和学术演进，法家和韩非子思想研究近些年来不断升温。这方面的进展，一是以古代思想史研究为背景，一是以地方文化研究为背景，视角略有不同，但殊途同归，终究是要推进相关问题研究。二十多年前我是以先秦学术史为背景，写过一本研读韩非子著作的小书，名曰《专制之父韩非子》。眼下完成的《韩非子传》，是在那本小书基础上的扩展和延伸，明显顾及了三晋文化的内容。不过，从那时候对韩非子的着迷，到现在重温当年的学习所得，自有一番不同的心境和感慨。

韩非子是个了不起的人。他是贵族成员、王室后裔，却没有机会从政。于是，他努力通过著述匡正时事、影响后人。他的著作广布天下，泽逮君王。他近乎探及士人左右时政的边缘，最终却亡命于暴君的任性、佞臣的阴谋。韩非子是中国历史上第一位被君王置于死地的思想家，从此开启了思想家死于非命的先河。这是悲剧，却也是古代历史的正剧。

韩非子思想大有过人之处。他是法家思想集大成者，但他的新思想却并不是传统“法、术、势”思想的简单集合，而是有着缜密的逻辑、坦诚的思想和犀利的文笔。他的思想以法治为根本，力图对君主制下的个人专权加以限制，以提高国家机器的运转效率。但他毕竟是一介书生，对人治之下权力运作的无所不能基本无感，他的法治思想最终归于维护人治的权术。这很吊诡，却也是专制政治的必然。

这本书是通俗读物，学术性不强，行文之中，叙述说明的成分较多，分析研究的成分较少。或许会有机缘，能够更学术、更深入地思考韩非子提出的问题、分析韩非子思想的得失。尽管如此，还是希望读者不吝指正。

是为序。

2021年5月6日

目录

绪论：中国古代专制政治思想之父

韩非子是春秋战国时期百家争鸣思潮中最后一位卓有成就的思想家。在一般人看来，韩非子是中国专制政治思想最热心的倡导者和鼓吹者，其实，韩非子思想的产生是顺应时代潮流的结果。韩非子政治思想的核心是所谓“帝王术”，韩非子“帝王术”与儒家思想的关系也是历史上常说常新的话题。

一、韩非子的“帝王术”

在战国末期诸侯争霸、天下战乱不断的形势下，民生无常，不知所归。要解决当时社会的政治难题，首要选择就是如何从各国诸侯的政治分权过渡到强有力的中央政治集权。韩非子思想就是告诉有志于统一中国的君主，如何运用手中权力，从一国之治，达到天下大治。

韩非子并不得志，还死在了专制帝王手中，但这并不影响他的思想在杀害他的帝王手中实行，并强有力地影响了他身后的中国两千多年古代君主专制制度。从秦汉到明清的专制政治思想基础并不是以孔子思想为主体的儒家学说，而是以韩非子思想为主体的法家思想。研究和了解韩非子思想，对于了解中国古代社会政治运作是必不可少的。当然，研究韩非子思想对于了解当代社会政治发展也有参考价值。

人类生活各个领域的原则都是相通的。政治领域的原则同样适合于其他领域。韩非子揭示的政治生活准则，对于人类社会，经济、社会、哲学、文化、艺术等各个方面都有不同程度的指导和借鉴意义。尽管韩非子著作的本意是写给帝王的“帝王术”，可是，任何领域都有独特的“帝王”和“帝王术”。读《韩非子》，无异于阅读和了解人生诸多方面。

总的来说，韩非子是法家思想的集大成者，是中国专制政治思想之父。

中国古代专制政治并非起源于韩非子时代，但在韩非子生活的战国末期，中国古代专制政治的形态已经发展到了比较完善的地步。中国专制政治思想也不是发源于韩非子，可是，韩非子政治思想走向成熟的过程，也是中国古代专制政治思想走向集大成的过程。纵观中国政治思想史，韩非子关于专制政治的论述既全面又深刻，影响力无人能及。正是在此意义上，才说他是中国专制政治思想之父。

正是因为以上原因，韩非子经常处在两种被误解的境地。一种说他主张的是不尽人情的、君主随心所欲式的专制；另一种是说他的思想深奥到了不可解的地步。这两种说法，其实只看到了事情的一个方面。韩非子法治思想虽然是在君权至上的条件下实施的，不同于近现代法治精神，但他所说的法并不是君主随心所欲的手段，而是同时约束君主与臣下的。只是在那样的特殊时代，韩非子不可能找到突破君主权力的要津而已。

《韩非子》中的思想确有许多不一致之处。很多学者认为其中包含了其他人或其他思想派别的著述。其实，这也可能是韩非子前后期思想的不同发展所致。如果不能认可这一点，韩非子思想确实有许多深奥不可解的地方。

韩非子并不是不近人情的铁血人物。与历史上大多数思想家相比，韩非子无疑是最诚实的一位。他把想到的一切，认定的一切，坦诚展现在人们面前。他从没有为自己直来直去的思想戴上一顶漂亮的桂冠，甚至在遣词造句上都没有使用婉转说法。权术就是权术，谋利就是谋利，严刑峻法就是严刑峻法，该杀之人就是该杀之人。

一般认为韩非子政治思想主要讲的是帝王之术，这种说法总的来说是可以成立的。所谓帝王之术，是说国家政治的一切都是围绕着帝王统治之道展开的。在这一点上，韩非子思想同样相当诚实，相当明确。

韩非子政治学从正面说是帝王如何行事，主要是如何对待群臣，从反面说则是揭露臣下种种与君主为敌的手段。这一方面是要引起帝王注意，另一方面也提供了相应策略。韩非子认为，在那个时代的政治体制中，君主是国家兴衰存亡的关键，君臣关系是君主面对的首要问题。这种看法在大方向上讲是正确的。韩非子抓住了现实政治的要害，只讲帝王之道，即所谓“帝王术”。

韩非子的诚实集中表现在如下观点中。他说，要做对社会有用的人，只有建功立业。对于像他这样的人，即所谓法术之士来说，唯一目标就是做官。做官的目的不是为了别的，只是为了自己。韩非子的为自己并不是肆无忌惮地以私害公。这倒不是因为不想化公为私，而是在法律严惩之下，如果要化公为私，反而会得不到一丝一毫私利。实现私利的唯一途径就是奉公守法，以期得到君主奖赏和重用。韩非子既承认和肯定了人的自私性，同时又主张毫不留情地遏制这种自私性。“人不为己，天殊地灭”，但是，一旦为己超越了法律界限，就会受到数倍于私利的惩罚。在韩非子那里，人的普遍的自私性并不是坏事，如果能在法律范围内加以引导，就会转化为积极力量。这一主张，比假道学家们既否认人的自私性，又在私下里为私利绞尽脑汁的做法，不仅胜强百倍，也更具合理性，更符合人性要求。

二、韩非子思想与儒学的关联

秦汉以来漫长的中国古代社会中，儒家思想和法家思想在治国理政中共同发挥着独特作用，一般认为是所谓“阳儒阴法”的局面。根据这种叙述，儒家思想更偏向于主导国家意识形态，影响社会大众思想取向，法家思想则左右国家治理的实际层面，特别是在政治制度、法制建设和行政管理中发挥更多主导作用。在不同朝代，不同历史条件下，这种格局也会有所不同，儒、法之外的其他思想也程度不同地发挥作用。只是说，在总体格局上，儒家思想和法家思想的共同作用是国家之治的大方向。更重要的是，在二者恰当融合、相得益彰的时代，就会形成较为长久的所谓治世或盛世，否则就容易出现乱世或衰世。

在先秦末期，随着百家争鸣接近尾声，儒家思想和法家思想逐渐成为思想界旗鼓相当的两个主要思想派别。这个时代最杰出的思想家，也主要是在儒、法思想之间做文章。人们熟知的大思想家荀子，以儒家学者姿态，从儒家思想角度钻研法家思想，成为思想史上第一位从学理上证明儒法融合、共同治理国家的思想家。荀子的学生韩非子虽然是先秦法家思想集大成者，甚至是法家思想第一号代表人物，也并没有轻视在那个时代影响广泛的儒家思想。相反，在现存于世以他的名字命名的洋洋十三万言著作中，《韩非子》对儒家思想进行了全方位研究和思考，对儒家思想既作了必要肯定，也提出了严厉批评。尤其是针对孔子本人，韩非子更是以理性加情感的方式进行探究，提出许多深刻见解，直至表现出对以孔子思想为基础的儒家思想如何与法家思想相配合、相融合问题的思考。

儒家思想由孔子思想奠基而成，孔子是儒家思想和儒家学派创始人。孔子在世时，孔子儒学的影响力还很有限，主要在社会中层的知识分子中传播。孔子去世后，随着一代代孔门弟子的努力，孔子思想和儒家学派的影响日益扩大，到战国末期，其影响力在世俗社会和思想界中都达到了先秦时代顶峰，与法家思想并驾齐驱。在现存战国中晚期典籍中，都有关于儒学和孔子的内容。无论是赞誉或批评，同意或反对，遵从或拒斥，褒扬或贬损，孔子和儒家都是多数政治人物躲不开的事物和所有思想家绕不开的话题。在《韩非子》中出现大量有关孔子及其思想、孔子弟子及其思想的记载，那是再正常不过的现象，尽管这些记载有的是事实，有的是程度不同的演绎，有的是想像和杜撰。

韩非子时代已经形成儒法相争之势。战国七雄的朝堂之上虽然也有一些专门性的思想，如兵家、纵横家、阴阳家，但在全局性的治国理政学说中，基本上是儒法争胜的局面。在这种思想背景下，荀子以其过人的敏感和睿智，认识到只有儒法融合，才是天下政治的归宿，于是下大力气整合儒法，视儒家王道为最高政治追求，以法家霸道为现实选择，最终由霸归王。这一思想归结，一举奠定秦汉以后中国古代政治思想的哲学基础。

按照司马迁的说法，韩非子是荀子的学生。荀子对儒家思想的深湛把握和对法家思想的理性探究，尤其是对儒法融合的重视，理应对韩非子思想有所影响。这样的影响正是了解《韩非子》中孔子形象和孔子思想的重要思想基础。

《韩非子》中出现的大量有关孔子的记载，并不是韩非子有意宣扬孔子及其思想，而主要是借孔子之口表达韩非子思想。究其原因，一是孔子名声巨大，二是儒法之争在当时已经成为回避不了的思想现象和话题。为实现这一目的，韩非子使用了多种手法。对于孔子形象和思想，有时肯定，有时否定，有时兼而有之，这既反映了韩非子的实用心理，也反映出他的矛盾心理，既与他严肃的法家立场有关，也与他的思想发展变化有关。

儒家思想和法家思想的分歧在于如何对待人心（人的思想）和人行（人的行为）的问题。严格的儒家思想认为人心应该也能够超越环境，无论环境如何，人都能够拥有一颗道德之心。通过必要的道德修养，人能够达到不受外界影响的道德水准，并加以长久保持。而典型的法家思想则主张，你心里爱想什么想什么，只要你的行为接受法制约束即可。在儒家看来，人心与人行应该一致。那种不看结果、只看动机的观点，在儒家思想中是比较极端的。法家也希望人的思想和行为都能够接受法制约束，但思想终究是难以看透的、易变的，约束人的行为更根本，更有现实意义。

韩非子更注重对人的行为加以约束，但也不时表现出对人心的重视。这可以视为受到儒家思想、荀子思想的影响，也可视为他的思想走向成熟的标志。韩非子并不是现实中的政治家，而是思想家，无论他如何重视法制，重视法、术、势的作用，但与从政者还是大有不同，明显具有相当的理想成分。韩非子的法家主张是有思想内涵的，是需要人们理解之后去奉行的，所以，重视人心的作用，注重从思想上塑造和改造人，也是韩非子思想的必然内容。

韩非子最重要的经历是进入秦国，起初受到秦王嬴政器重，继而死在政敌手中。对于韩非子之死，秦王有一定责任，甚至是主要责任。韩非子的政治对手中，有他在荀子门下时的同窗李斯，有同样是来自山东六国的姚贾。这些人也崇尚法制，也是全力为秦国实现以法治国而打拼的人，但却不能容忍韩非子在秦国朝廷得志，从而威胁到他们的地位。因此，在政治思想上主张法制，甚至在政治行为中遵纪守法，并不能决定一个人的善良与凶恶，并不能决定他是不是能够做一个正直的人、是否会去做一个小人。法制并不能解决人的所有问题，个人品格修养是做人的不可缺少的环节。回首往事，韩非子不可能不想这些问题，不可能不思考孔子儒家在这个问题上究竟有没有价值。

在《韩非子》中，肯定孔子的修养和才智是韩非子有关孔子记载和评论的主流。对于整体孔子儒家，韩非子也能做到在同情理解基础上提出批评。《五蠹》篇是公认的韩非子重要的代表作之一，称孔子为“天下圣人”，称孔子一生“修行明道，以游海内”。[1]这样的说法无论是想作什么利用，终归是以尊敬孔子的面目出现的。对于孔子弟子，则以仁、义定其性。这就说明韩非子还是承认儒家仁义有其作用，他也不是从根本上拒斥儒学。事实上，韩非子一直坚持的观点是，要求广大普通民众服从儒家仁义的想法并不具备普遍性，不符合大多数人实际，所以，儒家仁义也就不能作为治国理政的主要选项。与权势相比，仁义显得无能为力。身怀仁义的圣人孔子，也得服从拥有权势的下等君主，比如鲁哀公。对此，韩非子并没有去抨击孔子儒家的不是，而是一方面肯定了像孔子及其弟子这样的人的行为高尚，另一方面又强调孔子式的高尚行为是普通人难以企及的。更重要的是，在韩非子时代，既然像孔子这样的人只能是人群中的极少数，而服从权势的人占人群中的大多数，那么，君主要治理好国家，就得从权势入手，在运用权势上做足文章。

儒家思想并不是韩非子思想的天敌。韩非子认为，在他的时代，既然真孔子已经不可见，真实的孔子思想也不可能存在，那么，儒家思想就需要适应时代，进行调整和改变。韩非子借孔子之口说：“善为吏者树德，不能为吏者树怨。概者，平量者也；吏者，平法者也。治国者，不可失平也。”[2]即便是严格执法的官吏，也要“树德”，不能把法制作为故意惩罚人的工具，不能把国法视为戕害民众的手段，这样的观点具有明显儒家倾向。

官吏的职责是“平法”，公平执法。“树德”并不是用儒家道德原则处理案件，更不是无原则放纵犯罪，而是公平执法。对于犯罪者，官吏首先要考虑能不能找到减轻惩罚的法律规定。一旦找不到，必须严厉惩处时，官吏也要表现出遗憾和同情，不可以喜形于色，不应该以惩治犯人为乐。这样的要求虽然是以法家的法治思想为主干，但却力图以儒家柔性精神加以调和，甚至可以说是儒、法思想在一定程度上的结合。

在其思想达到成熟之后，韩非子对原有思想进行了一定程度的调整。与老师荀子相似，韩非子既肯定万世王道的崇高性，又肯定现实霸道的有效性，同样是儒与法的有机结合。法家重功利，要解决现实问题。儒家重道义，要解决思想和理想问题。思想成熟的韩非子，既没有偏于理想，也没有如一般想像中的那样顽固执着于现实，而是寻求二者之间的合理平衡。当然，与荀子思想正好相反，韩非子思想是以法家为归宗，即便对孔子儒学有所吸收或接纳，也是作为一种调剂。

儒法思想的结合，是韩非子思想的重要归趋，但其核心思想依然是“法”为主干，“德”在法的范围之内行事，对法制的使用发挥补充和调节作用。从韩非子整体思想来看，法、儒应该相结合，也是能够相结合的。韩非子承认孔子儒家的一些政治观念和道德关切是合理的，关键是缺乏如法制一样的客观性、确定性、透明性和可操作性，以及如法家一样的执行力。所以，以法统儒，就会进入一个更新更高的治国境界。

总而言之，通过对于孔子的了解和对于孔子儒学的批判性叙述，成熟的韩非子思想应该是对于孔子儒学的合理性有所认识、有所接受，并在一定程度上希望把其中的合理成份结合到他的法家思想中来。即便对于最严格的法家思想来说，执法也需要公平公正，对于罪犯也应该予以一定程度的理解甚至同情，以缓和普通人与社会的对立。人不可能一直战战兢兢地生活在法制高压下，而是应该给予德行修养以一定空间，让人们有一定的自由度，修养出一定的自觉性，以使社会进程不至于发生脆断。

注释：

①《韩非子·五蠹》。陈奇猷《韩非子新校注》，上海古籍出版社2000年10月第1版，第1096页。

②《韩非子·外储说左下》，第727页。

第一章 作茧自缚：说尽法术，受尽苦楚

生：时势所造
行：简洁一生
死：启发秦汉

韩非子是先秦时代最后一位有创建的思想家，也是先秦法家思想集大成者，更是中国古代专制政治思想之父。身处战国纷争岁月行将结束、秦汉大一统时代就要到来之际，作为思想家的韩非子既是此前中国古代政治思想的总结者，也是此后中国古代政治思想的开拓者。秦汉以来，中国古代政治思想和政治制度，主要是建立在韩非子政治思想的基础之上的。韩非子思想被专制帝王所用，他本人却惨死在专制帝王之手，这是对韩非子政治思想的肯定，也是对韩非子政治命运的否定。

生：时势所造

中国思想史上，春秋战国时代的“百家争鸣”具有不可替代的开创性意义。从历史发展角度看，之所以出现“百家争鸣”的开放性局面，原因是多方面的。

俗语说得好，“时势造英雄”。在时势造就的英雄之中，为普通人所熟知的大多是叱咤风云的帝王将相，而在更深层面上影响历史进程的思想家，一般来说知名度要差一些。用“英雄”来描述这些思想家也许并不十分恰当，但是，说他们也是时势所造，无疑是有道理的。

韩非子（?—前233）生活的时代，是中国历史上最为恢宏壮烈的战国时代末期。韩非子去世12年后，秦始皇便宣告秦王朝建立。秦王朝的建立，从时间节点上讲，既是周朝的结束、先秦时期的结束，也是秦汉大一统时代的开始。

中国历史上有所谓“三代”的说法，说的是上古的夏、商、周三个王朝，战国时代正处在周王朝末期。从历史进程上看，周王朝灭亡商王朝而立，是“三代”的最后一代，有条件总结上两个王朝在政治、经济、社会和文化等各方面得失，创造出一个适应性更强的国家制度。从现有文献记载来看，周王朝基本上做到了这一点，特别是在思想文化建设方面，成就比上两朝更为惊人。

在历史学家笔下，周朝被分成两个大的时期，前一阶段的西周和后一阶段的东周，而东周又分为春秋和战国两个时代。与周朝以后中国历史上所有王朝一样，周王朝的前一阶段相对来说比较安定，中央集权政府能够比较有效地控制全国局势。周王朝以分封制立国，众多诸侯国组成一个大的国家。当历史进入西周末年时，在内忧外患之下，整个王朝终于分崩离析，各诸侯国名义上还都是周天子的臣下，但实际上逐渐成了独立王国。这些独立王国，在春秋时期，相对有势力的有十二个，在战国时期则是著名的战国七雄，即齐、楚、燕、韩、赵、魏、秦。

在周王朝的整个历史进程中，由中央集权到诸侯分权的政治转移，意义是多方面的。要想对这一进程的意义进行全面而系统的阐述，那将是另一部著述的任务，本书更关心这一进程中的文化内涵。

在中国古代专制政治制度之下，文化发展和思想取向都要受到当权者的严格控制，至少当权者的主观意向是这样的，而且从制度层面讲也是允许他们这样做的。思想家要想获得适度生存环境，思想和言论必须（至少是在表面上）符合当权者意志，否则，言行就会受到限制，甚至会招来杀身之祸。这样的例子在中国古代历史上屡见不鲜。

然而，在某些特殊历史机缘下，古代专制政治也有可乘之机，比如说在战乱时期，或者在合法政权力量顾及不到的地方。特别是在前一种情形下，各种政治力量的中心任务是如何扩大力量或者是自保。当天下出现极度混乱的形势，各方形成暂时的力量平衡时，一方面，各种政权会无力或无暇去限制思想和言论，另一方面，他们也比较注意自身形象，宁愿以任用贤才自诩，不是在万不得已情况下，不会过分严厉对待思想家和他们的言论。在战国争雄时期，当权者这种不得已的自我控制表现得尤为典型。

与以后的其他时代相比，春秋战国时代思想家的生存环境要好得多。是有一些思想家死于非命，但那大多不是由于坚持自己的思想，而是由于参与了现实政治运作，死在政治斗争或政治阴谋之中，比如邓析子、吴起和商鞅等人。与孔子、老子、墨子、孟子、荀子等思想家相比，吴起、商鞅等人主要是政治家。总之，如果只是坚持思想的真理性，而并未投身于实际政治运作的思想家，在那个时代完全可以畅所欲言。

畅所欲言，本是思想家的基本特性之一，否则就谈不上思想，更谈不上思想创建，但在中国古代专制政治史的大部分时间里，这种情形是难得一见的。春秋战国时代之地所以会有这种情形的长期存在，并不是统治者有意表现仁慈，而是迫于客观形势，不得不如此。如果一位思想家的言行不足以对当权者的权力地位形成实际威胁，任何一个统治者都不想背上嫌弃贤才的恶名。同时，在一个国家无端遭到嫌弃的人才，很可能会不遗余力地服务于这个国家的敌对国家。

在那样的战乱时代，人才的作用至关重要。在各国间你死我活的政治和军事斗争中，一个或一批真正的人才，可以在短时期内决定这个国家的命运。当孟子指着统治者的鼻子批评时，他们不仅不能生气，还得在表面上表示接受；当庄子尽情嘲弄楚王派来请他去做官的使者时，楚国君臣上下也是无可奈何。在专制政治之下，思想家的畅所欲言，与其求助于统治者的自觉性，还不如等待着客观形势对统治者的制约。

不过，这样的时代总有走向完结的时刻。到了战国末期，随着各国实力差距日渐明朗，随着大一统的临近，思想家言论相对自由的局面开始急剧地由盛转衰。这好比一出好戏，最高潮的出现，也是结尾的开始。用道家的观点解释，就是盛极必衰。秦始皇统一天下的事业，使人才竞争达到了白热化，但是，一旦成为这个统一事业中的一分子，就意味着丧失思想自由，因为这一事业成功的奥妙就是极端的政治专制和军事独裁，也就是说，它的成功是以牺牲个人独立性，特别是思想独立性为代价的。当《史记》作者司马迁总结韩非子一生时，认为最让人痛心的是，韩非子明知道游说统治者是最困难的事，却深陷于其中而不能自拔，还最终付出了生命代价。①

韩非子之死开启了专制帝王钳制思想、滥杀思想家的时代。如前所述，春秋战国时代的百家争鸣，有赖于政治相对开明，以及这种开明政治对思想人才的需求。只要不涉足现实政治斗争，思想家尽可以畅所欲言。然而，从下文对于韩非子生平事迹的介绍中可以得知，韩非子从韩国到秦国，不管是出使秦国，还是接受秦王嬴政邀请，他到死也不是秦国官员，对于秦国实际政治并无可见影响。那么，秦王杀死韩非子，或者是因为听信谗言，或者是不能接受韩非子的某种观点，在此前时代都不足以成为君主诛杀士人的理由。然而，秦王就那么做了，韩非子就那么死了。所以，韩非子之死既是一个政治社会事件，也是一个思想文化事件，标志着一个时代的结束和一个时代的开始。

秦始皇的霸业结束了春秋战国时代思想界最辉煌的百家争鸣局面，这一局面的结束有其内在原因。百家争鸣起始于孔子时代，到了韩非子时代，已进行了三百多年。这并不是一段短暂的时间。三百多年间，各家各派学说异彩纷呈，早已超越了时代所能容纳的思想发展水平。事实上，百家争鸣之后，中国古代两千多年的学术思想发展基本上是对春秋战国时代各家学说的阐释。一方面，该说的都有人说过了，能说的也已经说透了，如果再继续说下去，再继续争鸣下去，恐怕只能是言之无物了，所以，应该有人站出来，对这种漫无边际的争鸣提出警告。另一方面，在这三百多年里，各种人物的思想精华也已经得到了完全展现，到了韩非子时代，应该有个了结了。

韩非子所处时代在中国古代思想史上是独一无二的。有学者认为，韩非子“生当战国末期，有条件对之前的法家思想加以综合，形成集法、术、势于一体的法治理论”[②]。当然，这并不是说韩非子思想成就应该完全归因于他的时代，而是说，他的思想可谓应运而生，正可以在那样的时代里发挥作用到极致。

行：简洁一生

纵观韩非子一生，与对他的思想的了解和运用相比，人们对他身世的兴趣要少一些，这是许多思想家遇到的共同悲哀。人们大可以不去理睬他在世时的苦乐悲欢，却可以尽情享用他留给世人的思想遗产。

有关韩非子身世的记载，比较完整的是司马迁《史记·老子韩非列传》，也有一些散见于《史记》其他篇章和秦汉其他典籍里，但大多是一些评点性记载，没有多少史料价值，《韩非子》也基本上见不到韩非子生平事迹。

如同对于先秦时代其他思想家的生平记载一样，《史记》的韩非子生平事迹记载中，留给后世的不确定和争议，并不比可以确定的事实要少。同时，《史记》关于韩非子种种记载，后人多半不知其来源和根据是什么。传统学者坚信，以司马迁的人品和学品，不可能无端揣测和记述，但这样的说法基本上是一种信仰，缺乏坚实的事实支撑。

贵族之后

在司马迁著《史记》之前，并没有典籍关注和记载韩非子生平事迹。从这一点来看，尽管《史记》并没有全面解决韩非子生平问题，但至少提供了一个必要起点和参照，以及解决这个问题的一些基础史料。《老韩列传》对韩非子早年生平有简单描述。

> 韩非者，韩之诸公子也。
>
> 喜刑名法术之学，而其归本于黄老。
>
> 非为人口吃，不能道说，而善著书。
>
> 与李斯俱事荀卿，斯自以为不如非。[③]

从这项记载来看，韩非子是韩国公室后裔。“公子”的字面意思是受封公爵的诸侯国君主的儿子，但后来的使用比较宽泛，泛指一国公室的后代。具体到韩非子，他到底是韩国哪位公室之人的后裔，与在位君主关系是远是近，司马迁肯定已无可考证。但至少让人们知道，韩非子并非出生于普通人家。依照常理，贵族出身对于韩非子思想形成应该会有明显影响。

韩非子的先祖不太可能是韩王嫡亲，但像他这样的出身，在春秋战国时代思想家中也并不多见。上古时代，文化被贵族垄断，没有适当的受教育程度，通常不可能从事思想文化活动，更不会提出系统思想，遑论以文字的形式传给后世了。周朝初年，学在官府，思想文化活动由官员掌握，他们都是世袭贵族。从西周末叶起，周天子失势，朝廷逐渐失去了对天下政治和文化走向的控制，文化开始下移，平民人物才有机会参与到社会文化活动中来。但一般认为，从孔子开始，确切地讲，从孔子弟子开始，才出现了平民出身的思想家。到了战国时代，这种情况更为普遍，以至于贵族出身的思想家反倒新鲜了。所以，来自君王家族的韩非子思想就显现出了独树一帜的力量。

出身虽然不能完全决定人的一生，但对人生的影响也是不可轻视的。在相同时代背景下，个人出身、成长经历、偶然遭遇，往往主导成人后的价值观念、思想取向，甚至左右其一生的思想站位。韩非子思想中明显透露出了贵族气息，这集中表现在他对普通人政治地位不屑一顾。他的政治思想基本倾向是自上而下的，即从君主角度俯视大臣和平民。在他严苛的法治思想背后，被统治者的地位，与国家最高利益相比，实际上是无足轻重的。当时的思想家都想使其主张成为国家政治的主导力量，但是，在许多思想家的政治思想中，占人口大多数的普通民众的利益是举足轻重的。然而，在韩非子那里，普通民众是为国家而存在的，而国家则是国君及其王公贵族的国家。在韩非子思想中，控制普通民众言论，限制普通民众行动，决定普通民众福祉，就成为其必然选择了。

思想来源

依照司马迁的说法，韩非子喜欢刑名法术之学，而他的学说本源则是黄老之学。也就是说，韩非子思想来源于黄老之学，最终发展成为刑名法术之学。

司马迁所言“刑名法术之学”究竟是指何种思想或哪些思想，后世有争论，但没有本质不同，即基本上是指传统所言法家思想。在韩非子的法家前辈中，司马迁认为“申子（申不害）之学本于黄老而主刑名”[④]，“鞅（商鞅）少好刑名之学”[⑤]，又称西汉政治家晁错“学申、商刑名”[⑥]。由此可见，所谓“刑名之学”早于申不害、商鞅等人的思想，但却被此二人发扬光大，以至于后世认为申、商之学就是刑名之学了。

至于“刑名之学”究竟是一门或一种什么学问，司马迁未有明确说法。《史记·万石张叔列传》引《集解》韦昭曰：“有刑名之书，欲令名实相副也。”又引《索隐》案语称，刘向《别录》云：“申子学号曰‘刑名家’者，循名以责实，其尊君卑臣，崇上抑下，合于《六经》也。”[⑦]以“名实相副”“循名责实”释“刑名”，是以“刑”“形”二字通假为根据，是一种比较合理的解释。所谓“刑（形）”就是事情或事物的本来情形，即实情，“名”则是与“刑（形）”相一致的名称。也有以刑罚释“刑”的观点，但这样一来，“刑名”就和“法术”相重复，明显不尽合理，因为“法术”之中包含有刑罚。

所谓“黄老”之学，一般认为兴起于战国中后期，托黄帝、老子之名，推崇自然无为，在西汉前期成为朝廷主流意识形态，也是司马谈、司马迁父子尊崇的政治和学术思想。《史记》把老子和韩非子合于一传，但并没有正面说明这样做的理由。在叙述韩非子思想渊源时，《史记》认为韩非子“喜刑名法术之学，而其归本于黄老”，可以视为《史记》合老子、韩非子于同一传记的思想根据之一。

黄老之学在战国中后期兴盛，与一场颇负盛名的思想活动有关。《史记》记载，战国中后期，齐王在齐国首都临淄建立了一个稷下学宫，广招天下贤士，为齐国出谋划策。[⑧]学宫里有一批学者，以老子学说为基调，打着黄帝招牌，主张在位者在施政方面应该清静无为，不要以过分繁琐的法令和过分雕饰的教条约束人民，认为君臣如果能为人民做好清静无为的榜样，国家自然就会走上轨道。这一派思想尽管被后世称为黄老之学，但其事实上并不是老子学说的直接继承。当然，这样的思想主张出自哪里并不重要，重要的是确实影响了后来的一大批学者，包括韩非子。

在韩非子著作中，有《解老》和《喻老》两篇，至少字面意思是注解和阐释《老子》内涵。不过，韩非子对于黄老之学的理解，与战国黄老派学者的原意有所不同。韩非子思想不是通过在位者的清静无为，而是通过在位者制定严苛法制，发挥其治世的作用。韩非子以黄老为本是虚，归宗于刑名法术之学才是实。《老子》作者和韩非子确实都主张最高统治者应该清静无为，但两者的实现途径和方法则完全不同。《老子》要求统治者减少世俗欲望，从而引导全社会清心寡欲，不必制定太多法制就能有效控制社会。韩非子并不排斥人的世俗欲望，而是反对以非法的方式实现这类欲望，所以主张统治者以严刑峻法打击甚至消灭犯罪行为。民众慑于法制而变得规规矩矩了，统治者也就可以清静无为了。

说司马迁慧眼看到了韩非子思想与《老子》思想的内在联系，在《史记》中把老子与韩非子写在同一篇传记之中，既是因为韩非子写过《解老》《喻老》之类的作品，也是认为他们二人对“道”的绝对性和强制性的理解是一致的。在他们二人看来，“道”是宇宙和人世间最高原则，是无可置疑的真理，人们应该不假思索、不必怀疑地遵从这个“道”。《老子》认为，“王侯”是“道”的掌握者和解释者，[9]普通民众应该无条件服从统治者特别是最高统治者的裁制。韩非子与刑名法术的关系，不仅是司马迁所说的喜欢，而是十分景仰，韩非子也因此而成为刑名法术之家，也就是通常所说的“法家”思想集大成者，把法家思想发展到极致。

《史记》所言“归本”二字是一种模糊说法。“归本于黄老”可以理解为归于黄老之学的本源，也可以理解为归其根本在于黄老之学。这是两种不同的理解。事实上，韩非子思想既不能认为归结于也不能认为来源于司马迁认定的《老子》之学的“无为自化，清净自正”，所以，说韩非子之学“归本于黄老”是缺乏根据的。如果一定要说韩非子之学与《老子》之学有联系，无非是韩非子写有《解老》《喻老》两篇。但是，韩非子重视《老子》思想，并不是要遵从“无为自化，清净自正”。事实上，《韩非子》对《老子》文字的解释和引用都是非常主观的，与战国秦汉时代黄老道家对《老子》相关文字的理解并不一致。

韩非子之所以要宗从法家思想，既有时代原因，也有个人原因。

从时代背景方面来说，法家思想是春秋战国时期百家争鸣学术运动中一派非常重要的思想学说，尤其到了战国中后期，法家影响力远在其他各家之上。百家争鸣中的各家思想，究其归趣，都是想指导国家政治和意识形态。儒家、墨家、兵家、纵横家、黄老之学等等，包括道家和名家，无论是采取积极态度还是消极姿态，无论是经由直接渠道还是使用间接手段，无不声称自己的学说才是世人生活中唯一可行法则。但是，那毕竟是个战乱频仍、以武为尚的时代，各家学说实际上都不可能全面而有效地指导一个国家的生存和发展。也许个别派别能够在某一方面发挥一定作用，比如兵家之于打仗，纵横家之于外交，儒家之于道德教化，但是，要想从总体上使一个国家在短时期内发展壮大，并且能够保持一定时间，则只有法家才能办得到。

法家思想也不是一夜之间出现的。从春秋时代郑国邓析子的竹刑到子产铸刑书，从晋国赵简子铸刑鼎到子夏的法家思想倾向和魏国李悝的变法运动，从吴起在楚国的变法到商鞅在秦国的变法，都为法家思想有效性做了充分证明。在法家思想的建树方面，更有几位对韩非子思想产生过直接影响的晋地思想家。

赵国人慎到生活在战国中期，最早全面阐述了法家关于“势”的思想，即所谓“贵势”，认为君主应该有效利用其他独特的权位之势，实现政治愿望。

慎到之外，对韩非子思想很有影响的还有法家思想家申不害和商鞅。

曾在韩国从政的法家思想家申不害提出以“术”为核心的政治学说，认为君主必须有效地以“术”，即巧妙的行政或管理手段来驾驭群臣。韩非子全面总结战国时期三晋法家思想时，肯定了三晋法家政治思想的三把利刃，即法、术、势，其中之“术”，就是由申不害发扬光大的。

商鞅年少时生活在晋地，后来去了秦国，在推行“商君之法”的同时，形成系统的依“法”治国思想，深刻影响了韩非子“法”家思想的形成。

在面对面影响韩非子思想方面，最重要的是著名儒家大师、赵国人荀子，也就是《老韩列传》中指称的韩非子的老师。荀子思想的核心是以孔子思想为旗帜的儒家学说，但是，荀子也非常看重法家思想的现实针对性和行政有效性。荀子力推儒家思想和法家思想的有机融合，深刻影响了韩非子思想。

荀子门下

法家思想主要出现和产生影响在春秋时代的晋国，以及战国时代三家分晋之后的赵、魏、韩三国。生活在韩国的韩非子，加之又是韩国王室后裔，对于晋国法家思想不可能没有了解和思索。

从个人经历来说，韩非子作为王室后裔，对于国家存亡，与其他阶层出身的思想家的感受应该有所不同。虽然看不到韩非子作为王室后裔的具体生活记载，但可以想见，在当时各诸侯国你死我活的拼杀中，王室成员自然比普通百姓多一份责任感。如何使国家快速强大起来，或者说如何达到申不害当国时的繁荣和强盛，很可能就是韩非子的志向。为此，年轻的韩非子不得不四处求学，并投到了荀子门下。

荀子是三晋赵国人，其思想深受子夏儒学影响。中年之后，荀子游历天下，以传统儒学为思想主干，汲取百家之长，形成自己的哲学思想和治国之道。荀子思想博大精深，充满理性光辉。对于春秋以后各家学说，除了孔子和子夏儒学外，荀子一概采取严厉批判的态度，这会使一些年轻好胜的学子感到欢欣鼓舞。像李斯这样志向远大的青年，也与韩非子一样，来到荀子门下求学。李斯后来由楚入秦，官至秦国宰相，是秦始皇统一中国的主要功臣之一。为了个人成功，李斯虽然擅长各种阴谋手段，但由于受到荀子儒学的熏陶，还没有达到厚颜无耻的程度。在秦国，他最终死在了更残忍的权臣赵高之手。[10]

从生理条件来看，韩非子也许注定不会成为当权者或政治家。韩非子口吃得很厉害，几乎不能言说。在韩非子时代，能言善辩是从政之所必备。孔子断言，“巧言乱德”，[11]意思是说，乖巧的言语、善辩的口才足以妨害人的德行。但是，在现实政治中，在位者被权力蒙蔽，不会认真接受孔子的如此诚告。事实上，即使是在日常生活中，不擅言语就已经是一种不足了，更不用说这种不擅言语是来自生理上的先天限制。

韩非子显然明白这一点，所以他把更多精力倾注到了脚踏实地的学习上，最终在著书立说方面卓有建树，以至于同样具有极大好胜之心的李斯，也承认在这方面比不上韩非子。不过，这种自以为不如的承认，并不一定是心悦诚服，而更可能会蓄积成由嫉妒而生的难以化解的怨恨。后来李斯之所以一门心思加害韩非子，这种同门学习时代存在过的明显高下之分，是重要原因之一。

关于韩非子求学荀子门下之事，先秦典籍并无记载。《史记》提及的当事人，荀子、韩非子和李斯，他们都有著述，但均未提及荀子与韩非子的师生关系。尤其是《荀子》一书，间接表示了荀子与李斯的师生关系，[12]但对于韩非子却未提一字一词，殊为令人失望。在《韩非子》中，只在两个地方提到荀子，[13]但也没有正面说明荀子与韩非子的关系。《韩非子·存韩》提到了李斯，但并没有言及韩非子与李斯的同门关系。至于韩非子与李斯的恩怨，下文将有详细说明。

失意韩国

韩非子学业完成之后，正是韩国国势不断被削弱的年代。在位的韩王安与韩国强盛时期的国君相比，显然更为逊色，甚至就是庸人。庸人统治下的、已经在下坡路上越走越远的国家，真不知道除了亡国之外还是否会有其他选择。不过，一个国家走向低谷，既不是一朝一夕所致，也不是个别原因造成。韩非子很自然地看到了这一点。

> 非见韩之削弱，数以书谏韩王，韩王不能用。
>
> 于是韩非疾治国不务修明其法制，执势以御其臣下，富国强兵而以求人任贤，反举浮淫之蠹而加之于功实之上。
>
> 以为儒者用文乱法，而侠者以武犯禁。
>
> 宽则宠名誉之人，急则用介胄之士。
>
> 今者所养非所用，所用非所养。
>
> 悲廉直不容于邪枉之臣，观往者得失之变，故作《孤愤》《五蠹》《内外储》《说林》《说难》十余万言。[⑭]

韩非子时代已是战国末期，山东六国在强秦攻击下，国势都在下降，韩国也不例外，司马迁称韩国遭受“削弱”，当在情理之中。作为公室宗亲以及有见识、有使命感的士人，韩非子对于韩国被“削弱”不能无动于衷，于是多次上书韩王，但韩王对韩非子却“不能用”。司马迁所谓“不能用”，最直接的意指是说韩王不能采纳韩非子上书建议的治国之道或治国之策，间接意义也包括不能任用韩非子。

从《史记》韩非子生平记载中，无法知晓韩非子出生之年[⑮]，所以，当《老韩列传》称韩王“不能用”韩非子时，只能说主要是因为韩非子政治主张不能被韩王接受，而与他的资历和年龄没有直接关联。因为无法知晓韩非子年龄，也就无法知晓韩非子所进谏的是哪位韩王，只知道至少包括韩王安。韩王安于公元238年即位，五年之后韩非子入秦而死，韩非子与韩王安的君臣之交，至多五年。从《韩非子》批评韩国君主言论可知，韩非子面对过的韩国君主应该不止韩王安一人。但是，对于这个问题，《史记》并没有明确说法，或因司马迁所见材料不足，或因在司马迁看来这并不是个重要问题。不过，《老韩列传》所言一直是“韩王”，而派遣韩非子入秦的是韩王安，所以，是不是可以说，如没有特殊说明，《老韩列传》中的“韩王”是指韩王安？

韩非子的主张是相当明确的，总的来说，就是务实而去虚。在韩非子看来，修法制，驭人臣，任贤才，富国强兵，这些都是实；图虚名，追求儒家礼仪文饰，甚至希望以侠士壮举拯救一个国家，这些都是虚。他严厉批评当时韩国的政治倾向是“所养者非所用，所用者非所养”，[16]国家重视的人根本派不上用场，而真正能为富国强兵出力的人却不受重用。

韩王安最终成了亡国之君，当然不会有眼光和魄力接受如此建议和批评。韩非子尽管是王室后代，但毕竟只是一介书生，并没有为自己主张撑腰的政治实力。在自己的意见不能为当权者接纳之时，韩非子只好埋头于著书立说。在传统中国，这是优秀知识分子在专制政治下的终极选择之一。在政治上不得意的情形下，韩非子写出了最有名的政论文，包括《孤愤》《五蠹》《内储》《外储》《说林》《说难》等，共十余万言，构成传世《韩非子》主体。

汉代著名学者班固在《汉书·艺文志》里说，有“《韩子》五十五篇”，[17]现存《韩非子》也正好是55篇。不过，这55篇从篇数上来说很可能是后人为凑足班固所说的数目而强行划分的结果，甚至还有增补的成分。在现存55篇中，真正属于韩非子一气呵成的政论之文到底有多少，是难以定论的。乐观一些说，现存篇目大部分可视为韩非子所作，其余部分，特别是有些被认为与韩非子主体思想不一致的内容，或是从其他著作中掺入，或为韩非子思想的追随者所作。当然，也有一些篇目可能是韩非子思想成长过程中的作品，与他后来的成熟思想有些出入，这也是正常的。

尽管整部《韩非子》严格来说并不十分纯净，但总的来说还是比较全面和准确地反映了韩非子思想，可以作为研究韩非子生平和思想的第一手材料。逐篇分析《韩非子》每一篇的真伪并不是本书主要任务，很大程度上也是一件费力不讨好的事情。本书在介绍和分析韩非子思想时注意到了每一篇不同的可信度。

初到秦国

不论今天看到的《韩非子》是否全部是韩非子所作，在当时，他的著作马上就产生了广泛影响。这种影响不仅发生在韩国，还传到了邻国，特别是它的西邻——强大的秦国，而统治秦国的正是野心勃勃的秦王嬴政，也就是后来的秦始皇。此时的秦国，在军事上统一中国已成大势。在秦国成长为军事第一强国的过程中，不断得益于法家思想的指导和法家人物的贡献。在韩非子之前，有著名的商鞅变法，韩非子的老师荀子也在秦国逗留过，还有，秦始皇得力助手之一，正是韩非子的同学李斯。所以，当秦王读了像《孤愤》和《五蠹》这样生气勃勃的政论文时，他的过分激动是在情理之中的。

> 人或传其书至秦。秦王见《孤愤》《五蠹》之书，曰："嗟乎，寡人得见此人与之游，死不恨矣。"
>
> 李斯曰："此韩非之所著书也。"
>
> 秦因急攻韩。韩王始不用非，及急，乃遣非使秦。[18]

秦王嬴政读了韩非子的政论文之后，在公开场合的反应令人吃惊。他表示，如果能在有生之年见到这些文章的作者，并能与之相往还，直至向人家学习，就死而无憾了。[19]秦王当时说这些话时是真诚的，因为韩非子政论文主旨与秦王政治理念是一致的，并且在所有方面都有更系统、更深入、更具操作性的分析和主张。也许正是看到了秦王这份真诚，在经历了"逐客"风波之后已经取得秦王信任并官至廷尉的李斯马上解释说，[20]这些文章出自韩非之手！

当李斯在这个关键时刻提到韩非子的时候，说明李斯在秦王之前就读过韩非子这些文章，当然，这些文章可能就是李斯提供给秦王的。至于需要不需要提供作者名姓，以及如何介绍作者，要看秦王读后反应。在告诉秦王作者为韩非子之后，李斯会不会说明他与韩非子的同学关系？按理说，李斯应该说明，只是在《史记》行文中没有体现。

李斯这么做，从事件发展结果来看，显然具有一箭双雕的目的，即对于秦国和李斯本人都有利。韩非子的才能很难说会在每个诸侯国都被赏识。事实上，就是在他的家乡，韩非子思想也没有受到应有重视。但是，李斯深知，秦王与其他国君不同。一方面，年轻气盛的秦王满怀一统天下的雄心；另一方面，秦国具有韩非子政治思想得以施展的政治基础。在李斯看来，把韩非子举荐给秦王，无疑会加深秦王对他的信任。

李斯是楚国的一个有着远大志向的小官吏，因为楚国并不是他心目中有前途的国度，就毅然辞别老师荀子，束装西去，决心在强大的秦国实现平生之志。但是，一个外乡人要想在他国求得政治上的信任并不是件容易之事。李斯在秦国基本站稳脚跟之后，还发生过秦王下逐客令，也就是驱逐山东六国之人的事件。在这次事件中，李斯写下了他有名的《谏逐客书》，并因此得到秦王赏识。急于在政治上得到彻底信任的李斯，总要不失时机地表现忠诚，这才迎合秦王愿望，推荐了韩非子。

难道李斯忘了与韩非子同在荀子门下时，韩非子表现出了高于自己才能的往事了吗？看来是不会的。那么，李斯为什么要把一个比自己更有才能的同学介绍到主公面前呢？他难道不担心韩非子会得到秦王真正赏识，从而冲击他在秦王面前的地位吗？李斯应该是充分意识到了这一点。理由是，李斯对韩非子是非常了解的。从韩非子的著作来看，他并不是那种擅长阴谋的人，因为真正的阴谋家是不会把成功秘诀公开讲说的。韩非子不仅公开了政治之“术”，而且这种“术”主要是君对臣使用的。韩非子心目中的臣，必是唯君命是从，不擅自表达政治愿望的人。在李斯看来，如果韩非子来到秦国，至多也只能做个秦王的思想指导者，不可能在实际政治中与他竞争；另一方面，即使韩非子有竞争意向，恐怕也不是李斯的对手。况且，李斯的当务之急，是取得秦王的更深信任。两利相较取其重，在获得秦王信任与推荐韩非子思想之间，李斯认为前者更重。

这样的分析并不是批评或贬低李斯，事实上，这种考虑是专制政治之下重要的为官之道。在中国古代专制政治的历史上，有成就的政治家无不具备这样的素质。有了这样的素质，才会正确判断孰轻孰重，才会在适当时候化不利因素为有利因素。

听了李斯的介绍，秦王就更想尽快见到韩非子这位不同凡响的思想家了。可是，当时的秦、韩是敌对之国，如果秦国公开向韩国提出让韩非子来访，想必韩国是不会轻易答应的。于是，秦国突然开始急攻韩国，韩王慌了手脚，尽管以前一直不任用韩非子，在此危难情况下，却主动让韩非子出使秦国，以平息这场飞来之祸。

不过，对于《史记》这种说法，后世颇有人提出异议。如果秦王真的不是只看看他的著作就了事，而是一定想见到韩非子本人的话，最稳妥的办法，似乎应该是让人去请，甚至可以以李斯的名义去请。如果韩非子考虑到自己是韩国王室之人，不应该帮助敌国的话，即使被强求而来，也不会为秦王出谋划策。难道秦王和李斯正是考虑到韩非子可能请而不来，便只好采取攻韩的办法吗？那么，秦国群臣又是根据什么，断定秦国一旦攻韩，韩国就会派遣韩非子到秦国呢？同样令人不解的是，韩王又是怎么知道秦国攻韩的目的是要得到韩非子，而恰恰委派韩非子作使者呢？看来，司马迁在行文中是缺乏一些必要交代的。

综合考察韩非子生平，像秦王“嗟乎”之类的故事显得非常突兀。不过，《史记》偏爱“嗟乎”之类的“惊悚”故事确实达到了作者的目的。后人说到“韩非入秦”，基本上都是以这个故事为中心，而根本不在意秦王只是因为欣赏韩非子文章，就能把韩非子生硬逼到秦国来，这类故事的前因后果到底能不能成立。从常识角度来看，即便韩非子确实负责外交，甚至就是负责韩国对秦国的外交，但在如此重大外交场合，却让一位口吃到难以与人正常言语，只能以著文表达其思想的人物担负起关乎国家生死存亡的外交使命，人们也只能用“匪夷所思”来形容韩王安的决策了。[21]

政治攻防

无论如何，韩非子终究是到了秦国。那么，韩非子什么时候进入秦国？《史记·韩世家》记载：“王安五年，秦攻韩，韩急，使韩非使秦，秦留非，因杀之。”[22]韩王安五年是公元前234年，也是《史记》唯一明确认定韩非子进入秦国的时间。[23]不用说，这是韩非子个人命运转折点，也是中国历史的一个重要时刻。

根据《史记》，韩非子赴秦可能有两种身份、两种使命。一是韩国外交官，来完成韩国外交使命；一是其著作深受秦王欣赏的士人，接受秦王之邀约。

韩非子来到秦国后，《老韩列传》说：

> 秦王悦之，未信用。
>
> 李斯、姚贾害之，毁之曰：“韩非，韩之诸公子也。今王欲并诸侯，非终为韩不为秦，此人之情也。今王不用，久留而归之，此自遗患也，不如以过法诛之。”
>
> 秦王以为然，下吏治非。[24]

雄文万言的韩非子与雄心大志的秦嬴政见面，应该是双方一拍即合，联袂建功立业，没想到在一番交谈之后，虽然秦王对谈话过程非常满意，应该说对于韩非子思想也很欣赏，但对韩非子却无法信任，也就谈不上任用，这与韩王们对韩非子的“不能用”如出一辙，令人失望之余，更是让人费解。

实际上，在韩非子赴秦之前，如果《史记》对韩非子的叙述为真，就不存在“信用”与否的问题。试想，在入秦之前，韩非子假若是韩国官员，并已受到韩王安重用，就不存在来秦国求仕的问题。难道说，在与秦王对话之后，韩非子决定放弃韩国官位，要在秦国谋求政治发展吗？而假若此时的韩非子不是外交官而是普通士人，当初秦王也只是因为看到他的雄文才要急于见到他，并没有“用”他的打算。总之，“信用”与否本来就不是问题。[25]

根据《老韩列传》，韩非子是以士人身份被邀入韩，但却一时未得秦王“信”和“用”，这其实是为“韩非之死”作铺垫。尽管《史记》没有说明，也需要分析一下韩非子在此受阻的原因，以便把整个事件连贯起来。

原因之一，秦王考虑到了韩非子的出身，更不用说秦王本来就是多疑多变之主。[26]当时，秦王手下确实有许多重臣来自山东六国，但其中并没有像韩非子这样的诸侯公室出身之人。依常情而言，让这种出身的人忠心于异国确实不易，而一旦任用了这种人，如果没有特别充足的理由，是要冒一定风险的。

原因之二，在与秦王对话中和一些给秦王的上书里，韩非子对于秦国谋臣有过非常激烈的批评。在韩非子看来，秦国在客观上已经具有统一天下的条件。山东六国财源枯竭，武备缺乏，并且赏罚不明，士民没有斗志。相反，秦国号令明确、赏罚分明，人民从小接受好战教育，视死如归，又占据有利地形，本该尽快统一中国。可是，由于谋臣不能尽其忠心，秦国接二连三地丧失良好机遇，以至于四邻不服，霸王之业难以告成。[27]韩非子还称这样的大臣为“贵臣”和“贵人”，而自称为“贱臣”。这其中隐含的结论就是，那些高贵大臣对于国事一无贡献，而像他这样的贱臣却能尽其忠诚，真心实意为国家出谋划策。

韩非子在秦王面前表现出的这种态度，一方面说明他比较缺乏实际政治经验，同时也表现出真正的思想家气魄。当然，韩非子树敌太多，理所当然要遭到群臣反击。同时，尽管韩非子一时没有得到秦王任用，还是有一些大臣感到了韩非子之存在的威胁。在他们看来，当时的秦王还比较年轻，没有真正看到韩非子这种人的潜在力量。如果真有一天韩非子受到重用、大权在握，许多依靠权术而不是依靠如同韩非子所定义的那种政治才能而取得政治地位的大臣一定会遭殃。这些大臣中，最突出的是一个叫作姚贾的人。还有李斯，心底既存年轻时的嫉恨，又有迫在眉睫的压力。

关于姚贾，《史记》只有《老韩列传》中这一处记载，余者就是《战国策》中的说辞了。姚贾出现在《战国策》凡三则，一则是姚贾身为赵国使臣，出使韩国和魏国，年代不详，[28]此事应该与韩非子无关。二则是姚贾为秦王臣，出使魏国，[29]应该也与韩非子无关。第三则与韩非子直接相关，应该也是《史记》叙述韩、姚关系的依据。[30]为说明问题，不得不引述这个冗长故事。

> 四国为一，将以攻秦。秦王召群臣宾客六十人而问焉。……姚贾对曰：“贾愿出使四国，必绝其谋，而安其兵。”乃资车百乘，金千斤，衣以其衣冠，舞以其剑。姚贾辞行，绝其谋，止其兵，与之为交以报秦。秦王大悦。贾封千户，以为上卿。
>
> 韩非知之，曰：“贾以王之权，国之宝，外自交于诸侯。愿王察之。且梁监门子，尝盗于梁，臣于赵而逐。取世监门子，梁之大盗，赵之逐臣，与同知社稷之计，非所以厉群臣也。”
>
> 王召姚贾而问曰：“有何面目复见寡人？”对曰：“贾不归四

国，尚焉之？使贾不忠于君，四国之王尚焉用贾之身？桀听谗而诛其良将，纣闻谗而杀其忠臣，至身死国亡。今王听谗，则无忠臣矣！”

王曰：“子监门子，梁之大盗，赵之逐臣。”姚贾曰：“太公望……管仲……百里奚……中山盗……此四士者，皆有诟丑，大诽天下，明主用之，知其可与立功。故明主不取其污，不听其非，察其为己用。故可以存社稷者，虽有外诽者不听；虽有高世之名，无咫尺之功者不赏。是以群臣莫敢以虚愿望于上。”秦王曰：“然。”

乃可，复使姚贾，而诛韩非。[31]

《战国策》这个故事依然是本色鲜明，既没有明确时间，也没有事件背景，以至于“四国”是哪四个诸侯国都没有正面交代。这并不是作者故意不说，而是这些必要说明在作者眼里毫无价值，因为作者只想通过编撰故事叙说其观点和理念，并不是要记载史实。这与《史记》笔法有相通之处，故方便《史记》引用。这个故事中的姚贾，明显是纵横家形象，韩非子的出现只是故事中的陪衬，是作者想通过故事中韩非子提出的完全站不住脚的理由，衬托姚贾的才干，当然最终结果是纵横家胜出。

即便是从故事表达的思想来看，如果说韩非子对姚贾的第一项指控还勉强符合韩非子思想的话，第二项就与韩非子思想格格不入了。韩非子法家思想强调君主绝对权威，反对大臣发展个人势力，尤其是所谓“外自交于诸侯”，即大臣与他国发展个人关系，因为这将会与君主形成抗衡之势。接下来韩非子以姚贾的低贱出身和曾经的品行不端来怀疑姚贾“止四国之兵”的功绩，则更多表现了儒家思想，而不是典型的韩非子法家主张。相反，倒是故事中姚贾在秦王面前的一番申诉，表达了十足的功利主张，更具有法家人物风采。

总之，《战国策》中的韩、姚之争，纯属虚构，不具有任何史实说服力，而欲以此来证明韩非子在秦王面前失势，也是不能成立的。《老韩列传》以此故事为依据为韩非子之死张本，是比较草率的。

如果一定要说韩非子不被秦王所用，直到客死秦国是史实，那也是李斯一手导演的大戏，就剧情而言，完全不需要其他人介入。从《老韩列传》行文来看，姚贾这个人物的出现可有可无。司马迁不得不把姚贾加进来，一则是他写《史记》深受《战国策》影响，再则是他更喜欢在历史叙事中加入从不嫌多的戏剧性内容，以增加可读性，但却经常会影响史实可信度。

《李斯列传》未提及李斯与韩非子的同门关系，更不用说对韩非子的举荐、谋害等。但是，在李斯与秦二世的那场著名对话中，双方都提到了韩非子其人及其思想观点。

> 二世责问李斯曰："吾有私议而有所闻于韩子也，曰……"李斯恐惧，……以书对曰："韩子曰'慈母有败子而严家无格虏'者，何也？……若此然后可谓能明申、韩之术，而修商君之法。……虽申、韩复生，不能加也。"[32]

《史记》如此记载，或者是历史上的李斯确实对韩非子这位老同学的思想有所研习，或者是司马迁力图在李斯与韩非子之间建立一种紧密联系。[33]

至于李斯对韩非子为什么会有如此仇怨，非要置韩非子于死地，应该有明与暗两条线索。如《史记》所述，当年在荀子门下求学时，李斯就被认为不及韩非子，使二人无意中成为竞争对手。到后来，李斯受秦王之命报复韩国，韩非子则受韩王之命抵御秦国，使二人竞争升级。如果这样的个人对立能够成立，那么，李斯诱导秦王迫使韩非子入秦，便潜藏着伺机报复韩非子的可能。这是李斯对韩非子的暗中报复，但相对来看缺乏全部过程的事实支撑。

从行文先后来看，《老韩列传》在“秦王悦之，未信用”之后，接着就说“李斯、姚贾害之，毁之曰”云云，显然是说，李斯是为了迎合秦王之意，才对韩非子下手。如果秦王马上重用韩非子，李斯肯定不敢对韩非子怎么样。对此，《史记》没有明确交代，后人只能去寻找其他依据。

幸运的是，《韩非子·存韩》记载了韩非子与李斯在对待韩国与秦国关系问题上的针锋相对的意见。韩非子向秦王建议，秦国不要把韩国当成军事主攻目标，理由是，秦国和韩国至少在表面上还是友邦，强大的秦国在与山东六国特别是秦国主要敌对国赵国的军事对抗中，可以把韩国作为缓冲地带。如果秦国贸然对韩国动武，又不能一下子将韩国灭掉，就会失去军事主动地位，致使其余五国乘机来攻。这就是韩非子的“存韩论”。[34]

李斯的意见正好相反。李斯认为，韩国作为秦国表面上盟国的存在，正好成为诸侯与秦国的周旋之地。韩国与秦国的友好是迫不得已的表面文章，一旦有了机会，韩国会毫不犹豫地加入反秦行列。韩非子“存韩论”是用花言巧语为韩国谋利。如果韩非子的“存韩论”能使韩国得以生存，一方面使韩非子为韩国立下大功，另一方面也使韩非子在韩、秦关系上处于重要地位。总之，在李斯看来，韩非子“存韩论”是居心叵测的。

李斯反对韩非子“存韩论”并不是针对某种意见，而是针对韩非子个人。甚至《老韩列传》也认为，李斯也是从“人之情”角度攻击韩非子。所以，李斯与韩非子意见不一，很难说是完全出于公心。公私兼顾，应该是李斯参与攻击甚至杀死韩非子，或者是李斯在程序上主导攻击和杀死韩非子的更为合理的解释。当然，不管这场争论的背后有什么文章，从秦王角度来看，李斯的意见显然更符合秦国利益，于是，秦王就同意了李斯的意见，把韩非子下狱治罪。

死神降临

死神降临韩非子的具体过程令人唏嘘感叹，历史上完全接受《史记》的说法，尽管这个说法并不能完全自洽。

> 李斯使人遗非药，使自杀。
>
> 韩非欲自陈，不得见。
>
> 秦王后悔之，使人赦之，非已死矣。[35]

这其中，最重要环节是所谓“李斯使人遗非药，使自杀。韩非欲自陈，不得见”。对此，后人只能作无穷遐想和补充，才能让人勉强信服。比如可以补充说，韩非子被下狱治罪之后，李斯派人告诉韩非子，秦王已完全失去对他的信任，与其在狱中受折磨、遭凌辱，不如一死了之，并给韩非子送去了自尽的毒药。李斯这么做，难道是他作为同门，非常了解韩非子的执拗性格？或许韩非子还想面见秦王述说冤屈，但在李斯干预下，韩非子的意愿不可能达成。不知道此时的韩非子是否已经明白，当下的处境与李斯大有关系。总之，最后韩非子完全绝望，只好服下毒药。至于《史记》所说“秦王后悔之，使人赦之，非已死矣”云云，那也只是人们意料中的安慰之辞了。

韩非子因何而死？根据《史记》记述，表面原因似乎是被李斯们或出于妒才，或出于政见不合而谋害。[36]但稍做思考，就能发现这样的原因归结未免失之于肤浅。就算《老韩列传》说法可靠，李斯诱使或迫使韩非子服毒而死，但真正杀死韩非子的，确然是秦王政。

秦王欲见韩非子，后来又以“莫须有”罪名将其下狱，并坐视其被害。李斯公然诱杀韩非子，显然是认为韩非子尽快死去符合秦国利益，至少并不明显违拗秦王之意，甚至是迎合了秦王心意。这也可以解释，为什么秦王在得知韩非子死于狱中之后，并没有追究其死因，更不追究责任人。另外，韩非子死于秦王之手，与秦王的为人和政治风格有关。前文注释引《始皇本纪》中尉缭对秦王的评说，也被后世所认可，正可以作为“韩非之死”的恰当注脚。

尽管《史记》所记“韩非子死”疑点多多、矛盾重重，但司马迁对于韩非子之死的内在原因分析却相当深刻。这也说明，司马迁更看重历史人物的精神价值和思想贡献，而并不在意史实如何。事实上，去世前的韩非子，政治思想方面又有了新认识。他在狱中写下了几篇文章，一方面发泄了怀才不遇的情绪，另一方面也认识到，对于他所欣赏的专制君主来说，向君主进言是相当困难的，有时甚至是不可能的。对此，与韩非子遭遇多少有些相似的司马迁也深有感触。在《老韩列传》中，司马迁所列人物众多，但独于韩非子引其原著，尤其是韩非子所写《说难》一篇，更为司马迁所欣赏，并在大篇幅引用之后发出深沉感慨：

> 韩非知说之难，为《说难》书甚具，终死于秦，不能自脱。
> 申子、韩子皆著书，传于后世，学者多有。
> 余独悲韩子为《说难》而不能自脱耳。[37]

作为战国法家代表人物的韩非子之所以死在最为尊崇法家思想的秦国，之所以死在最被法家人物推崇的君主秦王政手中，是因为韩非子心中明白“知说之难”，但面对现实政治时却“不能自脱”，说明他对专制政治的本性还是缺乏真正认识。这是令司马公“悲”从中来的主要原因。尽管司马迁认为韩非子思想特点是“揣事情，循势理”[38]，但对于法家式的人治，对于专制君主的率性而为，韩非子终究缺乏实践经验，只能以身殉之，留给后人无穷思考。[39]

韩非子的死于非命，严格来说是死于君主专制体制，而这样的体制却是韩非子从理论上热衷打造的政治模式。不管是从现实或历史角度来看，这样的制度虽然不能说是韩非子一人铸成，事实上也没有任何一人能够有此能力，但韩非子热衷于斯而死于斯，也足够让后人生发无限感慨。

从这样的视角出发，也可以说韩非子之死的主要原因在于韩非子的个性特征和行事方式。有研究者认为“韩非之死乃其性格悲剧”，比如“他嫉恶如仇、我行我素……恃才傲物、刚毅果敢”等。[40]当然，认为韩非之死全部决定于他的性格亦不能成立，因为如此性格的政治家在专制制度中也有能够全身而退者。

韩非子去世之年，《史记·老韩列传》并未明确提及。《史记·始皇本纪》记载：“十四年，韩非使秦，秦用李斯谋，留非，非死云阳。”[41]《史记·韩世家》则云：“王安五年，秦攻韩，韩急，使韩非使秦，秦留非，因杀之。”[42]秦王政十四年是公元前233年，韩王安五年是公元前234年，则《史记》所记韩非子卒年有两个不同时间，所幸只相差一年。[43]

死：启发秦汉

韩非子的悲惨离世令后世太多志士为之扼腕痛惜。在其有生之年，韩非子并没有获得机会亲自实践其政治思想和政治原则，尽管我们很难肯定，如果韩非子不为李、姚等人所害，是否会在政治上有所作为。他也不是像吴起和商鞅那样，知道谁是敌人，并且是在与敌对派真刀真枪的搏斗中死去的，而是在暗箭之下身亡的。韩非子的一生给后人留下了太多可供借鉴的内容。

韩非子死在自己的政治原则之下。韩非子力主的专制政治制度，给予臣下的活动余地是有限而又苛刻的。在韩非子政治原则的理想状态下，即使是一个有才能的、对君主服服帖帖的大臣，也必须是在一个符合他所定义的君主之下，才能施展政治才能、实现政治抱负。君主的任何偏差，都足以毁掉大臣的前程。韩非子所投奔的秦王，虽然在各国君主中算得上是有抱负、有才能的君主，但实际上却远远不是韩非子所定义的理想君主。这一点，恐怕韩非本人至死都没有看到。

韩非子的政治经历说明，他的政治原则与现实的政治运作，正是他所谓的卖“矛”者与卖“盾”者的关系。从为臣的角度来说，韩非子政治思想要求大臣绝对服从君主；但越是在专制制度之下，大臣越是难于完全服从君主。君主总是高高在上，这就为那些营私大臣提供了绝佳机会。正是有这种机会，李斯和姚贾等人才能轻易地置韩非子于死地。

韩非子之死，是对专制政治的绝大讽刺。不仅韩非子死在他的专制思想之下，他遇到的君主也是专制政治的牺牲品。韩王安也许不太具有典型性，无足一提，可像秦始皇这样的专制帝王，则很能说明问题。出于统一天下的大志，他武断地从韩国把韩非子“抢”了过来；而他的暴戾和多疑，加上他作为专制帝王的无限权力，又可以把韩非子随意处置，甚至置于死地。同样是在专制制度之下，才能使李斯和姚贾这样的权臣兴风作浪。

整个事情的结局，也并不完全如秦王之所愿。秦王仰慕韩非子思想的同时，或许还想让韩非子襄助他的政治事业，否则也不会渴望见到韩非子。可是，在专制制度下，尽管秦王在理论上具有无限权力，但在具体政治运作中，他的权力并不能时时处处得到实际贯彻，因为这需要所有大臣都是贤人，都能甘心情愿服从于他。事实上，这种情形是任何帝王都得不到的。这样一来，结局正好与秦王的初愿相反，不仅未能如愿任用韩非子，还让一伙擅长宫廷阴谋的人更加得势了。

韩非子未能在实际政治中一展身手就死去了，可他的政治思想却长留人间，为形形色色的政治人物以各种各样的方式加以利用。秦汉之后，统治阶层出于自我保护的考虑，不愿意公开承认与韩非子思想的政治关联，但在实际政治运作层面，在具体行政管理中，韩非子思想的作用在历朝历代都是显而易见的。司马公指出：“御史大夫韩安国者……尝受韩子、杂家说于驺田生所。”[44]相对于同时代其他典籍，显见《史记》对于《韩非子》的历史影响更加重视。唐代文士刘蕡之言曰：“昔龙逄死而启殷，比干死而启周，韩非死而启汉，陈蕃死而启魏。”[45]此亦可谓一言中的，认为“韩非之死”是两汉政治的开端。

韩非子毕竟一介书生，他的思想，他所设想的社会形态和具体运作方式，既有理性主义的严酷，又有理想主义的浪漫，其中也不乏自相矛盾之处。由于它的严酷，韩非子“帝王术”的名声在历史上并不太好；由于它的浪漫，又确实不能通盘使用在现实政治中。乍看之下，韩非子思想在他去世之后就消失不见了，然而，这只是表面现象。韩非子政治思想“精髓”，特别是与政治独裁和文化专制有关的内容，却成了中国古代统治者的政治法宝，成了维持古代几千年专制政治统治的主干思想。正是在此意义上，人们才说，中国古代社会，自秦汉以来实际是个阴法阳儒的社会。至于这些“精髓”到底是什么，正是本书探讨的内容。

注释

①《史记·老子韩非列传》(以下简称《老韩列传》)：“余独悲韩子为《说难》而不能自脱耳。”司马迁《史记》，中华书局1959年9月第1版，第2155页。

②耿振东《〈管子〉学史》，商务印书馆2018年6月第1版，第79页。

③《史记·老子韩非列传》，第2146页。

④《史记·老子韩非列传》，第2146页。

⑤《史记·商君列传》，第2227页。

⑥《史记·袁盎晁错列传》，第2745页。

⑦《史记》，第2773页。

⑧事实上，首先记载稷下学官和稷下之学的是西汉前期的《史记》，

而在先秦著作中，并无此类说法。详见高专诚《“稷下学派”考疑》，载《晋阳学刊》2007年第4期。

⑨《老子·三十七章》：“道恒无为也。侯王能守之，而万物将自化。”见高专诚《老子通说》，山西人民出版社，2009年12月第1版，第109页。

⑩详见《史记·李斯列传》，第2539-2563页。

⑪《论语·卫灵公十五》。高专诚《论语通说》，山西人民出版社2004年1月第1版，第233页。

⑫详见《荀子·议兵》，王先谦《荀子集解》，中华书局1988年9月第1版，第280-281页。

⑬《韩非子·难三》：“燕子哙贤子之而非孙卿，故身死为僇（戮）。”（第906页）《显学》：“有孙（荀）氏之儒。”第1124页。

⑭《史记》，第2147页。

⑮韩非子生卒之年，《先秦诸子系年》给出的是公元前280年至前233年。详见钱穆《先秦诸子系年》，中华书局1985年10月第1版，第620页。

⑯《韩非子·显学》，第1135页。

⑰《汉书》，中华书局1962年6月第1版，第1735页。

⑱《史记》，第2148页。

⑲《论衡·佚文篇》：“韩非之书，传在秦庭，始皇叹曰：‘独不得与此人同时！’”黄晖《论衡校释》，中华书局1990年2月第1版，第864页。《自纪篇》：“秦始皇读韩非之书，叹曰：‘犹独不得此人同时。’”（第1197页）可见秦王与韩非子的故事流传甚广、版本甚多。

⑳《史记·李斯列传》：“秦王乃除逐客之令，复李斯官，卒用其计谋。官至廷尉。”（第2546页）“逐客之令”是秦王因为怀疑六国在秦之人不忠实于秦国而下达的驱逐之令。

㉑夏泽华《韩非之死新探》：“苏秦、张仪之辈凭藉一张巧舌如簧的利嘴在诸侯之间纵横捭阖博取富贵，张仪‘视吾舌尚在否’的发问无疑是当

时世风的最直观反映。然而肩负韩国生死存亡大任的韩非却患有口吃，这实在是亘古未有的奇闻。”详见《国学学刊》2016年第4期。

㉒《史记》，第1878页。

㉓也有说家认为韩非子曾经在前237年和前234年两度入秦，详见马世年《韩非二次使秦考》，载《中国文化研究》2008年冬之卷。但正如该文所示，如果说韩非子在前237年入秦，还曾上书秦王，则秦王在前234年的“嗟乎”之叹则就更显得不可思议了。

㉔《史记》，第2155页。

㉕也有观点认为，秦王此时“未信用”韩非子，很可能与韩非子所陈“存韩”之论有关，但韩非子“存韩”之论并不是反对秦王灭六国，而是与秦王和秦国灭六国的步骤不同。这种不同意见，可能让秦王生疑，并在“信用”韩非子的问题上举棋不定，给李斯们留下了“动手”去掉韩非子的机会。

㉖《史记·始皇本纪》记大梁人尉缭评说秦王之语曰：“秦王为人，蜂准，长目，挚鸟膺，豺声，少恩而虎狼心，居约易出人下，得志亦轻食人。我布衣，然见我常身自下我。诚使秦王得志于天下，天下皆为虏矣。不可与久游。”（第230页）

㉗详见《韩非子·初见秦》。

㉘《战国策·赵策四》。

㉙《战国策·魏策四》。有研究认为，此事发生在秦昭王二十一年（前286年），早于姚贾与韩非子发生冲突50年，于情理不合，故此姚贾当为另一人物，即秦国另一位名叫“起贾”的大臣。（详见张清常、王延栋《战国策笺注》，南开大学出版社1993年3月第1版，第654页。○范祥雍《战国策笺证》，上海古籍出版社2006年12月第1版，第1449页。）

㉚《史记》记叙战国时代之时，多依据《战国策》，甚至直接引用《战国策》文字。然《战国策》之为事，或许并不是严格意义上的史书，

而是纵横家人物自塑形象的故事集。

㉛《战国策·秦策五》，见《战国策笺证》，第476-478页。

㉜《史记·李斯列传》，第2553-2557页。

㉝ 杨立华《韩非之死》："从后来李斯在有关督责之术的奏议中对韩非文字充满敬意的引用当中，我们可以窥见韩非在他心中留下的巨大阴影。这一阴影也许可以追溯至二人同游于荀子之门的那段时光。"（《读书》2009年第8期）

㉞ 详见《韩非子·存韩》。后世研究者多以为韩非子"存韩"之说的目的是设法保护韩国不被秦国攻击和灭亡，甚至提高到韩非子"爱（韩）国"的高度，其实这是典型的"以己度人"。正如李斯不会爱楚国、荀子不会爱赵国一样，当时的人们并没有近现代民族国家背景下的爱国主义观念。如果韩非子立意求仕秦国，他的所谓"存韩"之论也是为秦国贡献计谋，只是最终未能说服秦王而已。或者说，韩非子如果下决心像李斯一样在秦国建功立业，前提必是认为山东六国终将被秦国所灭。总之，所谓韩非子有意保护韩国的说法并不能成立。相反，如果韩非子来秦国的目的是损秦保韩，甚至对抗秦国灭亡六国，那么，他最终被杀就是正常结局了，韩非子之死也不存在任何阴谋之论了。在这个问题上，司马光的认识是有见地的。《资治通鉴·秦纪》司马光曰："今非为秦画谋，而首欲覆其宗国，以售其言，罪固不容于死矣，乌足愍哉！"（《资治通鉴》，中华书局1956年6月第1版，第222页）

㉟《史记》，第2155页。

㊱《论衡·祸虚篇》："李斯妒同才，幽杀韩非于秦，后被车裂之罪。"（第279页）《佚文篇》："始皇前叹韩非之书，后惑李斯之议。"（第865页）司马光《资治通鉴·秦纪》："王悦之，未信用。李斯嫉之。"（第221页）既然"未信用"，又何"嫉"之有？《史记》把韩非之死的主要原因导向李斯嫉才，显然是司马迁对自己被友人抛弃的遭遇太有感触了。

㊲《史记》，第2148、2155页。

㊳《史记·太史公自序》，第3313页。

㊴《论衡·书解篇》："韩非著治术，身下秦狱。身且不全，安能辅国？"（第1155页）

㊵详见余新华《从韩非之死看其性格悲剧》，载《消费导刊》2007年第11期。

㊶《正义》引《括地志》云："云阳城在雍州云阳县西八十里，秦始皇甘泉宫在焉。"（《史记》第232页。）《史记·六国年表》秦栏下云："（十四年）韩使非来，我杀非。"（第754页）

㊷《史记》，第1878页。

㊸对于秦国灭亡韩国的记载，《始皇本纪》是秦王政十七年（第232页），《韩世家》是韩王安九年（第1878页），这都是公元前230年。

㊹《史记·韩长孺列传》，第2857页。《汉书·韩安国传》亦有相同文字。

㊺《旧唐书·刘蕡传》，中华书局1975年2月第1版，第5076页；《新唐书·刘蕡传》，中华书局1975年2月第1版，第5302页。

第二章　仇人相见：专制政治中的君与臣

政治核心：君主与大臣
为君之道：守法的君主
君臣之间：上下有百战
等级制度：贵贱有分别
民众地位：轻重无足算

中国古代专制政治及其制度的产生，既有历史机缘，也有人性缘由。①

与现代民主政治相比，古代专制政治更适合当时经济和社会条件。总体上看，对于从原始社会走出来并进入所谓城市国家的人类群体而言，集权政治更有效率。在中国古代，这种政治形式之所以能够产生且长久保持，有两个方面的基本因素。一是农耕社会，二是自私的人性。

受限于地理条件、生产条件，在中国古代，当先民走进城市国家的时候，农业是其经济基础，人们称之为农耕社会。换句话说，如果没有农业经济的存在和发展，人的生存和社会发达就无从谈起。在农耕社会，即使人们足够勤劳，也得依靠合作劳动和相互配合才能完成农业生产，获得必要收成，所以，主要劳动人口及其家庭就被紧紧束缚在土地上，生产范围是在有限区域中，生活范围则主要在家族和村落之内。在这种经济和社会条件下，管理社会、约束人们的最有效率、有效果的方式是人治而不是法治。在本书下文的有关章节，会更详细展开讨论这方面的问题。

人性是什么？字面意思是人的本性。但是，人是一种社会存在，对于人性的定义就不能简单地从生物意义上来看。也就是说，人性是不是应该指那些呱呱坠地的婴孩的本性？这样的人能不能讨论其人性？传统儒家相当注重从人性中寻找影响人的思想和行为的原因，孟子主张性善、荀子主张性恶，是人们所熟知的。然而，传统法家并不讨论人性，只关注人的现实表现。那么，人的现实表现是什么呢？就是以自私为基础的贪婪、怠惰，以及由自私发展而来的占有欲和权力欲。专制制度不仅得到帝王钟爱，也受到帝王以下各级当权者欢迎。在专制政治之下，各个权力层级，上自帝王，下到所谓九品芝麻官，都热衷于尽情使用其权力和特权，这与人性中自私自利的一面是吻合的。

对于专制政治的发生发展及其运作过程，韩非子倾注了毕生心血。专制制度客观上有效率，主观上符合人性，贯穿于韩非子专制政治思想的整体结构中。

政治核心：君主与大臣

专制政治的核心要素是君主，是帝王，韩非子政治思想也被人称作帝王之术。从理论上说，在专制政治下，君主具有至高无上的权力。国家能否达到大治，或者说达到韩非子所说的国富兵强目标，关键在帝王。为此，韩非子自然而然地就把他的政治思想核心放在君主身上。理解韩非子思想的最重要基础，是要一切从君主利益出发，君主利益高于一切。

在统治国家过程中，最下等的君主亲自操劳，总想包办所有事情；上等的君主则是掌握大方向，并运用恰当手段，把群臣指挥得团团转，让他们去完成具体事务。[②]这就好比是牧羊人，不是亲自去对付每一头羊，而是选好并管理好领头羊就可以了。

本着这样的原则，韩非子首先提出了对君主的要求，然后分析了君臣关系的实质。要想正确而全面地理解韩非子政治思想，就得明白他对君主有什么具体要求，也得明白韩非子所谓君臣关系是一种什么样式的关系。

为君之道：守法的君主

为实现理想的君主专制，君主对大臣讲法，自己首先得是守法者。对于韩非子专制主义政治思想，不能轻易下结论说，它是片面主张君主无原则地独断专行。韩非子推崇的君主专制，是共同法律之下的专制。尽管大权应该掌握在君主一人手里，既不能与大臣也不能与民众分享，但对此权力的使用却并不是随心所欲的。倒是在主张放权的君主那里，权力的行使有更大的随意性。

君主与专制

韩非子心目中理想的君主专制，并不是君主独断，不是君主胡作非为，随心所欲。能够完成韩非子心目中的理想政治目标的，肯定是一个英明君主，这与同时代其他的思想家的政治构想基本相同。在任何一派政治思想中，在任何一个思想家政治观点中，都不会认为一个无能而昏聩的君主能够治理好一个国家。

韩非子不论是对当时大权在握的君主，还是对权力旁落的君主，都以所谓韩非之法的标准进行了毫不留情的评说和批判，这是同时代其他思想家明显做不到的，更别说秦汉以后思想家们。韩非子虽然讲的是帝王术，是给帝王出谋划策，但他并不是无原则地维护君主权势，而是要求君主做一个他理想中的英明君主。所以，韩非子对现实中的君主丝毫没有表现出奴颜婢膝模样，没有无原则地顺从在位君主的要求，看他们眼色行事。相反，他明确地把君主们划成三六九等，对于那些不称职的君主，对于君主与其身份不相符合的言行，都进行了无情嘲讽和鞭挞。[3]

毫不夸张地说，韩非子是中国历史上第一个真正敢摸老虎屁股的政论家。在韩非子之前，孟子对君主有直面批评，但一则那是在战国前期，君主专制还没有达到如后世般的酷烈程度，同时，孟子对君主的严厉批评只是在大的原则上，并且未能在学理上进行系统阐述，更不针对某个具体君主。严格说来，只是在一千五百年后，才出现了李贽这样的思想家，能与韩非子相媲美。韩非子之后的其他思想家在批评君主的问题上，或者只是轻描淡写地在那些无足轻重的问题上讲几句官话，而大前提还是“当今圣上圣明”；好一点儿的，只能做到打一巴掌就赶快给揉一揉；好到头的，也只是用比喻的方式，在大方向说一说，如果君主不这么做，就会如何不像话。

在韩非子那里，君主不是天然的圣人，也不是天生的真理代言人。相反，如果他们不小心，不能依法而行，就应该受到不客气的批评。这就说明，韩非子主张的严刑峻法的实质，与其说是主张不近人情的惩罚，倒不如说是一丝不苟地执行法律规定。这就与暴政划清了界限。韩非子说，当君主轻视在下位者，特别是把普通人不当回事的时候，就会出现暴政。[4]而一个坚持暴政的君主，是不能稳固其地位的。韩非子非常明确地对暴政提出了批评，尽管他的法制方法一旦把握不好也会堕入暴政。但这种不幸结局并不是韩非子的主观愿望，当人们研究和认识他的专制政治思想时，一定要注意由法制到暴政的转化关节。

值得注意的是，韩非子君主专制思想有个发展过程，特别是在某些方面，有一种逐步走向冷酷的倾向。在他早期思想中，并不认为君臣关系是不可调和的。他也希望君臣同心，强调大臣忠心，这可能是与他在荀子门下学习所受影响有关。可是，当他进行独立观察和思考时，认识到君臣同心是不可能的。当他年轻求学的时候只是个单纯学习者，对于儒家道德观念还有一些温情，给它们还留有一定余地，认为道德教化的尺度如果能够把握好，就会起到辅助法律的作用。可是，当他步入仕途，尤其是经历了种种实际政治磨难之后，对道德的作用逐渐失去了信心，以至于不仅认为在政治问题上讲道德是多余的，而且认为道德本身的价值也在两可之间。[⑤]

君主是导向

春秋战国时代的社会动荡，与社会制度有着最为密切的关系。但是，从历史来看，在韩非子时代，人们不可能看到封建专制制度的真正弊端，因而也不可能想到改革甚至取代这种制度的有效途径。事实上，在当时历史条件下，君主专制制度应该是社会管理的最有效途径。不过，尽管有这种历史“缺陷”，却并不妨碍许多思想家敏锐地观察到运行这一制度的最重要和最关键的环节，那就是在上位者的表率作用，即君主的表率作用。

孔子对鲁国一位权臣说，如果你太贪取财货，盗贼就会越禁越多；如果你能做到不贪不欲，即使是重金悬赏，也不会有人偷盗。[⑥]韩非子引用《诗经》的诗句说：“不躬不亲，庶民不信。”[⑦]如果君主做不到的事情，民众就不会相信。韩非子批评世俗君主说：“人主不自刻以尧，而责人臣以子胥。”[⑧]君主不是让自己向尧、舜这样的贤明君主看齐，却一味要求臣下做伍子胥那样的贤臣。反过来说，人主只有达到了尧、舜的高度，才有资格要求臣下做伍子胥那样的贤臣。

封建专制制度的本质特征之一，就是权力集中，集权政治。君主是国家最高权力拥有者。至少从理论上说，君主是国家象征，是国家权力的代表，所谓“朕即国家”。君主的地位和作用是独一无二的，历史也证明，英明君主即所谓“明君”在位的时候，往往是一个朝代或一个国家比较清明、比较有所做为的时候。反之，如果昏君在位，往往是一个时代走向衰败的时候。至于如何才能避免昏君在位，就不是这个制度本身所能解决的问题了。

在封建专制时代，君主的行为就是一个国家的方向。齐桓公一度特别喜欢穿紫色衣服，致使全国人竞相效仿，紫色衣料的价格五倍于白色衣料。对于如此不正常的商品价格，齐桓公深为担忧，就问丞相管仲怎么办。管仲说：“为何不试着不要穿紫衣呢？你要对左右人等说：‘我非常厌恶紫色染料的味道。’”齐桓公照办不久，都城里就再没有人穿紫衣了，随后全国也没人穿紫衣了。⑨

邹国国君喜好长飘带，导致这种物品飞速涨价。邹君忧虑之下，也是听从手下人的意见，以身作则，割断了长带子，民众就停止了这种嗜好。韩非子就此指出，百姓的行为，有时颁布禁令也禁止不了，如果君主身体力行，反能收到理想效果。韩非子借用孔子之口说，君主好比是盛水的盆，人民就好比是水，盆是方的，水就是方形的，盆是圆的，水就会是圆形的。⑩

上述《韩非子》所记故事未免有些夸张和机械，但韩非子要强调的道理却是实事求是的。这两个故事只涉及人们的穿着问题，乍看上去只关乎世俗审美趋向，好像是人们只是为了时尚才受君主喜好的左右。然而，在现实中，人们追随君主，更多的是对权力和利益的追求。可以设想一下，如果君主喜欢往东，人们却喜欢往西，君主肯定不能接受。同时，那些追随君主往东的人，肯定会让君主高兴，进而能从君主那里得到想到的东西，而君主能够给人的，最重要的就是权力和与权力相关的物质利益。所谓君主的导向作用，实质上是权力垄断和专断的结果，短期来看，确有积极作用，但长期来看，消极作用更为明显、更为有害。

君主的职责

君主必备的重要品质之一，就是认识到并能够做到与大臣分工明确、分清职责。君主有君主的责任，大臣有大臣的责任，不能互相替代。君主把握国家大方向，大臣完成具体事务。君主如果不能监督臣下完成责任，而是亲身去做本应是大臣所做的琐细事务，国家就会失去正确方向。

郑国子产是春秋时期著名政治家，他执政几十年，作为小国的郑国却能在大国的夹缝中很好地生存，所以，子产的政绩深得世人称赞，以至于年轻的孔子都十分仰慕。在韩非子看来，子产的成功，与郑简公的作为大有关系。郑简公对子产说："国家重大事务，比如国宴祭祀之类的事情没有做好，那是我的责任；如果百姓不能安定，农业和军事活动没有成绩，那就是你的罪责了。你有职责，我也有职责，我们要各守其职。"有了君主这番保证，子产就放手去干。五年之后，国家没有了盗贼，路不拾遗，街道两旁树上的果实也没有人擅自摘取，人民生活大为改善。[11]

这种观点，用现在的话说，就是合理的分权和放权。国家政治混乱，重要原因之一就是那些自以为精明的君主，事无巨细都要亲自过问，结果却把最该做的事情放弃了。史书记载，秦始皇统一天下之后，每天亲自批阅的文件有好几车竹简，大多时候到深夜都批不完。他还抱怨说，我是如此辛苦，天下人还反对我。殊不知，他的辛苦并没有用在该辛苦的地方，以至于他的统一天下大业，只是他一个人的事业，而不是天下人的事业，所以也只能算是一种表面繁华。

魏昭王一时兴起，想参与处理具体政事，就对主政大臣孟尝君说了这一打算。孟尝君说："大王想参与政事，那首先要阅读法规。"此所谓法规，指的是处理具体事务的法令和规定，不是国家大法。于是魏昭王就去阅读法规。没想到，还没读了多少，就在那里睡着了，最后不得不说："我不能读这种东西。"根据具体法规行事是臣下的责任，君主的责任是掌握好国家权柄，以"法、术、势"监督臣下言行。韩非子这样的社会分工思想，不仅是着眼于现实要求，更是强调了士人或官员的职责所在、长处和作用所在。韩非子不无讥讽地说，做君主的，却坚持要做大臣应该做的事情，那就只有打瞌睡的份儿了。[12]

所谓君主掌握国家大方向，其中最重要的一个方面就是监督臣下所作所为，具体方法就是韩非子一再强调的"法、术、势"。这里所说的法，不同于孟尝君所说的法规，说的是国家大法，即依法治国之法。战国时期著名的法家人物申不害在韩非子家乡韩国主持变法活动很有成效。当时正是韩昭侯在位，开始时对于申不害的主张并不太理解，就对申不害说："法度非常不易推行啊！"申不害则说："法是什么呢？有功而行赏，根据法度才能授予官职。可现在呢，君王您却是在设立法度之后还要听从左右亲信的个人请求，所以法度才难于推行。"韩昭侯就说："从今以后，我就知道如何推行法度了。"不久之后，申不害想给他的堂兄要个官做，韩昭侯就说："这可不是我从你那里学到的东西。我现在听从了你的请求，不就是破坏了你的主张了吗？"申不害一听，连忙请罪认错。[13]

国家政治总的运行规则是，处在政治中央的君主掌握国家大权，臣下则是完成各种具体事务。这好比车轴和辐条的关系，辐条出力，车轴作中心控制。如果君主表现出处理某种具体事务的特长，还要亲自操作，就形成了群臣竞争的局面。为了不让君主难堪或不高兴，大臣宁肯不去完成他们该做的事务，也要讨君主欢心。最终是所有事务都等着君主来做，就算是大臣该做好的事也难以做好。如果君主自认为多才多能，大臣就会钻空子，就会偷奸耍滑，轻者把责任推给君主，重者想方没法欺哄君主。上下关系颠倒了，国家政治也就走上邪路了。

韩非子上述思想其实是春秋以来思想界逐渐形成的社会分工思想在政

治领域的集中表现。孔子说：“君子忧道不忧贫。”[14]君子关注的是国家发展方向，不是如何种庄稼。孟子说：“劳心者治人，劳力者治于人。”[15]荀子说：“君子以德，小人以力。”[16]都是认为社会管理者和物质生产者理当各有其责。韩非子是荀子弟子，自然明知上述思想。同时，韩非子法家思想的重要思想基础之一，就是以耕战立国，这当然需要有专门的社会阶层去从事耕战，有专门的社会阶层谋划耕战。另外，法家是最讲究效率的，而在社会运作过程中，社会分工是效率最大化的基本保证。

君主的过失

韩非子对君主的批评是不留情面的。从历史研究和现实观察中，韩非子注意到，君主或者是与君主地位性质相同的在上位者，他们的过错很多，其中最著名的是所谓“十过”。当然，韩非子对君主的批评，并不是否定君主的作用，不是否认君主的地位，更不是怀疑君主专制制度，而是希望君主更称职、更英明，从而最大限度地维护君主地位，换句话说，韩非子的出发点对君主来说是好的。

如同那个时代多数思想家一样，韩非子也经常以故事或个案形式表达思想，“十过”表达也是如此。

第一，接受小忠妨害大忠。

楚共王与晋厉公在鄢陵有过一次激战，结局是楚军大败，楚共王还被射伤一只眼睛。在战斗最激烈的时候，楚国的主将，大司马子反非常口渴，就跟仆人要水喝，仆人谷阳为了表现忠诚，给子反递上来他平时非常喜欢的美酒。子反说：“不行，这是酒。”谷阳则坚持说不是酒。此时的子反未能战胜酒瘾，终于喝了个酩酊大醉。

楚王战败后，还想发动反攻，就派人去叫子反，子反推辞说有病，不能再战。楚王去子反帐篷察看，一进去就闻到了强烈酒味。楚王大怒：“今天这场恶战，连我都受了伤，我一心依赖的大司马却醉成这个样子，这明明是拿社稷和大家的性命不当回事，我还怎么能发动反攻呢?”只好下令班师，并斩了大司马子反。[17]

谷阳进酒并不是有意危害主人，而是想在紧要时刻表现忠诚，可这样的忠诚却害死了主人，害了主人对于家国的忠诚。韩非子要强调的是，在这个事件里，真正有过失的是在上位者子反，接受了小忠而害了大忠。就有许多君主，因为欣赏左右亲信的忠诚，享受对他个人的奉承，而使国家蒙难，甚至失去了君位。

动机好，并不见得结果就好，因为更重要的是动机的内容及运作过程。同理，都是忠，都是忠诚，在韩非子看来有小忠和大忠之分别，而小忠和大忠并不能时时保持一致。在这个故事中，所谓小忠还并不是简单地忠于家国之下的个人，而是“忠”的内容或举措是什么，这也就把“忠”的动机和手段全部考虑了进来。谷阳对子反的小忠，动机是考虑他与主人的个人关系，并且通过投主人之个人所好的行为加以实现，这既是不良动机，又是以个人之利损害家国之利的行为，所以才最终被韩非子定义为以实现“小忠”而贼害“大忠”的事件。

第二，贪图小利妨害大利。

春秋时期，晋献公想借道虞国去攻击虢国，实际上是想分步骤消灭这两个国家。晋献公大臣荀息献计，让晋献公用他珍爱的名叫垂棘的宝玉和他喜欢的产自屈地的一匹良马，去贿赂虞公。虞公贪财，肯定会同意借道。晋献公听罢，疑虑道：“垂棘宝玉，是祖先传下来的宝物，屈地良马，是我最喜爱的宝马。虞公接受了宝物，却不借道给我们，如何是好?”荀息解释说：“如果他不借道，就一定不敢收下礼物。如果接受礼物，借道给我们，对我们来说，宝玉不过是从内府取出来藏在外府，良马也不过是从内厩牵出来拴在外厩而已，大可不必为此发愁。”意思是说，总有一天，虞国会并入晋国版图。

正如荀息预见，贪财的虞公为眼前宝物所动，准备借道给晋国。虞国也不乏有识之士，有位叫宫之奇的大臣，认为此礼不可收。他劝谏虞公："虞国与虢国的关系，就如同大车一定得有辅板一样，二者相互依存，谁都不能缺了谁。如果借道给晋国，在虢国之后灭亡的一定就是虞国。"这种相互依存关系，在另外记载中，使用的是著名的"唇亡齿寒"说法。但虞公对这个警告无动于衷，最终收下礼物，借道给了晋国。事情随后的发展当然是顺理成章的。晋国在灭亡虢国后不久就灭亡了虞国，甚至有记载说，晋军就是在灭亡虢国后，回来的路上顺便灭亡了虞国。荀息也就如其所言，把垂棘宝玉和屈地良马又还给了晋献公。[18]

虞公因为贪图小利而成了亡国之君，这种事情在战乱时代相当常见。韩非子政治思想的重要特色之一就是倡导功利主义，但韩非子看重的功利，与那些目光短浅的君主眼里的小利是根本不同的。尽管二者都是基于人的自私本性，但它们的运作方式大相径庭。功利主义是利用人们对功利的追求，刺激上进心；贪图小利则是为利而利，并没有明确而合理的目标，在明眼人看来注定要在现实中吃大亏，尤其会在政治上栽大跟头。

如同上文对待"忠"一样，既然有"小忠"与"大忠"之别，就应该有"小利"与"大利"之分。同样是"利"，大利与小利有本质不同。韩非子的表述是，"顾小利，则大利之残也"[19]。小忠害大忠，小利损大利。尽管大与小是相对而言的，但韩非子对"忠"和"利"这类重要概念做哲学区分，显示出他的政治思想有着深厚的学理基础。

第三，刚愎自用，行为乖僻，最后丢掉性命。

楚国是春秋末期发展起来的军事大国，并因此而做了一个时期的诸侯盟主。有一年，楚灵王召集各国在申地开会，宋国太子因为最后一个到来，就被楚王处罚以囚禁。楚灵王又认为徐国君主有二心，就对这位君主表现出极大轻视。齐国大臣庆封也无端受到楚灵王拘禁。有大臣谏告楚灵王："会合诸侯，不可以无礼对待，这是国家存亡的关键。在历史上，桀王和纣王都曾在召集诸侯时，因为无礼而得罪了诸侯，招致诸侯反叛。这一定要引起注意。”楚灵王根本不听，还是一意孤行。

结果，还不到一年时间，楚灵王到南方游玩时，大臣们乘机劫持了他。按理说，作为盟主，应该有盟国来救助，可是，由于他对诸侯太无礼，没有一个诸侯国派兵来救。最后，楚王被饿死在乾溪这个地方。[20]

在韩非子看来，楚王的骄横，是由于太看重盟主地位；楚国大臣之所以敢于背叛作为盟主的楚王，也是发现了楚王的骄横已经失去了诸侯拥护。在春秋时代，虽然周礼已随着周天子权力的旁落而不再具有至高无上的权威，但是，这并不是说人与人之间的交往、国与国之间的交往就没有“礼”或规则可循了。另一方面，韩非子所说的君主专权，与刚愎自用也是根本不同的。专权是符合专制政治基本原则的，它本身是讲究规则的，刚愎自用则是毫无规则可言，是滥用权力的表现。在上层社会人人视权力为生命的时代，这种不审慎足以断送一个人的政治前程。

韩非子在此强调的“礼”，并不是儒家礼制，而是“理”，也就是灌注了情理的规则或行为规范。再高政治地位的人，哪怕是诸侯的盟主或霸主，如果一意孤行、无法无天，不能做一个有理有礼的霸主，到最后，不仅诸侯会有不服或背叛，就是霸主国内的大臣也会找机会发难。其实，对诸侯无礼的霸主，也不会善待大臣。一个无礼、无理的人太容易招致各种麻烦。普通人无礼的麻烦可能只会影响日常生活。而霸主的无礼之路就有可能灭亡其身。韩非子对于不称职君主的结局判断是相当不客气的。这样的态度和立场在先秦诸子中并不多见。

第四，不理政务，纵情享乐，走上穷途末路。

卫灵公去往晋国的路上，在濮水边宿营。夜半时分，卫灵公忽然听到了弹奏新曲子的乐声，他让左右去寻找乐声出处，左右却什么也听不到。卫灵公召来了宫廷乐师师涓，告诉他：“我明明听到有人在演奏新曲子，左右却说什么也听不到。我听那乐声像鬼神在演奏，你快去听听，给我把曲子写下来。”师涓马上应诺，随即静坐抚琴，把曲子仿写下来。

第二天，师涓报告卫灵公："那曲子我已经写了下来，只是还不能熟练弹奏，请让我再练习一晚上。"卫灵公表示同意，就在原地又住了一宿，等第二天弹熟了才起身。到了晋国，晋平公款待卫灵公。二人酒酣之时，卫灵公站起身来说："我得到了一首新曲子，请你也来听一听。"晋平公答应之后，卫灵公就招来师涓，让他坐在晋国著名乐师师旷身旁，弹奏了起来。

可是，曲子还没有弹完，就被师旷制止了。师旷说："这是亡国乐曲，再不能弹奏了。"晋平公问根据是什么，师旷说："这是纣王乐师师延创作的曲子，是专为纣王所作的靡靡之音。武王伐纣时，师延东逃，到濮水时投水而亡。我敢断定，这曲子一定是在濮水边听到的。最先听到这个曲子的国君，他的国家一定会被削弱，所以不能再听下去了。"晋平公根本不当回事，坚持说："我就爱听音乐，你不要阻拦，让人家弹完。"于是，师涓最终弹奏完了这个曲子。

晋平公问师旷："这曲子用的是什么调？"师旷说是清商调。晋平公问："清商调是最悲的吗？"师旷说不如清徵调。晋平公这下子更来了情绪，问能否听一听清徵调。师旷又制止说："千万不能。自古以来，能听清徵调的，都是些有德有义的君王。可是我的君王您德行太薄，没有资格来听。"晋平公还是提出他刚才的理由，说实在是太喜欢音乐了，一定要让师旷演奏一番。师旷不得已，只好开始演奏。

说也奇怪，当师旷演奏第一段时，有玄鹤十六只从南方飞来，聚集在屋脊之上。第二段时，玄鹤排成一列，第三段时，玄鹤引颈而鸣，舒翼而舞，声音非常响亮，还很合乎音律。晋平公非常高兴，在座的人也同样喜悦。晋平公在为师旷敬酒之后，又问是否清徵调是最悲的。师旷回答说，清徵调还比不上清角调。晋平公自然想听清角调，师旷还是表示反对，理由是："想当年，黄帝与鬼神在泰山顶上会面，演奏的就是清角调。现在我主德薄，不足以听这种曲子，如果一定要听，恐怕会有不测之祸。"但在晋平公一再坚持下，师旷还是演奏起了清角调。

没想到，演奏第一段时，黑云从西北方滚滚而来，到第二段时则大风骤起，大雨随之而来，众人无不惊骇，晋平公吓得要死，趴在地上一动不敢动。于是，当年晋国就发生了大旱，并且连续三年赤地千里，庄稼没有收成，晋平公本人则身染恶病而亡。在韩非子看来，这就是君主不去专心勤勉治国，却毫无节制地沉溺于音乐之中，导致身亡。[21]当然，沉湎于音乐只是一个方面，其他过度享乐也包括在其中。

《韩非子》中类似故事很可能得之于传说，显然有些夸张，甚至不免有虚构成分，但其主旨却很符合韩非子思想，否则也不会被采用。一般印象中，专制君主都是无原则、无节制的享乐狂，而韩非子心目中理想的君主，他有时称之为圣人，是把严格要求和约束自己放在首要位置的。无道君主追求享乐是自私的，圣人对权力的专注也是自私的，可是，享乐式的自私完全是一种消极行为，而想要保住权力，君主就得把劲儿用在积极方面，就得认真履行君主职责。同样是自私，相同动机下，由于运作机理不同，就会产生完全不同的效果。

令人遗憾的是，通观《韩非子》全书，韩非子或者这本书的其他作者们，只是描述了君主无度享乐的过程和结局，但对于为什么会发生这类事情，并且是持续不断甚至无法阻止地出现这类现象，却没有深入思考和理性批判，更不用说得出真知灼见了。所以，即使韩非子政治理论能够被君主接受，也不可能改变专制制度的致命痼疾，即对于专制权力无法有效制约的事实。如果君主要做昏君，是谁也拦不住的。

第五，贪婪固执，是亡国杀身的根本原因之一。

春秋末期，晋国权臣智氏家族首领智伯率领赵、韩、魏三个大家族，兴兵消灭了范氏和中行氏两个家族。休战几年后，智伯贪心又起，派人向韩氏索要土地。韩氏首领韩康子本不想给，谋臣段规劝谏道："智伯为人，好利而任性，如果不给，他就会举兵来攻。如果给了，以他的贪婪，肯定还会向其他家族索要。如果有其他家族不听，他还会举兵，到那时候，我们既免除了眼前祸患，又能相机行事。”

果然，智伯得到了韩氏土地后，又向魏氏提出同样要求。当政的魏宣子开始时也不想给，可谋臣赵葭劝说道：“韩氏已经答应了，如果我们不答应，就会受到智伯进攻，那又何苦呢？”当然，智伯的贪婪是没有穷尽的，接着又向赵氏提出了土地要求。赵氏首领赵襄子一向高傲，予以严词拒绝。智伯非常恼怒，就联合了韩、魏两家，大举围攻赵氏。

赵襄子听从谋臣张孟谈的划策，在赵氏家族的根据地晋阳城抗拒智伯的“三家”联军。被围攻三年后，晋阳城危在旦夕。看到时机成熟，张孟谈乘夜潜出城外，见韩、魏二君说：“我们三家是唇亡齿寒的关系。今天我家被灭亡后，接下来的就是你们。”二君赞成这个意见，就商量好了共同发难的计划。韩、魏二君送走了张孟谈，去朝见智伯。从智伯住处出来时，与智伯谋臣智过在辕门外相遇。智过发现二君脸色不太对头，就对智伯说：“二君脸色不对劲儿，明显趾高气扬。我担心会出问题，你最好先下手制服他们。”智伯自以为是地说：“我与二君有约在先，破赵之后，三分其土。眼看晋阳城就被攻破，他们怎么还会起异心呢？你不必怀疑，也不要再说什么了。”

第二天，智过在辕门口又与二君相遇，发现二君神色与昨天不同，显得非常恭顺，就怀疑智伯把自己昨天说的话告诉了二君。进去一问，果然如其所料。于是，智过又劝智伯杀掉二君，因为从他们的表情变化中能够看出，他们是心中有鬼的。可智伯还是不听。智过又说：“如果不杀他们，就一定要设法亲近他们。要亲近他们，就要笼络他们的谋臣，比如魏氏的赵葭、韩氏的段规，让他们说服二君不变心。亲近这两个人的最好办法，就是答应他们，在破赵之后，每人赐给一个有万户人家的县。”智伯一听，大摇其头，说道：“破赵之后，本来就是要三分其地，如果再给赵葭和段规两个大县，那我还能得到多少呢？”面对这样贪婪无度而又刚愎自用的人，智过知道事情不妙，只好与智伯分道扬镳。最后，到了约定日期，韩、赵、魏三家一齐动手，消灭了智伯，把晋国一分为三，这就是所谓“三家分晋”故事。智伯的贪婪与任性，最终成了历史笑谈。[22]

有权势者的贪婪与任性是紧相关联的，特别是对于一国之主或一方主事者，这两种表现更是相互加强，为害更大。所谓贪婪，是对于财富的无餍足攫取。没有限制的贪婪，更容易一发不可收拾。这里所说的贪婪，与上面说过的贪图小利，都是为利而利，没有把他人福祉、国家兴衰之类的公义放在首位。由此而发生的亡国亡家的祸患，在中国古代历史上并不罕见。至于当权者的刚愎自用，更是专制制度的必有之事。追逐和掌控权力本来就是个无尽的过程，在这个过程中，任性与随性也是其必然产物。韩非子和老师荀子，他们政治思想有一个共同之处，就是都在思考，为什么一国之主在拥有了最高权力之后，还会贪婪无度？为什么不能听取正确的治国之策，尤其是士人提供的良谋？其实，在专制制度下，这两个问题严格说来是伪问题，是不存在的问题，相当于探讨“火为什么非得是热的”一样。

第六，沉湎女乐，不理国政，导致亡国之祸。

秦穆公在位时，与秦国相邻的西戎国国王派大臣由余出使秦国。在与由余交谈中，秦穆公发现这是一位难得的人才。不用说，邻国的人才，就是对自己国家的威胁。于是，秦穆公与手下人商量，如何才能去掉这一威胁。内史廖出了个主意，说是西戎王居住在偏僻地方，从来没有听过中原音乐，更没有享受过中原女色，如果能送女乐给西戎王，让戎王好好享受，无心处理朝政，再让由余在秦国待上一年，没有机会劝谏戎王。这样一来，他们君臣关系疏远了，秦国想办的事情就好办了。

秦王采纳了内史廖的计谋，送了一队女乐给西戎王，并请求由余在秦国多待些时日。西戎王痛快地答应了秦王的请求，每日沉溺于女乐之中，不到一年，国政大乱。一年之后，由余回国一看，就劝谏西戎王，西戎王此时根本听不进去，由余只好投奔秦国。秦国待由余为上宾，从由余那里获得了西戎国的山川地理、政治军事等详细情况。进而举兵攻伐，大获全胜，夺取了西戎的大量土地，从根本上解除了西戎对秦国的长期威胁。[23]

在生活享乐方面，韩非子赞成墨子的看法。墨子主张“非乐”，认为像音乐这样的享受，除了浪费钱财、磨蚀意志之外，没有任何实用价值，应该彻底去除。韩非子以两条标准衡量君主的所有作为，一是能否促进农业生产，二是能否增强军队战斗力，也就是所谓的富国强兵。显然，纵情于音乐女色之类的享受是不符合国家根本利益的，君主为此而亡国亡身，也就在情理之中了。

第七，离开内宫，在外远游，不听劝告，走上危害自身的道路。

齐国是滨海国家，当政者田成子有一次到海上游玩，觉得乐趣非凡。于是，他对大夫们下令：“有人胆敢说回宫的事，一律处死。”可是，一向为田成子信任的大夫颜涿聚却挺身而出，劝谏道：“如果主公乐游而不归，国内大臣有图谋造反的怎么办？君王虽然有了一时欢乐，可最后得到的是什么呢？”田成子听罢，大声喝道：“寡人已经发布命令，胆敢说回宫之事的，一律处死，现在你可是违犯了我的命令。”说罢，操起兵戈，就要击杀颜涿聚。颜涿聚毫无畏惧，继续说道：“想当年，桀王杀死过关龙逢，纣王杀死过王子比干，今天主公如果杀了我，我也不过是第三个而已。我这样劝谏是为了国家，而不是为了我自己。”一边说，还一边把脖子伸过去，告诉田成子：“主公下手好了！”说到此，田成子不得不住手，并且马上起身回宫。回国三天后，果然打听到当初确实有过谋划把他推下台的事情。[24]

这里说的并不是一般性的游玩，而是长时间远游在外。在韩非子看来，这是专制君主的一大忌讳。在专制制度之下，君主一定要亲自掌握国家大权，这就要求他不要轻易离开权力中心地域。大臣是君主的天然仇敌，随时都想窃取君权。通常来说，在君主远离权力中心期间，正是臣下篡权的有利时机。这是专制政治特有的现象。当然，在韩非子那里，政治思想的发展还只能让他注意到这种现象，而提不出根本消除它的方法。

第八，有过错而不听劝谏，反而独行其意，最终失掉名声，成为笑柄。

管仲是春秋时期名臣，齐桓公成就霸业，与管仲的才干和努力息息相关。管仲年老之后在家休养，齐桓公前去探望，并请教说，在管仲之后，哪位大臣可以接替管仲的位置。管仲换一个角度说："知臣莫若君，知子莫如父。君王试着说几个人，我来判断一下。"

齐桓公首先提到了鲍叔牙，管仲说："不行。此人刚愎自用，性情粗野，会以暴力侵犯民众利益，不能得民心，也不会得到下属拥戴。这不是霸主的左右手。"其实，鲍叔牙既是管仲救命恩人，又是管仲的知遇之人，但管仲从公出发，客观评断了鲍叔牙的政治才能。在管仲否定了鲍叔牙的继任者资格后，齐桓公接着提出了竖刁，管仲也说不行，理由是，"人之常情，没有不爱惜身体的。可是，因为君王妒心很重，对内宫不放心，重用阉人，竖刁就自阉，以求得宠。这种连身体都不爱惜的人，哪能爱戴君王呢?"

齐桓公最后提出了公子开方和易牙，管仲也说不行。对于来自卫国的公子开方，管仲说："齐国和卫国之间不过是十日行程，可开方为了讨好君王，十五年不回去看望父母，这太有悖于人情了。他连父母都不亲，又怎么能亲君王呢?"对于易牙，管仲说："易牙为了迎合君主口味，发现君王没有尝过人肉的味道，就把儿子的头蒸熟了献给君王。爱惜儿女，这更是人之常情，那种不爱儿子的人，又怎能指望他爱君王呢?"这一番话，直说得齐桓公哑口无言，最后只好问管仲说："那你说吧，到底谁能行?"

管仲这才说，只有隰朋才能胜任。此人内心坚定，可以做表率；行为廉洁，可以当大任；很少有私欲，能够服众；很讲信用，能处好与邻国关系。具有这些品质的人，才能做霸主的左右手。齐桓公口头上答应了下来，可一年之后，管仲去世，齐桓公还是任用了身边的竖刁。竖刁当权三年之后，齐桓公到南方的常阜去游玩，竖刁就率领着易牙、卫公子开方大举叛乱，把齐桓公包围在南门外的寝宫之中，不给吃喝，齐桓公终于饥渴而死。更为悲惨的是，死后三月，没人去收尸，以至于齐桓公尸体腐烂，蛆虫多得都爬出了门窗。[25]

韩非子说，想当年，齐桓公指挥大军横行天下，是春秋五霸的头一位人物，最后却落了个如此下场，成为天下人笑柄。这是为什么呢？显然是因为不听忠臣劝告，自行其是的结果。韩非子所说的忠臣，不同于儒家忠臣。韩非子并不认为忠臣都会如同儒家所认为的那样，对君主是内外如一的忠诚，而是迫不得已的服从而已。忠臣为了保全地位，一定得认真地替君主出谋划策，所以，他们的建议还是应该考虑和采纳的。

第九，对内自不量力，却依靠外面诸侯，是国家被削弱的隐患。

有一年，秦国军队急攻韩国宜阳。韩君心急如焚，大臣公仲朋献计："单靠我们的力量看来不能长久坚持，不如走走张仪的门路，送给秦国一些土地，并约定与秦国一起攻打秦国的仇敌楚国，这样，宜阳就能保住，还可以把患害转嫁到楚国。"韩君认为很有道理，就催促公仲朋赶快动身，与秦国求和。

楚王得知这个消息后，非常着急。大臣陈轸也献出了一条计策，让楚王给韩国送去重礼，并说楚国马上就要派出援兵，劝韩国不要与秦国议和。楚国还让韩国派人来察看，果然看到楚国军队就要进入韩国。使者回来向韩君报告之后，韩君非常高兴，以为没有任何损失，就可以让秦国退兵了。公仲朋劝谏道："秦国进攻是实实在在的，楚国援兵却是徒有虚名。听信虚言而轻视强秦，这太危险了。"韩君根本不听，一心想望着楚国救兵，可是，派去了无数使者，直到宜阳被秦国攻克，也没有看到楚国一兵一卒。城池没有保住，韩君还成了人们的笑柄。[26]

韩非子非常重视自知、自信和自重，做人、做政治家是如此，治理一个国家也应该如此。靠自己的力量解决自己的问题，自力更生，并不是说本来没有实力，还要逞强，而是说，要认清自己的力量和所处情势，充分利用已有力量，做好力所能及之事。这方面的正面例子，是公认的春秋时期郑国在子产主政下的情形，而像上面所说的宜阳之战中韩君的例子，却是自不量力的表现。

第十，作为小国，却不讲礼仪，也不任用谏臣，是灭绝世袭王位的表现。

春秋五霸之一的晋文公重耳，继位之前，曾在各诸侯国之间过了十七年的政治流亡生活。在曹国的时候，曹君听说重耳的肋骨与众不同，不是一根一根的，而是连成一整块的，就在重耳洗澡的时候偷偷地去观看。这当然是非常不礼貌的行为。事后，大臣叔瞻劝谏曹君说："我看这位晋国公子非是寻常人等。君王对人家无礼，一旦人家有朝一日登上晋国君位，起兵来报复，恐怕就是我们国家的灾难了。我看还不如现在就杀了他，以绝后患。"曹君根本不当回事，没有听从叔瞻的意见。

在秦国支持下，重耳终于回国登上君位。三年之后，晋国举兵伐曹，灭掉了这个国家。韩非子说，曹国本来就是个没有实力的小国，处在晋国和楚国这样的大国之间，不是说小心地以礼与大国修好，而是以无礼的态度对待大国，并且对本国大臣的意见也毫不重视，这就注定了亡国的结局。[27]比照前文所讲，子产主政下的郑国正好与曹国相反。郑国也是处在晋、楚两国之间，子产小心翼翼与大国修好，把外交政策放在首位，对大国讲究的是有礼、有理和有利的原则，竟然奇迹般地得到几十年的和平发展。

韩非子对君主提出的以上要求标准很高，甚至有些理想化，是有书生般的批评精神在其中的。所表达的主题思想，就是君主能否理性倾听和采纳大臣正确意见的问题。韩非子给出的标题是"十过"，其实归结起来就是"一过"，即君主自恃自傲、刚愎自用，不能听取大臣正确意义之过。当时政治问题的核心是君主如何作为，君主如何作为的核心是正确处理君臣关系，这其中，采纳大臣正确意见、听从大臣合理劝谏，一直是问题的关键所在。

严格说来，这十项批评中虽然不乏具体说明，但实际操作性并不强，在当时专制制度之下，绝大多数君主是做不到的，而能做到的君主至多也只能限于一时一事。所以，韩非子这一连串批评，应该是出自他的比较早期的思想中。在他后期思想里，对于君主的要求更多集中在正面指导，即运用所谓的法、术、势的思想，而不是反面批评。也就是说，法、术、势思想的形成，才是韩非子思想走向成熟的重要标志之一。

君臣之间：上下有百战

韩非子君臣关系论深受《老子》思想影响。《老子》认为，大道是宇宙万物主宰；在韩非子看来，大道已经安排好了宇宙的一切，就是所谓天命，大天的命令。与人相关的自然界和人世间，都受天命约束。只有根据天命行事，人世间才有秩序，国家才能得到治理。这个秩序的根本点，是要求人根据其地位和才能，完成应该做的一切，君主要做好君主，大臣要做好大臣。君臣关系是天经地义的。坚持这种天经地义的秩序，君臣上下就都能达到无为，不勉强地或过分地去做什么。用韩非子的比喻来说，就是让鸡司晨，让猫捕鼠。[28]

从当时人们的政治眼光看来，不论在什么社会，都是要有君有臣的。社会要想安宁和发展，首要问题是保持君臣的固定关系。如果这种关系是变化不定的、无章可循的，这个社会就是没有安定可言的。[29]所谓君与臣，就是上与下，这应该是什么时代都要保持的。古与今在这个问题上的区别，不在于有没有，而在于如何产生和保持。

理想与现实

对于君臣关系，韩非子也有过书生般的幻想，以为君主和大臣会为了国家或社会利益，把官职授予真正有才能的人、把利益分配给真正有功劳的人。这也许是他心目中的理想状态，也许是他思想前期还没有接触到政治实际时的一种设想。当他接触到实际政治的冷酷无情时，尤其是亲身体会到政治斗争中你死我活的拼杀时，他的思想才去掉了无谓温情，转向不折不扣的无情。

韩非子主张，“上不过任，臣不诬能”，君主不出现有过失的任用，必须根据才能任用大臣，大臣也不诬称自己的才能。赵国人少室周，为人诚实而廉洁，正直而公平。他是赵襄主手下的大力士，在与中牟人徐子的角力争胜中，因为力气不如对方而失败。少室周去向赵襄主请求，让徐子替代他的位置。赵襄主说：“你的地位是多少人想得到的，为什么要主动让给徐子呢?”少室周回答：“我是因为有力气才在你手下做事，现在徐子比我力气大，如果我不主动要求让他替代，恐怕以后有其他人提出来，使我吃罪不起。”[30]

按照韩非子后期的激烈主张，臣下必是想方设法，甚至不择手段地保住已经得到的地位，即使有外力被逼无奈，也不会主动让贤让位。况且，主动让贤也不符合人的自私天性。可是，在少室周那里，所谓外在压力只是一种潜在可能，并不是摆在眼前的现实，所以，少室周的表现只是韩非子早期思想中的一种理想状态。在韩非子后半生的政治实践中，发现像少室周这种表现就算不是绝无可能，也是绝无仅有。在让贤的问题上，韩非子更相信君主使用种种手段迫使大臣不得不让出位置，不相信大臣会主动把优越地位让给贤才。

对于韩非子思想的这种变化，后世学者有两种截然不同解释。一种观点认为韩非子年轻时追随荀子学习，受儒家思想影响较深，加之对现实政治的残酷性体验和认识不足，才会去肯定少室周式的政治谦让。到他思想后期走向成熟之后，才抛弃了这种儒家倾向的温情政治，达到更加现实的法家思想高度。也有另外一种观点逐渐引起人们更深入的思考，即韩非子前期思想更加法家化，一厢情意地认为法家式的无情控制和惩治对于治理社会更有效，儒家式的温情只会滋生更多的保守和颓废。随着思想走向成熟，韩非子逐渐认识到仅靠法家的法制手段约束人的行为是不够的、不完全的，甚至有时候是适得其反的，应该在某些方向和某种程度上重视儒家对人心的启迪、修养和规约，以法家和儒家双管齐下的方式，从行为和思想两个方面约束和改造人们。

君臣乃天敌

韩非子认为，君主与大臣生来就处在敌对关系中，这种对敌状态永远都不可能化解。君主与大臣天然利害相左，不可调和，他们总是处在严重利害冲突的两端。

君主利益是根据才能提拔官员，大臣利益是让无能之辈获得官职。君主利益是根据功劳封赏爵禄，大臣利益在于无功而得到富贵。君主利益是任用有才能的豪杰之士，大臣则是要利用朋党关系牟取私利。总而言之，大臣想的是君主早一些垮台，以便于他们得势篡权。[31]

齐桓公跟管仲说："官职太少，而要求得到官位的人却太多，这让我深感忧虑。"管仲说："君王不要听从左右亲信的请求，不要送人情，坚持根据才能授予官职，根据功劳任用官员，就不会有人来要官，官职也不会显得太少了。如此一来，又会有什么可忧虑的呢？"[32]当然，齐桓公和管仲时代能不能做到这一点并不重要，重要是韩非子借管仲之口表达的思想。

先秦儒家政治思想的核心是选贤任能，但从以上韩非子思想来看，典型的法家政治思想同样主张选贤任能。那么，这两种对立学派在这个问题上的区别在哪里呢？双方的根本区别是，儒家更看重从政者的道德修养、个人品格，法家则看重官员的实际才能和功劳。再进一步分析，似乎并不能说儒家不看重官员的个人才能和功劳，法家不是不在乎官员的个人品行。区别在于，他们所说的功劳是指什么，以及这样的功劳是如何建立的。儒家所谓从政者功劳，是比较宽泛的爱民利民，这种爱与利是由从政者根据儒家道德教条所确定，由从政者根据自己能够认识到的道德标准去实现。法家的功劳是由国家或君主制定的，是按照既定法规和规矩实现的，其核心是富国强兵，普通人的个人认知和得失是次要的。

韩非子指出，大凡是做人臣的，有罪的时候都不愿受惩罚，没有功劳却想成为显贵。在法家圣人治下的国家，无功之人不会受赏，有罪之人必定受到惩罚。奖赏和惩罚的标准不是由个人即官员的上级定夺的，而是由相对客观的、外在的法律法规决定的。

由于是国家或君主制定规矩，强迫大臣依规而行，就导致君臣关系对立起来。韩非子引用黄帝的话说："上下一日百战。"[33]君主与大臣，时时处处都处在敌对斗争的状态中。人臣的本性绝不会真心爱戴君主，而是更看重私利。为了利益，大臣一定会不择手段，甚至随时都会背叛君主。

即使是选贤任能的政治主张，一旦君主明确传达给大臣，大臣都会乘机粉饰自己，更有甚者，那些真正有才能的大臣会因此而逐步僭夺君主的权力。韩非子这一思想的最著名例证是，越王好勇力而人民多有轻视死亡的，楚灵王好细腰而国中多有挨饿减肥之人。[34]人们为实现自身利益，一定会不择手段，采取一切可能的办法。此乃人性使然，纵然有个别例外，也不能改变这一根本规律。韩非子在此真正要说的是，一旦失去客观标准，即法律法规，即使是君主本人能够左右的做法，也会产生巨大流弊。所谓贤，所谓能，以及所谓君主个人喜好，因为标准太主观，注定会让虎视眈眈的大臣钻空子。

仔细研究中国古代社会，韩非子上述观察和结论是可以成立的。根本原因是，中国古代在政治上是家天下社会，是人治社会。秦汉以降，各个朝代的法制建设不断健全，各种法典、刑典层出不穷，但君与臣的敌对状态和程度并不亚于韩非子时代，究其原因，还是在于君权大于法权、人治高于法治。

不得不爱君

为了进一步说明君臣之间的敌对关系，韩非子从反正两个方面揭示了君臣关系的实质。

从反面来说，大凡是奸臣，都一门心思地顺从和满足君主个人愿望，以便取得信任和宠幸的有利地位。君主认为好的，奸臣就赞誉；君主厌恶的，奸臣就毁谤。人的共性是，取舍相同就会引以为同路，取舍不同就相互诋毁。韩非子深深叹息道，当今时代，正是因为君臣取舍相同，才使得奸臣得到信宠，国家政治走上歧途。韩非子如此论断，是有几个大前提存在的。一个前提是，君主个人愿望，不能说全部，至少也有很大一部分是与国家利益，即所谓富国强兵的方向是不一致的。另一个前提是，人的共性，或者是人性，虽然不能明说一定是恶的、坏的，至少是如果不加约束，就容易走向自私自利，甚至害国害人。韩非子尽管没有明确叙述人性论思想，但受老师荀子主张的人性为恶的思想影响，也是倾向于从恶的角度审视人性。

奸臣在得到宠信后，会利用其有利地位毁誉群臣。如果君主不会使用术数予以抵御，不用参验之术进行审察，而是因为以前与奸臣意见相合，就认为他们现在说的也是正确的，奸臣就会大行其私意。奸臣私意大行，君主就会受到蒙蔽，致使奸臣大权在握。韩非子给这种奸臣起了个专有名字，叫“擅主之臣”，即擅自并擅长替君主做主的大臣。

为什么会产生“擅主之臣”，韩非子归结为个人原因，认为这种大臣太自私、太恶太坏，而没有去探讨他们身后的社会原因、制度原因，也就是为什么这样的大臣总能得逞。与此思路相一致，韩非子虽然提出君主可以用相应的办法抵御“擅主之臣”兴风作浪，但也暗含着这样的抵御并不能够百分之百地发挥作用，而一旦失效，君主也只能承担被蒙蔽的后果。韩非子对“擅主之臣”的行为描述得很生动，但对于控制和消灭这种大臣的机制却一筹莫展。他非但没有指出“擅主之臣”产生的根本原因在于“主”而不在于“臣”，还认为“主”不必为这种“臣”的产生负任何责任。

韩非子不无悲观地说，一旦国家有了“擅主之臣”，大臣就不会有机会表达忠心，各级官吏也不可能守法立功。为什么呢？人之常情，安全有利的地方都会靠近，危险有害的地方就会躲避。现在的政治形势是，作臣下的，如果尽力建功，竭尽全力表现忠诚，就会遭受危困，家庭也会受穷，家人也会遇害；如果奸诈贪利，蒙蔽君主，用财货巴结权臣，反而会荣华富贵，全家都跟着沾光。上文所说人的共性、在此所说人之常情，韩非子的原话是“人之大体”和“人之情”，这似乎表明韩非子力图找到产生“擅主之臣”的原因，就是说，对于人的问题要从人自身找原因。这个思路是对的，但是，在君臣关系中，在现实政治里，在当时政治体制之下，这样的原因如果仅从大臣自身去找，虽然不能说是完全不对路，也得说是不全面，甚至是没有抓住根本。纵观中国古代政治史，在君主专制体制之下，“擅主之臣”的出现就是一种必然。从这种奸臣身上找原因，即使是找到了，也没有办法加以克制，更不用说消除了。

事情至此，韩非子指出，大臣们都会说：“我如果想以忠信事奉君主，用功劳求得安稳，就好比是盲人要去分别黑白一样；如果是想走正道，光明正大，不巴结权贵，只是想通过事奉君主而求得安宁，又好比是聋人想辨别清浊之音一样。这两种途径都不能得到安宁，我又怎能不去拉帮结伙，不去蒙蔽君主，不去行奸谋私，以讨好权臣呢？”普通官员也会认为，如果清廉守法不会得到安宁，就一定会违法乱纪、谋取私利以讨好权臣。以权谋私的人越来越多，遵纪守法的人就会越来越少。君主成了孤家寡人，大臣却在下面结党营私，终有一天，君主的位置会被势力越来越大的权臣取代。在这里，韩非子明确提到了君主，但他只是通过大批官员的无奈衬托君主的危险，并没有认识到君主的危险正是君主所招致。这当然不是强求韩非子时代的人们必须认清专制制度的本质，但一定要指出为什么像韩非子这种有思想的学者也会深陷于现实政治的苦难轮回之中。从逻辑上讲，对于矛盾双方，韩非子在此只从那些"擅主之臣"身上找原因，却没有从君主身上找原因，是一种片面思维方式。

说罢反面，韩非子接着从正面述说这个问题。韩非子认为，如果是法术之士做了大臣，有了权力，就会运用法度术数之言，对上申明君主的法度，对下使奸臣失去行奸谋私的市场。法度术数的目的是要明确行使赏罚，上自大臣，下到官吏，就会知道行奸谋利不可能得到安宁，从而使大臣得以尽忠，官吏得以尽职。韩非子在此所说的法术之士，即"有术者"，是韩非子心目中坚持法家治国之术的人士或政治家。在韩非子看来，一旦这样的法术之士掌了权，推行法家治国之术，即讲法度、行赏罚，局面就会大为不同。乍看上去，韩非子的这个设想相当合理，然而，在现实中，这样的想法基本上仍然是一种理想化的"套路"。客观地说，要实现这种局面，需要的前提条件太多、太苛刻，即使是有可能出现，也只会是昙花一现的光景。在古代专制制度之下，这样的法术之士一则难以出现，再则即使出现了，在无边权力的挤压和腐蚀之下，也会很快变质，蜕变为韩非子所反对的"擅主之臣"。

总结正反两方面情形，韩非子说，圣人治国，要掌握的是使人不得不爱我之道，而不是依靠人们的主动性和道德心来爱我。依靠前者，国家就能得到安宁；依靠后者，国家就会遭受危险。为什么呢？是因为君臣之间并没有骨肉之亲。如果是正直之道可以得利，臣下就会尽力以事君；如果正直之道不可能得到安宁，臣下就会用谋取私利来干犯君主。英明君主深知这一点，才设下利害之道以昭示天下。这样一来，君主不用亲口教导百官，不去亲自察看奸邪之事，国家也会大治。如果不用术数，而是事事处处都想亲自去看明，所见者毕竟还是很少一部分；如果不依靠权势，不依靠作为君主的特殊地位和特殊权威，只靠耳朵去听，听到的肯定不会有多少。英明君主通过法术让天下所有东西不得不让自己去看，不得不让自己去听。身在深宫之中，却能明察四海，天下人不能蒙蔽他。这就是，“善任势者国安，不知因其势者国危”。[35]

与同时代其他学者或政治思想家相比，韩非子给现实问题开出的药方确实是高明一步，至少注意到了两个关键问题。一是解决问题的关键在君主，二是君主必须依照一定的规矩，而不是通过亲力亲为解决问题。不过，韩非子所抓关键点，既是解决问题的难点，也是出现更大问题的起点。在中国古代社会，要想达到有效治理，或者实现韩非子追求的富国强兵，确实需要一位英明君主，这是必要条件。但在当时社会条件和政治制度下，出现英明君主并保证君主一直英明下去，实在是难之又难，甚至基本不可能。其次，韩非子没有考虑到，君主本人也是人，他有人的一切长处和短处，凭什么他就不会自私，凭什么他就不会变恶变坏？如果韩非子能够考虑清楚这两个问题，他就不会天真地认为，君主可以利用其特有权力和地位，迫使大臣们不得不服从他，甚至不得不爱他。

从学理上说，韩非子从人性和政治现实的角度出发，反对君主企图以道德之心感召大臣，反对君主努力让大臣自觉忠诚于他们的职责，这是有道理的，甚至不乏深刻之处。但是，如果君主做不到持之以恒地以法治臣、以术驭臣、以势压臣，那么，迫使大臣不得不事奉君主的理念最终也会成为空谈。

君臣无信爱

韩非子主张的君臣敌对的思想，是以对人性的消极认识为前提的。韩非子没有明确说过人性是善是恶，不过，在他谈及人的政治表现时，经常从人的本性切入，对人性消极方面予以剖析。

韩非子认为，功利之心是人的存在基础。儒家学者认为，经过适当教育，特别是在一些特殊场合，有些人会主动地、心甘情愿地把利益让给他人。韩非子并不这样认为。出让利益是可能的，但是，自觉自愿地出让则是不可能的。特别是在君臣关系上，臣下对于君主，只有被迫服从，没有自觉忠诚。对大臣过分信爱的结果，是君主自取其危。大臣如果太富有，必生易主之心，终有一天会夺取君主地位。君主让利或赐利给大臣，也是为了更好地控制他们，而不是出于信爱之心，也不应该出于信爱之心。

在中国古代专制政治体制中，下级时时处处存有取代上级之心，这是政治运作的基本规律之一。说得好听点儿是人的上进心，不好听点儿就是野心，甚至是阴谋之心。韩非子说，诸侯强大必然是天子的危害，群臣权力太大必定导致君主权势的衰败。君主一定要排斥那种权力膨胀的将相，这种人必然把君主放在后面，把自己放在优先位置上。

韩非子不断强调，大臣对君主的臣服是迫不得已的。君主只有保护好权力和地位，才能将群臣压服，迫使他们不生二心。要想让群臣心悦诚服地服从和服务于君主，那是万万做不到的。换句话说，君臣之间始终是在潜在对抗中生存的。大臣之所以能安于臣下的位置，是因为君主有着占先的力量，一旦这种力量减弱甚至消失了，臣下的反抗和夺权就会成为必然。君主根本不必要信爱大臣。君主与其以软的手段拉拢大臣，不如以硬的手段压制他们。韩非子把大臣比作老虎和窃贼，君主一旦疏于防范，大臣就会乘机作难。[36]

韩非子描述的这种令人毛骨悚然的君臣关系，是古代专制政治制度下特有产物，根本原因是由于权力集中在了一个特定人物和位置上。这是人治社会，是一种权力私有制度。在这种制度下，政治权力既然归为私有，从理论上讲，任何有力量的个人都可以设法得到，甚至可以不择手段，一切用结果衡量。在韩非子论述之下，政治权力、政治地位属于谁，如何运作，在君主与大臣之间纯属个人利害关系，甚至就是他们之间的个人交易。更重要的是，这样的权力是不可以分享的，既要通过你死我活来取得，也要通过非你即我来保持。君主与大臣之间不会存在任何信任和爱戴关系，有的只是争夺、厮杀、死活问题。

君臣之间的紧张和血腥关系，并非韩非子发明创造，也不是韩非子政治思想所能保持和强化。在韩非子之前，这种政治制度和权力关系已经存在并运作良久，韩非子不过是把这种政治现实加以事实描述和系统总结。如果说韩非子思想在其间能够或已经发挥作用的话，也不过是提醒人们这种关系长期存在和发生作用的必然性，提醒人们要面对现实。称韩非子为中国古代专制政治思想之父，只是强调韩非子思想把中国古代专制制度加以无情展现，并在思想理论层面加以系统化分析和总结而已。

何者为忠臣

既然建立在不同利益基础上的君主与大臣的关系是如此紧张不可调和，那么在韩非子看来，究竟还有没有忠臣？如果有，什么样的大臣才是忠臣呢？

韩非子认为，世俗所谓忠臣，其实是大有不同的。根据他们的才能与作用，可分为两类。

一类忠臣是“足贵之臣”，字面意思是足够尊贵，甚至是弥足珍贵的大臣。这类大臣的特点是，明于治国之法术，不听信世俗之人的议论。他们为贤明君主尽力，即便是出身布衣之士，也会被任用为卿相，担任要职，治理国家，使国家疆域扩大，使君主有尊严。比如商汤王任用的伊尹、齐桓公任用的管仲和秦孝公任用的商鞅，他们使国家外无敌国之患，内无乱臣之忧，使天下久安，使本人名垂后世。

另一类忠臣是“无益之臣”，字面意思是没有实际用处的大臣。比如晋国的豫让，虽然做了智氏家族首领智伯的家臣，但上不能说服人主运用法术躲避祸难，下不能领导众人安定国家。后来，赵襄子举兵杀死智伯，豫让就毁了容，企图找机会刺杀赵襄子，替智伯报仇。韩非子尖锐指出，豫让的报仇之举，名义上是报答主人之恩，实际上对智伯本人已经毫无益处了。再比如，在商朝末年，有伯夷和叔齐两人，开始时反对纣王暴政，隐居在山野之中。后来周武王举兵反商，此二人又拉着周武王的马缰绳，阻止周武王伐纣，反对以下犯上。周武王得天下之后，想把天下让给此二人，他们不仅不接受，还决定不做周朝大臣，逃出朝廷，饿死在首阳山中。韩非子认为，伯夷和叔齐这样的大臣，既不怕重罚，又不喜欢重赏，对治国法术无动于衷、无所贡献，本质上是一种无用之臣。

上面所说两种大臣，在儒家看来都是绝对忠臣。但在韩非子看来，“足贵之臣”越多越好，“无益之臣”却是越少越好，最好没有，因为他们对于国家治理毫无用处。比如豫让，他的真正价值在于以实际才能辅佐智伯治理好智氏家族，至少也要使智伯本人免于灾祸，而不是事后报仇。对于伯夷和叔齐，他们的真正价值在于劝阻或制止殷纣王的暴政，而不是反对去除暴政的周武王。然而，现实之中却是，“吾所少而去也，而世主之所多而求也”。[37]韩非子力主去除的“无益之臣”，却被他那个时代的君主所肯定，甚至加以任用和重用。君主所谓的忠臣，正是那些以无用手段博取大量外在名声的人，即传统儒士，而不是以真才实学辅佐君主富国强兵、治国安民的法术之士。

韩非子心目中的法术，是治国的根本，能够使国家防患于未然。韩非子所谓忠臣，是那些能够从正面使一个国家走上轨道的大臣，即能够建功立业的大臣。换句话说，衡量忠臣的标准，并不是单纯地不背叛君主这一项，更重要的是在不背叛的前提下，能够积极地为君主建功、为国家立业。忠臣所“忠”的，是他们应该完成的具体事业，而不是提出空洞的道德教条、唱出无用的道德高调。那些只会唱高调，而对国家大政方针、具体事务根本做不出实际贡献的人，严格来说并不是忠臣。

先秦儒家当然不反对那些有能力使国家保持长治久安的大臣，但在国家危亡之际或灭亡之后表现出“忠君”行为的大臣，儒家也很赞赏，认为这有助于社会风气和道德风尚的建立和提高。对后一种忠臣的过分强调，确实会助长单纯的所谓气节，忽视对于真才实学的要求。韩非子的观点虽有些过激，但也确有它的合理性。韩非子肯定的三位忠臣，伊尹、管仲和商鞅，严格说来都不是合格的有气节的儒家人物，但他们的政治和历史功业，确实远在豫让、伯夷和叔齐之上。但从引领道德风尚的角度看去，后三人又确实在前三人之上。所以，综合考虑先秦儒家与韩非子法家对于“忠臣”的不同看法，似乎更合理的途径是在才能与气节之间找到一个合理的平衡点。

等级制度：贵贱有分别

中国古代专制政治制度特色之一，或者说维持这一制度存在的关键之一，是区分上与下、贵与贱、尊与卑的严格等级制度。在韩非子政治哲学中，等级制度、等级观念也得到了充分强调。特别是在君臣关系方面，这种上与下的分别更是至关重要。

鲁哀公有一次招待孔子，端上来的食物是黍子和桃子。孔子先吃了黍子，后吃桃子。在场的人都掩口而笑，觉得孔子不会吃东西。因为按照习惯，黍子不是要吃掉的，而是用来擦掉桃子上的细毛。孔子解释说，他不是不知道黍子的这个习惯或惯例，而是在他看来，黍子是五谷之长，桃子却是瓜果中的下品，以贵物擦抹贱物，是不符合礼义，不符合上下等级观念的。孔子的观点和做法看上去似乎有些机械、僵硬，但在韩非子那里，显然是借孔子之口申述了法家的等级观念。

赵国权臣赵简子感叹说，铺在车里的席子太美轮美奂了。在他看来，帽子再破敝，也要戴在头上；鞋子再贵重，也得踏在脚下。把车席弄得那么高档，那得穿上多么好的鞋子才能踏上去呀！当时人们乘车时是站在车里的，车席是让人踏在脚下的。如果车席太华贵，就是迫使人们穿上更高档的鞋子。如果使用最好的车席，乘车人就没办法穿鞋了，而车席本来的作用也就失去了。车席是踏在脚下的，理应在档次上低于鞋子才对。所以，赵简子认为，车席太好，甚至好到极致，就是对礼义规范的一种侵害。

韩非子讲故事说，儒者有三项活动是不参加的。一是下棋，二是射鸟，三是弹琴。下棋时，只有把将帅杀了才算胜利，这种杀死在上位者的行为是不义的。射鸟是从下往上射，相当于以下害上，同样不合于大义。弹琴则是拨小弦发大声，拨大弦发小声，这是大小易序、贵贱易位，也是有害于大义。

韩非子并不赞成当时儒者的整体表现，但是，为了证明等级思想合理性，他却力挺儒家关于社会等级秩序的思想。韩非子甚至引用孔子的话说，“与其使民谄下也，宁使民谄上”，[38]过度取悦比他地位低的人，容易结成团伙，以至于目无尊长。能够努力取悦在上位者，则有利于维护社会等级秩序，进而实现社会安定。韩非子不惜降低身段肯定儒家等级思想，并利用孔子的名号作证，说明等级思想和等级制度在韩非子整体思想中是具有重要地位的，甚至是处在基础性地位的。

无论战国时期的儒者是不是有过上述迂腐表现，总体儒家确实是赞成社会等级制的。一个没有等级的社会缺乏应有的发展动力，很大程度上讲也是缺乏公正的。不过，在政治制度方面，重要的是划分等级的标准，而不是等级的存在与否。孔子就对世袭等级制发出了挑战，主张以人的后天才能和努力划分等级，而不是用享受祖上荫恩的标准确定先天等级。

韩非子专制政治思想无疑是需要有政治等级制来支撑的。没有等级观念和等级制度，政治集权和专制就失去了存在的基础。韩非子在许多方面是反对儒家的，但在等级制度这个议题上，他却不断利用儒家观点，甚至利用儒家人物之口进行论述和辩护。

没有等级，没有上下分别，是对专制政治的重大威胁。特别是在君主那里，坚持等级观念，以等级治国，更是至关重要。韩非子坚持认为君臣是天然仇敌，这部分地也是由于君臣是天然的上下关系。既是天然关系，就是不可逾越的上下两个等级。在上下有别、贵贱有分的时候，专制政治才可能是有序的，专制国家也才有可能是安定的。

韩非子当然也已看出，对于等级制度的肯定，也不能过分刻板。韩非子所说的等级，目的是要维持上下级正常关系，不是要在上下级之间人为制造敌对状态。以正确的原则维持这种等级关系，就能达到原初目的，滥用等级特权，就会破坏正常上下级关系，带来更多意想不到的混乱。

春秋后期，季氏家族在鲁国当政，首领季孙喜好士人，家里有许多士人门客。这位季孙一生庄敬，就连穿衣戴帽，在家时跟在朝廷时都一模一样。可是，这种庄敬状态并不能维持得天衣无缝，有时在不经意之间也会流露出懈怠意味，甚至还会出现失误。门客习惯了季孙庄敬的样子，一旦看到他的懈怠之处，就以为他对门客的态度起了变化，以至于怀疑他是否会对门客们有什么不利的举动，而不去想那种懈怠可能是无意中发生的。天长日久，看到这种懈怠的人越来越多，议论也越来越强，于是，大家就联合起来，杀死了这位季孙。[39]

面对不同等级之人，在不同场合，比如在朝廷和家里，就应该有不同表现，有些时候需要表现等级，有些时候则需要表现平等。拿季孙的表现来说，在朝廷的庄敬和等级是必不可少的，但在家里就没有必要那么认真，随便一点也是必要的。再说，在朝廷毕竟是相对较短时间，在家里的时间却是相对较长的。短时间里坚持庄敬是容易做到的，长时间在家里保持一种刻板态度却是难以坚持下来的。人们看惯庄敬，以为季孙就应该是这样一个人，对于他偶尔失态就会想得多一些。季孙的表现，显然是误读了等级，最后让人误解了他。

所以，韩非子所讲等级原则，只是一种政治原则，一种政治行为的指导思想，并不是刻板教条，更不能把这种等级原则无限推广。当然，那些总是随随便便的人，如果偶有庄敬表现，人们也会认为是一种不必要的做作。

民众地位：轻重无足算

韩非子政治学说中，普通民众是无足轻重、不值一算的。这并不是说民众可有可无，民众利益可以被忽视，而是从政治的角度来看，民众是否参与，能否参与，还不是韩非子着重考虑的问题。

莫谈民利

韩非子政治思想的中心议题是维护帝王利益，帝王的最高利益是统治地位的稳固。要想统治地位稳固，最重要的是实现国富兵强，而国富兵强的重要基础，是保证农业生产发展。要使农业生产不断发展，就要把组成人口主体的农民放在首位。[40]把农民放在首位，并不是说农民的地位有多重要，更不是说必须从各方面善待农民，而是说农民是生产粮食的必要条件。农民是国家机器的重要零件，是农业生产的重要工具。

韩非子说，地主想让雇工耕种好土地，就要善待他们，让他们吃好，付给合理工钱。这并不是爱雇工，而是不善待雇工，就不会得到理想的收成。雇工被善待，才会勤奋劳动，可这并不是爱地主，而是如果不能勤苦劳作，就得不到想要的工钱。总之，“劳资”双方都是从各自盘算出发，把自己的利益放在首位。只是韩非子敏锐观察到，双方的私利有一个微妙平衡点，只有拿捏好这个平衡点，各自才能获得满意的利益。尤其是对于农民雇工来说，只要他们安守本分，做好分内事情，主要是尽力去工作，就应该得到合理利益。[41]

当韩非子主张照顾普通劳动者利益的时候，是从帝王和国家利益出发的。只是为了保证帝王利益，才应该重视民众利益。统治者利益是首要的，民众利益是附属性的，是副产品。这种思想，产生在韩非子时代并不稀奇。

与别的思想家不同，韩非子是以他一贯的实事求是和直截了当讲述这一切的。确有许多思想家，在其思想表述中，字面上有以民为本之类的文字，但其思想实质中并没有把民众的地位和利益放在根本位置上。这类思想迷惑性很强，有些时候对民众利益的损害更大。在韩非子有关民众利益的思想中，强调的是限制民众的政治利益、文化利益，但对于民众的经济利益是有具体保障的。

当然，直爽并不代表着正确。在这个问题上，韩非子的直爽表现出一种简单化的思想倾向。他把政治利益和经济利益截然分开，说明他并没有从长远观点考虑这个问题。更重要的是，从本质上说，经济利益与政治和文化利益是分不开的。韩非子强求分开，说明他对经济利益的认识是肤浅的。他强调雇工应该被善待，是从工具论和功利主义角度出发的，并不是认为保障雇工经济利益是雇工应有的权益，而是为了保证地主利益才提出的要求。尽管韩非子是那个时代开明的思想家，但他的思想并不具有所谓现代意识，当然也没有必要强求他一定要达到这个高度。

莫得民心

由于不认可民众有政治地位和政治能力，韩非子明确反对“得民之心”[42]这样的说法，认为这是那些不懂得治国之道的人的妄语。他说，如果想通过“得民之心”而达到天下大治，像伊尹、管仲这样的人就没有用处了，只要听民众的话就行了。民众的才智和智能如同婴儿，没有实用价值。

韩非子对社会现实和现实政治的观察是细致入微的，更重要的是敢于把真实情况和真实想法表达出来。从现代政治的角度看去，韩非子思想有一些所谓精英政治的味道，尽管那个时代的精英与现代社会的精英有许多不同之处。

韩非子举例说，假如婴儿生了某种小病，被病痛折磨，就会号哭不止。如果给他们治病，即使是让慈母亲自动手，当触及痛处时，他们感到疼痛，还是会哭个不停。他们不会知道治病时所受痛苦与病痛时所受痛苦相比，只不过是小苦，他们更不会想到，小苦之后就是治愈的大利。

民众的才智对于国家政治或社会政策的理解是低水平的，甚至根本不能理解。比如说，君主急着要求他们开荒种田，是想让他们增加产业和收入，可他们却认为君主太残酷了；君主施行严刑重罚，是想禁止奸邪之行，他们却认为君主太严厉了；国家征收赋税，是想充实国库，救济灾民，准备军需，他们却认为君主太贪婪了；国家征兵入伍，不免除任何人的兵役，目的是保卫国家安全，他们却认为君主太暴虐了。以上四项内容，本是国家生存和发展所必需，而民众却不能完全理解和接受。

韩非子又引用历史故事说，想当年，大禹想要疏通河道，民众却堆集瓦石，想把河道给堵住；郑国子产要开荒种桑、采麻织布，郑国人却到处骂他。这就说明，大禹考虑的是天下利益，而那些不在水患地区居住的民众，为了避免劳役，就起来对抗；子产考虑的是郑国利益，而那些有衣穿的人却认为他劳民伤财。所以说，民众的才智是不足以作为治国依据的，君主如果听信那些所谓贤人的话，使国家政治一定要符合民众愿望，便会引发社会动乱、国家败亡，这就根本谈不上实现治国理政了。[43]

从这个角度来看，似乎不能说韩非子对民众毫无仁慈之心。就其所见所知，他确实认为老百姓根本不具备对国事发表意见的能力，没有参与国家政治的必要性和可能性。他内心深处也许很同情老百姓处境，尤其是个别人遭遇。但同情他们是一回事，给他们以政治权利则是另外一回事。在韩非子理想国里，老百姓当然是国家主要组成部分，他从未说过没有老百姓的国家是可以存在的。只是因为老百姓的才智、见识和判断力确实有限，才不可能全面思考他们在国家政治中的地位和作用。

韩非子反对“得民之心”的看法，其所思所想还是直面民众的处境和实际利益的。他的思考逻辑是，民众才智是有限的，眼界是狭隘的，如果完全照他们的意见去治国，国家就会一片混乱，到头来最吃亏的还是民众自身。从长远利益出发，民众最好还是把自己的利益托付给圣人来照料，这样一来，国家发展才不会出错。

韩非子反对“得民之心”的另一个原因是，有些在位者为了得到民众拥护，不惜违背法律规定，迁就民众的一些出于眼前利益而提出的要求，最终对国家利益形成危害。更有一些阴谋家，比如齐国田氏家族，利用民众对国家法律的怨恨，打着“得民之心”旗号，以小恩小惠拉拢民众，以达到篡夺国家权力的目的。

莫思民与

要想让韩非子时代的人们提出与现代民主政治原则相契合的民主思想，确实有些过分。韩非子批评的“得民之心”思想，也不是要让人民当家做主，多半情况下不是为了稳固政权而满足民众的一些浅层要求，就是作为一种宣传手段而已。

那个时代的思想家虽然也有认为让民众参政或了解政治运作是一种奢望，但也没有多少人明确提出，让民众彻底处在听任统治者安排的位置上。孔子说过“民可使由之，不可使知之”[44]的话，意思是说，只可以让民众去做什么，不可以告诉他们为什么这么做，但孔子又不断强调，对民众还要有仁爱之心，还要设法对他们进行教育[45]。也就是说，在孔子那里，民众的利益是首要的，民众的才智应该被开发。

在韩非子那里，民众是完全被动的。韩非子对《老子》思想多有研究，多多少少从《老子》政治思想里得到教益，认为民众还处在婴儿状态，根本不明白自己会做什么、能做什么，更不明白自己应该做什么。民众只要尽力劳动，吃饱肚子就可以了，而关于国家政治的问题，根本不需要民众的意志，更不需要民众的参与。韩非子主张富国强兵，但明确反对“得民、悦民、富民”，民众只是国家机器的一部分，统治者只是为了国家机器的正常运转才给予民众必要的生存条件，而从不认为民众是跟统治者一样的还需要基本生存之外的其他权利的人。韩非子的这种观点也许与他的贵族出身有关。他平生也许根本没有深入接触过普通百姓，这是与孔子及其他思想家根本不同的一个方面。

在当时政治体制下，人民的利益是低水平的。韩非子的好意，如果确实是好意的话，毋宁是让民众维持一种低水平生活，甚至就是维持基本生存的生活。至于民众除了基本生存之外的其他物质和精神需要，在韩非子看来就应该是无足轻重的。他眼中的民众只是为吃饭才活着，为了把劳动所得献给国家才活着。这样的人即使有吃有喝，也很难说是一种全面的人生。从长远眼光来看，这明显是不合理的，也是很危险的。

注释：

①本书所讨论“专制政治”一词及其内容，除有特别说明之外，仅指中国古代社会。未在每一个“专制政治”之前加“中国古代”定语，只是为了叙述简捷和方便。

②《韩非子·说疑》:“群臣居则修身，动则任力，非上之令，不敢擅作疾言诬事，此圣王之所以牧臣下也。”(第983页)

③《韩非子》的《初见秦》《存韩》两篇，均可见韩非子此种表现。

④ 《韩非子·八说》:“人臣轻上曰骄，人主轻下曰暴。”(第1043页)

⑤由于《韩非子》各篇文本的写作时间不易确定，所以，如何看待其中对于儒家思想一定程度的肯定甚至接受的问题，难免会有不同分析、不同看法。换个角度去看，也可以说韩非子早期对于儒家思想基本否定，不予接受，而后期则意识到了法制的局限，看到了人的主动性或主观意识对于法制及其作用的影响，所以在一定程度上对于儒家所强调的道德观念的

作用有所肯定和接纳。

⑥《论语·颜渊十二》："季康子患盗，问于孔子。孔子对曰：'苟子之不欲，虽赏之不窃。'"（第183页）

⑦见《韩非子·外储说左上》，第665页。原诗见《诗经·小雅·节南山》。

⑧见《韩非子·安危》，第529页。

⑨详见《韩非子·外储说左上》，第701-702页。

⑩《韩非子·外储说左上》："为人君者犹盂也，民犹水也。盂方水方，盂圜水圜。"（第707页）

⑪《韩非子·外储说左上》："子有职，寡人亦有职，各守其职。"（第703页）

⑫《韩非子·外储说左上》："夫不躬亲其势柄，而欲为人臣所宜为者也，睡不亦宜乎！"（第706页）

⑬详见《韩非子·外储说左上》，第708页。

⑭《论语·卫灵公十五》，第235页。

⑮《孟子·滕文公上》。高专诚《孟子通说》，山西人民出版社2004年1月第1版，第79页。

⑯《荀子·富国》，第182页。

⑰详见《韩非子·十过》，第200页。

⑱详见《韩非子·十过》，第202页。

⑲见《韩非子·十过》，第199页。

⑳详见《韩非子·十过》，第204页。

㉑详见《韩非子·十过》，第205-207页。

㉒详见《韩非子·十过》，第212-215页。

㉓详见《韩非子·十过》，第221-222页。

㉔详见《韩非子·十过》，第226-227页。

㉕详见《韩非子·十过》，第228–229页。

㉖详见《韩非子·十过》，第232页。

㉗详见《韩非子·十过》，第234–235页。

㉘《韩非子·扬权》："使鸡司夜，令狸执鼠。"（第141页）

㉙《韩非子·扬权》："天有大命，人有大命。……夫物者有所宜，材者有所施，各处其宜，故上下无为。使鸡司夜，令狸执鼠。皆用其能，上乃无事。上有所长，事乃不方。矜而好能，下之所欺。辩惠好生，下因其材。上下易用，国故不治。"（第137、141–142页。）

㉚详见《韩非子·外储说左下》，第715、727页。

㉛《韩非子·孤愤》："人臣有大罪，人主有大失，臣主之利与相异者也。何以明之哉？曰：主利在有能而任官，臣利在无能而得事。主利在有劳而爵禄，臣利在无功而富贵。主利在豪杰使能，臣利在朋党用私。是以国地削而私家富，主上卑而大臣重。"（第251页。）

㉜详见《韩非子·外储说左下》，第741页。

㉝详见《韩非子·扬权》，第170页。

㉞《韩非子·二柄》："人主有二患：任贤，则臣将乘于贤以劫其君；妄举，则事沮不胜。故人主好贤，则群臣饰行以要君欲，则是群臣之情不效；群臣之情不效，则人主无以异其臣矣。故越王好勇，而民多轻死；楚灵王好细腰，而国中多饿人。"（第130页。）

㉟《韩非子·奸劫弑臣》，第278–283页。

㊱《韩非子·主道》："弑其主，代其所，人莫不与，故谓之虎。处其主之侧，为奸臣，闻其主之忒，故谓之贼。散其党，收其余，闭其门，夺其辅，国乃无虎。大不可量，深不可测，同合刑（形）名，审验法式，擅为者诛，国乃无贼。"（第74页）

㊲详见《韩非子·奸劫弑臣》，第293–294页。

㊳详见《韩非子·外储说左下》，第734–738页。

㊴《韩非子·外储说左下》，第734页。韩非子讲的这个故事并不容易解读，在同时代的其他典籍中也没有出现过这个故事。在这个故事之后，韩非子的总结是，“故君子去泰去甚”，似乎与等级观念联系不甚紧密，表达的是一种更高更抽象的原则。

㊵《韩非子》亦有大量“耕、耕田、耕作、耕耨、耕战”之类的词汇以及相关论述，说明重视农业生产是韩非子思想的重要内容。

㊶《韩非子·外储说左上》：“夫买庸（佣）而播耕者，主人费家而美食，调布而求易钱者，非爱庸（佣）客也，曰：如是，耕者且深，耨者熟耘也。庸（佣）客致力而疾耘耕者，尽巧而正畦陌者，非爱主人也，曰：如是，羹且美，钱布且易云也。”（第683-684页）

㊷《韩非子·显学》，第1147页。

㊸《韩非子·显学》：“今不知治者必曰：得民之心。……故举士而求贤智，为政而期适民，皆乱之端，未可与为治也。”第1147页。

㊹《论语·泰伯第八》，第105页。

㊺《论语·子路十三》：“以不教民战，是谓弃之。”（第148页）

第三章 君主护己驭臣之道：论『法』

帝王之政
商鞅之『法』
《老子》之道
用法用智
依法治国

对于韩非子思想，无论如何定性，如何描述其真，其主旨显然是一种政治思想，用中国古代传统概念来讲，就是治国之道。韩非子出身贵族，年轻时就着迷法家形名法术思想，把他的治国之道确立为以君臣关系为核心的系统思想。这一思想的主体是围绕着战国法家所看重的法、术、势等法制思维和做法展开的。着眼于这方面的重要性，本书用三个部分把韩非子法、术、势思想相统一的内容呈现出来。

君主要实现至高无上的权力，关键是处理好君臣关系，就是君主如何驾驭群臣。所谓驾驭，是以骑手或赶车人为喻，这与牧羊的道理是一样的。不管是牧羊，还是骑马或赶车，鞭子是不可缺少的，同样不可缺少的是使用鞭子的方法。这就是君主的驭臣之道，或驭臣之术。在《韩非子》中更多是使用“御”字。“驭”和“御”在表示掌握和控制的意义时应该是通用的。[①]

帝王之政

韩非子政治思想也被后世称作“帝王术”，就是统治者如何保护好权位的一套系统主张。《韩非子》中屡用“帝王”之词，韩非子也说过“帝王之政”[②]，他的政治思想是比较全面的，应该被视作帝王之道。在后世学习者和实践者那里，更喜欢接受他提出的一系列具体做法，习惯上就把韩非子的帝王之道称作“帝王之术”，以强调其操作性甚至阴谋性。

对君主权势的真正威胁并不是普通民众，而是群臣。韩非子认为，普通民众在政治方面是无知的，只要上层统治者能把握好方向，民众是会安心于日常生活的。所谓安心于日常生活，是说让普通人达到基本生存水平，衣食住行获得基本保障，绝不是富裕和安逸的生活，因为这会让人不听从在上者的指使。在上层社会内部，主要成员是君主和群臣。韩非子的帝王术，从帝王的角度来看，就是驭臣之道。作为君主，只要能驾驭群臣，就等于稳固掌握住了政权。

君主在用做君主的法、术、势驾驭群臣的同时，群臣也会用做大臣的法、术、势对付君主。君臣相交的实质，就是谁更擅长运用自己的地位和优势，使利益最大化。损害自身而有利于国家即君主，这是臣下不愿意做的。损害国家而有利于臣下，这是君主不愿意做的。臣下的本性是，有害于自身的就是无利的。君主的本性是，有害于国家的就是无益的。对臣下来说，能做到临难必死，尽智竭力，是因为有国法在他们头上。有头脑的君主，一定要明确奖赏，用以劝勉臣下；严格刑罚，用以威慑臣下。赏罚鲜明，臣下就会尽其死力。臣下能尽死力，国家就会强大，君主就能保持至尊地位。赏罚不明，臣下就会想着无功而求赏，有罪而幸免，军队就不会有战斗力，君主的地位也就卑下不堪了。韩非子的结论是，“公私不可不明，法禁不可不审”，公私之利要分明，法禁之事要审慎。韩非子心目中英明的先代之王是非常清楚这一点的，他们任用的贤臣都能“尽力竭智”，共同维护法制社会。[3]

韩非子以法、术、势思想为主要内容的“帝王术”中讲说的方式方法，大多是专制政治下的产物。对于现代社会，韩非子认识到的那种政治局面，那些政治原则，基本上难以成系统地起作用。以现代民主政治的原则去衡量，甚至有许多内容是明显过时的。但是，要想认识中国传统专制政治的特殊运作方式，要想理解专制政治下的特殊历史现象，韩非子之所说却是一种必不可少的指导或工具。同时，韩非子“帝王术”中特有的政治生存之道，有许多内容是基于人性或人的本能而提出的，对于一般意义上的人生也有许多有益教训。

构成韩非子“帝王术”主要内容的法、术、势思想并不是韩非子原创。一般认为，韩非子的法家前辈人物商鞅、申不害、慎到分别在这三个方面贡献突出，成为这三方面思想的代表人物。到了韩非子这里，就把这三个方面进行综合，形成一个有机整体。所以，习惯上就称韩非子为法家思想集大成者。集大成的思想内容，就是商鞅之法、申不害之术、慎到之势。严格说来，影响韩非子法治思想形成的还有其他思想家和其他方面，只是这三家相对突出和重要而已。

商鞅之“法”

商鞅（前390—338）“少好刑名之学”[④]，年少时就喜欢刑名之学，即早期法家思想。到秦国之后，经过十几年推行“商君之法”的洗礼，商鞅逐渐形成系统的依法治国思想，为战国法家思想走向辉煌做出了巨大贡献。

商鞅的法家主张体现在“商君之法”中，他的法家思想主要记载在《商君书》[⑤]中。这本书并不是商鞅所著，但学术界研究表明，这本书基本上是商鞅法家思想的可信记述。

商鞅是卫国人，成年之后在魏国求仕，这两个国家都是儒家思想比较有影响的地方。在商鞅思想成长的年代，这两个国家正在沦为弱国。这使商鞅认识到，尊崇儒术的国家没有战斗力，国家必然被削弱，直到灭亡。只有抛弃儒术，才能增强国力，直到一统天下。[⑥]他认为，世人都认为举用贤能是治国之道，其实是国家混乱的原因。那些所谓贤能之人，都是说起来头头是道，其实是只会片面讲求仁义，忽视实际功劳，使老百姓不务耕战，国家陷于羸弱。[⑦]

商鞅对秦国社会做了深入调查研究。[⑧]秦国地处西部，农业生产水平落后于中原地区，社会经济发展相对滞后。特别是秦国缺乏中原各国的文化传统，普通百姓素质有限，难以通过教化的方式在短时期内得到提高。秦国要想全面超越山东六国，必须采取高压强制手段，以期迅速见效。更不用说商鞅作为外来求仕者，如果不能使秦国高层很快见到改革成效，便难以立足。

方方面面的原因都迫使商鞅必须远离治国治民均显乏力的儒术，转而采取极端的法家思想，以达到短平快效果。商鞅的这种思想虽然可以商榷，但在当时确实有其现实依据，并且能够吸引秦国最高统治者的目光。

在这种思想指导下，商鞅不断强调依法治国的重要性，不断提升法治的地位，最终使其法治思想成为治国之道的基础，从思想史的角度看去，则成为战国晋法家思想的重要支撑。

必须指出的是，所谓商鞅依法治国之法，并不是现代民主制度之下的法律或法治。其最大不同，一是在商鞅法治过程中，普通人没有任何权利可言，甚至只是法律和政令管制的对象；二是商鞅之法对君主网开一面，从根本上讲，远远达不到法律面前人人平等的现代法治意识。商鞅之法的实质是钳制普通人，使普通人更有效地听从政府命令和要求。如果说商鞅之法有合理性和进步性的话，那就是与山东六国相比，能够使秦国更有效地集中一国的资源和力量，应对国内国外各种反对力量，从结果上来看，就是更快地统一天下。

商鞅主张依法治国，要去除私虑和私意。治国要完全依据官法，不能依靠当政者个人智慧。[9]立法的目的是告诉人们，什么是应该做的，什么是不应该做的。任何人，包括君主和大臣在内，都不应该依据个人喜好和意见，做出与法律规定不同的决定，否则就会造成混乱。[10]法律已经确定的事情，就不能因为有人听上去说得更有道理而改变。[11]

商鞅坚持执法有信，确立法律的有效性和必然性。法律一旦确立，无论是罚是赏，都要有信用。“赏厚而信，刑重而必”[12]，只有让民众相信刑罚一定落实，奖赏一定兑现，才会真正地约束其行为，努力完成应该做的事情。[13]当时各国的混乱状况，并不是因为没有法律，也不是不执行法律，而是这些法律都不是“必行之法”，奸邪行为也没有受到“必得”的惩罚。[14]“禁奸止过，莫若重刑。刑重而必得，则民不敢试，故国无刑民。”[15]加重刑罚，有刑必施，是商鞅法治思想的两项基本支撑。

商鞅强调以重刑治国，重刑罚不重奖赏。针对秦国实际，商鞅推行“重刑少赏”的独特法治手段。刑罚的目的是禁止奸邪之行，奖赏是对刑罚的补充。[16]加重刑罚，人们畏惧惩罚，就不敢犯罪，商鞅认为这是君主爱民的表现。减少奖赏，奖赏很难得到，人们就会为了得到奖赏而努力争取。[17]为了进一步落实“重刑少赏”精神，商鞅甚至提出，受过刑罚的人不能获得任何社会地位和官位，以免让君子轻视官位，让小人厚颜无耻。[18]

商鞅倡导法律面前人人平等，使任何人不敢以身试法。商鞅明确提出“壹刑”，即法律对什么人都是一样的，不能根据受刑者的不同地位而划分等级。[19]从卿相到普通人，即使犯了死罪也不能赦免。曾经立过功劳的，曾经有过优良表现的，包括孝子忠臣和守法守职的官吏，一旦有罪，都要受到相应惩罚，只有这样，人们才不敢以身试法，“民不敢试，故无刑也”。[20]所谓国无刑罚，不是不制定法律，也不是有法不行，而是人们“不敢试”。

商鞅探讨了法律本身的一些特点，显示出他不仅是一个坚定的立法者和执法者，也是一位善思考、有深度的法治思想家。

商鞅认为，刑罚在犯罪之后才去执行，这并不能去除已经发生的罪行。奖赏针对的其实都是人们本应该做好的事情，这也并不能有效制止过错。他主张，刑罚要实施在罪行将要发生的时候，这就需要人们积极地告发他人，并因此而得到奖赏。[21]商鞅意识到了法律惩罚的不足之处，即只能惩罚已经发生的罪行，这是一般立法者未曾思考的问题。但他鼓励告发，制定连坐之法，则是对社会风气和道德风尚的严重破坏。

商鞅提醒立法者，法律条文要明白易知，让普通百姓也能听明白、理解到位，而不应该是在他们犯法以后，才知道这么做是违法的。执法的官吏，不仅要惩治罪犯，还要做天下人的师长，在公正执法、严格执法的同时，做法律宣传员，让人们不要去做违法之事。[22]

“商君之法”是由商鞅的变法活动及其法治思想组成的，在做强秦国的同时，也深刻影响了中国古代社会法治进程，推动了晋地法家的成长。就法治文化而言，商鞅极度推崇法治独一无二的作用，反映了对人性和人情的洞识。法家思想把人的好逸恶劳、好利恶义的一面视为人性和人情的本来面目，直到荀子那里，把人性为恶作为对人的基本认识。商鞅的特点，是把在秦国的法治实践作为法治思想的基础，他的很多法治思想更有说服力，更容易得到后来法家思想家的认同。

韩非子的法治思想深受商鞅法思想和法哲学的影响，由此二子思想为主干所形成的中国古代法治思想，世称“商韩之法”。与中国古代所有政治思想一样，商韩之法有着明显的“持之有故，言之成理”[23]的自洽性，但在实际应用中，由于无法改变以君权为基础的特权阶层的天然优势地位，往往形成对于无权无势者的片面压制和无情摧残。由于基本无视普通劳动者的社会地位和权利，商韩法治思想中的一些内容，如“刑用于将过，赏施于告奸”等做法，看似对于稳定社会有效，其实是给社会道德崩溃留下了隐患。这些方面的不足之处，本书还会以一些适时的思考加以补充。

《老子》之道

在先秦时代，法家人物对于盛行的思辨哲学没有太多兴趣，韩非子更是自称法术之士，严厉斥责坐而论道的文学之士。但在寻找法治思想的理论基础方面，韩非子却做得最为积极，其中最引人注目的是对《老子》一书的青睐。有关韩非子思想与《老子》思想的关系，后文有专门讨论。[24]

《老子》认为，作为万物本原的大道对于万事万物并没有偏私，而是一视同仁。韩非子受到启发，主张人要效法天地自然，法治也应该无所偏私地约束所有人。在君臣关系上，韩非子同样主张君主对大臣要无所偏私，一视同仁。在这种原则指导下，君主要想让身边，即内宫不出问题，就不要把内宫的人看得过分亲近。君主要与近臣保持一定距离，因为这些人最有机会发现君主的内心世界。

从这样的哲学观念出发，韩非子认为，明君治国要掌握政治的根本，不要在细枝末节方面下太多功夫。根据《老子》哲学的定义，宇宙或天地的基本性质是虚静，要一任万物淋漓尽致地表现自己。明君遵循天地之道，首要功夫是守虚守静。在具体政治运作中，君主要让现实政治充分表现其特点，也就是让大臣们尽力表现其本真状态，然后再针对性地采取行动。[25]

对待大臣，君主一定不要预先表现出意向和欲望，以便让大臣尽情表现真实心态。君主冒失地先行表现，大臣就会尽其所能地迎合君主意愿，此时，再想了解大臣的真实想法就为时太晚了。只有君主不表现好恶，大臣才会和盘托出，因为他们不知道君主到底需要什么；只有君主抛弃小聪明，大臣才会万分谨慎，不敢放肆。[26]这并不是说君主什么也不知道，而是明明知道，也不能轻易表现出来，更不能提早表现出来，以免大臣猜透君主心事。依此而为，大臣的最终选择只能是尽心尽责。这也不是说君主什么也不做，而是不表现出真正欣赏什么，从而发现大臣的真实想法。在君主专制体制下，君主能够掌握大臣的真实意图是至关重要的。

这样做的最终效果是，大臣竭尽其智慧和才能，君主就可以安然任用他们。大臣贤与不贤的标准，不是会不会迎合君主意愿，而是实际功劳如何。并且，这样的功劳也只能属于君主，因为有功与否是君主根据事情的结果裁定的，而不是根据大臣的名声和地位决定的。总之，君主无为于上，大臣小心翼翼地从事于下，君臣的位置就都稳固了。[27]

君主的高明之处，表现在他的用意不为大臣所知，韩非子称这种状态为“神”[28]，神秘莫测。一旦君主不能“神”，大臣就有了对付君主的办法。大臣之间也不能让他们互相通气、交流想法，更不能让他们有机会施展小聪明，实现个人目的和野心。只有这样，君主才能掌握好判断是非功过的终极标准，控制好权柄，韩非子称之为“静退以为宝”，[29]把守静和退避作为驾驭臣下的法宝。

在这样的法宝之下，政治运作的具体法则是，君主并不事先表白什么，而是让大臣主动说出其政治主张或对于处理某件事情的想法，君主根据大臣之所说给他们安排事务，最后以事情办成与否决定他们的功劳。功与事相合则赏，相违则罚。君主的行赏是透明的，大家都能清楚看到，君主的行罚也是雷厉风行、势不可挡的。如果君主在背地里行赏，有功之臣就会不尽心尽力。如果君主的行罚不能果断执行，而是有赦有恕，就会出现奸诈之臣。如果是真的有功，位卑职微的人也应该明确得到奖赏，如果有过错，就应该惩罚，亲近之人也不能例外。这样做的结果就会是，小人物不会懈怠，君主的亲近之人也不敢骄纵。[30]

以上所说，就是根据大臣的行为和言说进行考察和判断，韩非子叫作“审合刑（形）名”。“形”指大臣的政治行为和行政结果，“名”指大臣的政治意见和行政主张。这种根据事实与言语相符相合的程度来进行功与过的判断，在韩非子那里严格到了极致。韩非子认为，言大而功小，固然要罚。可是，如果是言小而功大，同样要罚。这并不是说君主就不在意大臣的功小或功大，而是更关注形和名是否相符，行和言是否一致，由此判断君主的权威是不是已经树立并发挥应有作用。从哲学角度来看，问题的关键不在于具体事情的成败，而在于普遍原则是否得到了遵循。与违背原则相比，某件事情的成功与否是无足轻重的。也就是说，君主权威的落实、君主地位的稳定才是一切的根本。

当年，韩昭侯喝醉酒后酣睡不醒，负责君主帽子的官员怕韩昭侯受凉，就把一件衣服盖在了韩昭侯身上。韩昭侯醒来后发现了这件事，就把负责帽子和衣服的官员一同治了罪。理由是，负责穿衣的官员有失职行为，负责帽子的官员有越职行为。这并不是说韩昭侯对于寒冷受凉就不在乎，而是对于官员的失职和越职更在意。在韩非子看来，越职比失职罪更重。因为越职可能带来官员之间的沟通和勾结，从而结成党派、牟取私利，最终威胁甚至夺取君主的权力。[31]

严格说来，韩非子不是哲学家，事实上他也瞧不起花言巧语的所谓学者。但是，对于他所钟爱的哲学观念，特别是《老子》哲学观念，韩非子表现出了异乎寻常的兴趣。韩非子对《老子》有过系统深入的研读，存于后世的还有他撰写的《解老》和《喻老》两篇大作，或者还有其他未能保存到现在的相关篇章。在这样的著述中，韩非子在解读《老子》思想的同时，也投入了自己的哲学思考，并与他的政治哲学融为一体。

《老子》哲学实质上就是一种帝王术，《老子》也是一本典型的政治教科书。只是《老子》的学究气更浓，大概其作者也以世外高人自居，讲说方式没有像韩非子那么具体，那么实在，那么露骨而已。《老子》更多的是讲一般性的政治原则，韩非子则是重在讲述具体政治法术。在其他思想家应该深入讲说哲学教条的地方，韩非子却是面对现实，给君主以具体指导。所以，历朝历代专制帝王才会对韩非子学说情有独钟。

用法用智

国家安危在是非，即在于政治方向和政治原则是否正确，而不在强弱，即不在于是否拥有强大武备。[32]那么，根据什么决定政治上的是与非呢？韩非子明确主张必须以法度为标准。韩非子首先强调了“法”的必要性。他说，古代的人们意识到人的目光有限，看不到自己，就用镜子观察；意识到人的才智不足以反观自己，就制定大道，用大道的准则加以约束。再有本事的人也不能客观对待自己，也不能以一己之力成功所有事情。如果不能有效借助外在力量，不能以有余补不足，以长续短，就不能端正自己，就会迷惑。如果是一国之主，则不会成为贤明君主。[33]

事实证明，用法则国富民强，去法则国贫民弱。韩非子引用谚语说：“家有常业，虽饥不饿；国有常法，虽危不亡。”如果抛弃恒常之法而以君主私意为准绳，臣下就会用巧智巧能进行掩饰，致使法律根本不能成立。镜子明清才能照出真正的美与丑，衡器准确才能量出真实的轻和重。法律也是如此。超越法律的行为，即使能够建功，也要受到严厉处罚，滞后于法律的自不必说。[34]

君主的重大过失之一，就是在已经任用某个大臣负责某事之后，又与没有得到任用的大臣一起防备，对前者监督。君主舍弃国法，不用公开的法律扼制大臣威势，反而用大臣监督大臣，这既得不到人们的信任，也不会取得预期效果。这道理很简单。发挥监督作用的大臣，如果与被监督者关系良好，就会予以包庇；如果关系不好，就会进行无端毁谤。君主的出发点是不想受制于被监督的大臣，如今却受制于与君主一起进行监督的大臣。更重要的是，参加监督的大臣们意见总是不能一致，有的说好，有的说坏，反倒使君主失去了主张。

虽然依靠巧智巧能也有成功的时候，但那是没有保证的，是偶然的。依靠法治则能确保万全，不存在偶然性，成功是必然的。君主如果听信臣下的所谓智慧和才能，就会失去驾驭臣下的手段，最终被架空。民众只知道有大臣而不知道还有君主，就只能一心交好大臣。国家财货都流到了大臣私家，权力也攥在大臣手中。有功劳的人越来越少，奸臣不断靠前，有才能的大臣只能靠后，致使君主一片迷惑，不知道如何行事，老百姓更是不知道做什么才对。也就是说，国家因此失去了进取方向，生存自然成了问题。[35]

用法还是用智，就是行公还是行私的问题。韩非子说的公与私，与现代意义上的公与私当然有区别，主要不同之处是，在君主专制时代，君主的意志与公意是一体的。他说的私意主体是大臣，并不包括普通民众。大臣与君主的意志，特别是贤明君主的意志保持一致，遵守君主制定的法制，就是行公。大臣抛开君主利益，去追求个人利益，就是行私。站在君主角度来说，要想做一个贤明君主，必须分清公与私，明确法制，抛弃个人恩惠。有令必行，有禁必止，这是君主的公义。一定要行其私意，一味取信于朋友和追随者，不会因为受赏而受到激励，不会因为受罚而有所收敛，这是人臣的私义。私义大行，天下就会陷入混乱。公义大行，天下就会达大治。[36]公与私的分别在这里再清楚不过，对于君主和国家来说，公与私产生的利与害也是显而易见的。

做人臣的，有私心，也有公义。洁身自好，居官无私，行事公正，就是公义。为了安身利家，放纵欲望，行为污浊，这就是私心。贤明君主在上，人臣只能去私心、行公义。惑乱君主在上，人臣就会去公义、行私心。[37]之所以说韩非子政治学说是帝王之术，就是因为韩非子主要是站在君主的立场上说话。根据他的政治理念，国家就是君主，君主就是国家，也就是后世所谓“朕即国家”。君主的贤明和惑乱，决定着大臣是要行公义还是纵私心。这当然不是说君主与大臣的利益可以取得一致，而是君主有权势能够迫使大臣按照君主意志行事。

从根本上讲，君主与大臣的利益是不同的，双方甚至时时刻刻处在对立和较量之中。韩非子使用了一个非常巧妙和生动的词来定义君臣关系，那就是“计”，计算、计数、计较的意思，用现代政治学术语来讲，就是利益交换，或者是力量博弈。国家是君主的私有财产，君主用“计”畜养大臣，大臣用“计”事奉君主。在君臣关系中，关键是看哪一方能在这场利益权衡中占得主动，哪一方能在这场利益交换中取得最大化。损害自身却对国家有利的事情，大臣是不会去做的。国家富裕的结果却是大臣得利，君主也是不会去做的。从人的本性来看，大臣认为损害自身肯定是无利可图的，君主则认为大臣得利的结果必然是损害国家利益，这样的大臣是君主不能接受的。由此看来，“君臣也者，以计合者也”[38]，君主与大臣就是要在利益交换中寻找相互能够接受的平衡点，而并不是天然的利益共同体。君主与大臣永远都不会是同心同德的。

对于君主与大臣之间的博弈，韩非子用公与私，即行公与行私加以区分和描述，这既表明了韩非子思想的政治立场，也表明了韩非子推行的帝王之术的基本原则，那就是君主要用法制约束大臣，大臣则以个人智术予以应对。这样一来，法制就是公，依法治国就是行公。智术就是私，以智术对付君主就是行私。

依法治国

既然君主的根本利益是行公义，那么，根据韩非子政治思想，依法治国，用法制保证公义的执行就成为治国理政的基础性保障。大臣生来就是君主的敌人，他们一门心思通过智术实现私利，所以，君主手中的法制必须是强制的、严酷的、毫不留情的。从对人性和人情的消极理解出发，韩非子坚持认为，惩罚比奖励更能让人守规矩、遵法制，更能有效治理社会、约束人的行为，尤其是大臣的行为。

强制执法

法制的重要性质之一就是强制性，强制执行的法制是任何力量都无法比拟的。

假如一个人家出了不肖之子，父母怒骂无法改变他的行为，邻里乡人责怪也不能让他回心转意，老师教诲更不能让他变成良善。这三样美好的东西加在一起，也不能促使他有所改变。但是，如果官吏带着大兵把他抓起来问罪，他就会惊恐万状，马上会改变言行。这就说明，即使是最伟大的父母之爱，也比不上法制的威势。[39]

仁爱的力量只能劝人为善，被劝者实际上是否行善，则是仁爱不能决定的。可法制就不同了。在法制的威势面前，如果不改变恶行，就会付出沉重代价，甚至包括生命。法制的威力能摧毁人的最后防线。韩非子认定，人并不具有自觉向善的天性，法制才是对付恶行的最有效手段。

法制的强制性与道德的仁慈是对立的，不可调和的。所谓仁慈，是学者的文雅说法，当权者也乐得挂在嘴上。相对于法制，仁慈就是人情和放任。韩非子发现，专制制度下的个人专权必然会对法制的威严形成威胁。国家之所以立法，就是因为任何人都有犯罪的可能，有权有势者也不例外。但是，公权力极有可能与法制相混淆，当权者随时都可能打着仁慈的幌子，用人情做交易，达到牟取私利的目的。韩非子不断向君主发出警告，如果滥用权力，阻挠法制发挥其功能，在君主那里是因小利而害大利，在大臣那里就是因私而害公。如果循着这条道路走下去，最终受害的不是别人，正是君主。

中国人喜欢讲人情，这在韩非子时代就很盛行了。盛行人情是专制社会特有的现象，是社会制度造成的，并不是某个君主或大臣就能决定其存在与否。囿于时代，韩非子在极力主张君主专制的同时，又强调法制的强制性，其实这二者本质上是矛盾的。专制与仁慈，看上去是对立的双方，但在一定社会条件下，二者是很难分清的。权力运行的公开化，权力的执行接受监督，才是避免人情之风的有效手段，才是让法制的强制性发挥作用的根本途径。

严刑峻法

根据韩非子的法制思想，英明君主一定要以严刑峻法约束和统治臣民。那么，如何理解韩非子所说的严刑峻法呢？韩非子举例说，即使是一块布头儿，如果没有特殊理由，就是一个普通人都不会轻易放手给人；即使是一大块金子，如果是烧得灼热，就是江洋大盗也不会去捡拾。不是那种必然会造成危害的东西，再不值钱也会人人抢夺；一定有害的东西，再贵重也不会有人光顾。韩非子所说的“法”，就是英明君主手中的有罪必诛、有功必赏的法制和准则。在英明君主那里，奖赏的原则是，丰厚而守信，使有功之人真正能从功劳中得到利益；惩罚的原则是，重责而没有例外，使有罪之人一定要为犯罪付出沉重代价。之所以说韩非子主张严刑峻法，一个重要原因，是因为韩非子始终强调法的特性是“必”，即以法制为标准，必而行之，没有例外。这样一来，人们是不是会为君主尽力，与他们道德修养的高低就没有关系了。[40]

韩非子之法有两个大的方面，一个是赏，一个是罚，这其实是组成同一事物的阴阳两面。该赏的一定要赏，该罚的一定要罚。特别是后者，首先是制定重法，其次是严厉执法，也就是重罚，在执行的时候毫不留情。英明君主治国，要有众多的人负责防止犯罪，一旦有人犯法，就必须从重处罚。这种严刑峻法的指导思想是，一定要使人们因为有重法而不敢做违法之事，而不是求得人们因为有廉耻之心而不愿去做。[41]一个井然有序的国家，不能寄希望于人民的内心自觉。这与韩非子轻视道德作用的思想是一致的。

韩非子根据生活经验告诉人们，母亲爱护孩子胜过父亲几倍，但父亲的命令对孩子的有效性却胜过母爱几倍；官吏对民众毫无慈爱之心，其命令又胜过父亲几倍。父母因为对孩子不断加深的慈爱而使自己的命令无法实行，官吏用威严却使人们老老实实地服从。严酷与慈爱的不同分量，由此看得一清二楚。

父亲对子女的要求是，生活日益安逸，行为远离犯罪。君主对民众的要求是，国家有难时让他们争相效死，国家平安时让他们尽力劳作。可是，双亲让儿女安逸，儿女却不听话；君主并没有慈爱，让他们去效死力，他们却唯命是从，这显然是有严刑峻法作后盾的缘故。英明君主知道这一点，对民众从不表现慈爱，只是增加威严之势。[42]

普通人家治产业，要想得到美满结果，就必须在开始时忍受种种痛苦，经受种种苦难。国家的法制也是这样，前苦而后利，暂时让人们受苦是为了以后的长久安利。与此相反，仁义慈爱的作用则是，得到了眼前快乐，却导致后患无穷。[43]圣人权衡其间的轻重，为了求得大利，下狠心使用严刑峻法，抛弃仁义怜爱。

赏与罚一定要一丝不苟才能起到扬善惩恶的作用。奖赏要丰厚，是想使良好的东西马上张扬；惩罚要加重，是想让丑恶的东西马上消失。如果轻罚轻刑，就达不到惩治罪恶的应有力度。儒家学者所说，刑罚要轻，韩非子认为，这明显会导致国家乱亡。

国家的严刑峻法不是针对某个人或某些人，而是维护全社会纪律。惩治罪犯的目的并不完全在于这些罪犯者个人身上，而在于维护社会秩序。重罚一个奸邪之人，全社会的奸邪之行就会被阻止，这才是严刑峻法的真正目的。受到重罚的即使是一个犯人，从此就可以得到更多良民。兑现丰厚奖赏，也不是完全针对有功劳的个别人，而是为全社会树立榜样。受赏之人获利，没有受赏者就会羡慕，从而调动起全社会积极向上的力量。

韩非子虽然主张赏罚并举，但重点更偏向于罚。在一个教育还不太普及，知识水平还不太高，民众文明程度还很有限的社会里，赏十确实比不上罚一的作用。不过，因此就降低甚至忽视奖赏的作用，也并不可取。另外，韩非子所说的以奖赏调动人们羡慕之心的想法，也是片面的。事实上，奖赏的最终依据还在于人的道德心、自尊心，而韩非子却蔑视道德观念的促进作用。如果把握不好尺度，奖赏会刺激人们的贪婪之心，促使奖赏标准不断提高，有可能最终对道德建设形成危害。

反对重罚的人认为重罚会伤及民众，韩非子则坚持认为，刑罚的对象是有罪之人，并不是无辜民众。重刑之下，奸邪之行被制止，怎么会说是伤及民众呢？相反，奸邪之行被制止后，普通民众会从安定的社会里得到更大好处。

严刑峻法的实质是，罪行小而刑罚大，罪行轻而刑罚重。加给罪犯的刑罚，一定要大于犯罪所得，使人们不敢因为小利而受大罪，以达到制止奸邪的目的。相反，主张轻罪轻刑的结果则是，罪行所获较多，受到的惩罚却很少。罪不抵罚，使得人们只盯着犯罪所能得到的利，把可能受到的惩罚不当回事，致使奸邪之行难以制止。正如谚语所说，人们不会在大山前摔跟头，却会在小土包前跌倒。因为大山太大，人们就会小心对待；小土包不起眼，人们就会不注意。那些小错小罪，就是人们面前的小土包，如果只是用轻罚对待，人们就会轻视，以至于屡禁不止，最终犯出大罪来，这明显是对人民不负责任的表现。㊹

韩非子对于严刑峻法、轻罪重罚的接受、赞赏甚至酷爱，是以他的哲学和政治主张为基础的。用他老师荀子的话来说，叫作“持之有故，言之成理”。㊺在韩非子看来，如果有哪个国家要想解决迫在眼前的存亡问题，必须在短时期内迅速扭转颓势，而民众的素质和处境，又不允许给他们耐心讲道理。另一方面，从人的本性来看，趋利避害是天然选择，普通人尤其如此。为使更多人甚至全体国民少犯罪、不犯罪，必须从人性深处做文章，以重刑惩罚小恶，在萌芽状态制止犯罪。

韩非子的如此主张，乍听上去既能自圆其说，又似乎符合某些急于使国家实现大治的所谓“明君”的心思。但是，从政治学一般原理和社会发展长期过程和终极目标来看，韩非子以“严刑峻法”为核心的法治思想无论在学理上，还是在实际操作层面，都有明显硬伤，会对社会造成不可挽回的巨大伤害。

其一，韩非子对于专制政治制度缺乏适度敏感，或者理解得太过片面。严刑峻法固然有其快速见效的一面，但在专制制度之下，掌握权力者极容易利用严刑峻法牟取私利。限于时代，当时的人们并没有制定出详细而全面的法律体系，这就给法制的执行者留下太多个人决断空间。小罪可以重罚，大罪可以超重罚，但小罪和大罪的确定，重罚和超重罚的判定，多数情况下是掌握在执法者和掌权者手中的。同样是根据韩非子主张的人生而自私的原则，执法者和掌权者也是人，他们也会趋利避害，甚至会超过普通人。这样一来，由司法和权力腐败造成的社会不公，肯定会对社会造成越来越严重的伤害。

其二，轻罪重罚的原则也许会让守法之人觉得很有道理，甚至能够得到心理上的极大满足，但是，这一原则显然会使不公平的观念合理化，假以时日，整个社会就会陷入全面不公平的泥淖之中。轻罪重罚是对刑当其罪、适当量刑的否定。所有犯罪行为无非有故意和非故意两种情形。即便是明知故犯，一旦受到超量重罚，有可能使一些犯罪者有所收敛，但也可能使一些犯罪者采取以更加严重的罪行报复社会。客观上讲，所谓轻罪重罚只能是针对犯罪落网者而言，而在当时社会中，所谓“法网恢恢，疏而不漏”只是说说而已。那么，由轻罪重罚而导致的报复社会的恶性犯罪就会越来越多，有可能深度毁坏社会基础。对于那些非故意犯罪的人，轻罪惩罚的原则固然可以使人接受教训，但也会“培育”出坚定的社会反对者和对立面，这同样是社会发展道路上的巨大隐患，迟早会使他们在某个恰当时候释放出反社会的能量。

求强变法

韩非子的法的精神是，有功必赏，有罪必罚。奖赏要有信用，惩罚要从重从快。可是，在现实中，由于旧势力和既得利益者阻挠，存在着大量与法的精神相违背的现象。韩非子断言，出现这种恶果，完全是君主的责任，并对此进行了激烈批评。

韩非子说，对于立了战功的人，君主只封给他们徒有其名的爵位，而不给他们掌握实权的官位；对于耕田种地有成绩的人，君主也只给他们一些奖赏，却不让他们拥有家业。这就是说，那些对社会做出实际贡献的人，并没有受到重视。对于那些不与君主合作、不肯对社会做出实际贡献的隐士，君主虽然不能任用他们，但却一个劲儿地称赞他们的行为是高尚的；对于那些犯法的侠士，虽然治他们的罪，却肯定他们的勇力。换句话说，那些对社会不能做出实际贡献的人，并没有受到真正的否定或打击。[46]

兄弟受到侵侮，就帮着反击，这被看作是品行方正；朋友受到欺辱，就去一同复仇，这被看作是操守坚贞。可是，根据法律，这种所谓的方正坚贞之行，不问事情原缘，撇开官府，私自执法，明显是对法律的侵害。然而，君主却十分看重这样的行为，忘记了他们的行为是违法的。

人们处处好勇逞强，官吏都制服不了。那些不出体力而得到衣食的人被君主看成是能人，没有征战之功而受到尊敬的人被君主看成是贤人。但在韩非子看来，这种贤能之人大行其道的时候，就是兵弱地荒的时候。君主一味欣赏如此的贤能之行，却看不到随之而来的兵弱地荒的大祸，致使私利大行其道，公利不名一文。[47]

君主们都是如此行事，毁誉赏罚没有一定之规，该赏的没有得到实际奖赏，该罚的也没有受到彻底惩罚，致使法律失去尊严和效力，社会愈加混乱，人民也不服管束。

针对这样的严峻现实，韩非子继承法家前辈人物的精神，强调变法的重要性。韩非子以秦国商鞅变法为例，变法之前的秦国，君臣上下根本不讲究法度，都是依照私意行事，致使国家混乱，兵力软弱，君主的实际地位很卑下。商鞅来到之后，劝说秦孝公移风易俗，变法图强，申明国家大道，奖赏告发奸邪的人，抑制工商末业，复兴耕织本业。

可是，商鞅的做法引起了贵族不满，他们发出了大量怨言。秦孝公不为所动，大力推行商鞅之法，使人们逐渐知道，有罪一定会受到惩罚，告发奸邪的人也越来越多。变法的结果是，没有人胆敢犯法，刑罚也就不会施加在任何人身上了。这时候的秦国，国家大治，兵强马壮，地域广阔，君主受到了真正的遵从。[48]

对于变法的阻挠，不仅来自世袭贵族，也有来自一些思想派别。这样的思想家，韩非子称之为学者或文学之士。他们反对变法的主要理由是，现在所用的法，包括国家大法和具体法律，都是历代贤王制定的，并且在前代甚至古代，起过非常重要的作用，所以不能变，更不能废。韩非子针锋相对地指出，时代不同了，产生于特定时代的法律也应该有所不同。[49]时代在变，法制也应该要变。

韩非子“法”的精神的出发点是良好的，即要造就一个国富兵强的社会。在他所认定的范围内，韩非子对“法”的阐述是透彻而又精彩的。但是，由于过度强调急迫的现实需要，他的观点不免表现出一定的狭隘性。历史和现实都证明，任何周详而严明的法律都不可能像韩非子所说的那样彻底制止所有犯罪行为，或者毫无例外地使所有罪人改邪归正。社会生活那么复杂，人们的需求也会越来越多样化。一个社会，如果完全依靠自上而下的法制进行统治，即如韩非子所设想的那样，就必然导致专制以至于暴政，最终葬送全社会利益。时代不同了，确实需要变法，但变法的结果，不应该是法制独大，更不应该完全依靠法制，而是还要依靠经济利益的促动、道德伦常的教化、文化哲学的涵养，以及社会生活的其他方方面面的手段。

对于法制有效性的极端崇拜，也使韩非子自始至终怀有一种近乎幼稚的幻想，认为在法制强压之下，一旦没有人敢于犯罪，刑罚自然会失去其作用，也就不再有轻罚或重罚的争论了。然而，至少人类发展到今天，更不用说在两千多年前的韩非子时代，人与人之间总是存在着各种各样的利益冲突。这样的利益冲突，无论是源之于资源不足，或者是人性贪婪，或是制度不够完善，对于人类来说，总是如影随形，挥之不去。在这样的前提之下，奢望人们会在重罚之下不敢犯罪，不是幼稚，就是反智。

注释：

①《韩非子·奸劫弑臣》：“人主无法术以御其臣，虽长年而美材，大臣犹将得势，擅事主断，而各为其私急。”（第297页）《制分》：“上掌好恶以御民力。”（第1184页）○儒家同样主张“驭臣”。如《周礼·天官·大宰》：“以八柄诏王驭群臣。”郑玄《注》谓：“凡言驭者，所以驱之内

（纳）之于善。”李学勤主编《周礼注疏》，北京大学出版社1999年12月第1版，第29—30页。

②《韩非子·六反》，第1017页。

③《韩非子·饰邪》，第366—367页。

④《史记·商君列传》，第2227页。

⑤《汉书·艺文志》：“《商君》二十九篇。名鞅，姬姓，卫后也，相秦孝公，有《列传》。”（第1735页）

⑥《商君书·去强第四》：“国有礼有乐，有《诗》有《书》，有善有修，有孝有弟，有廉有辩。国有十者，上无使战，必削至亡；国无十者，上有使战，必兴至王。”（蒋礼鸿《商君书锥指》，中华书局1986年4月第1版，第29—30页）

⑦《商君书·慎法第二十五》：“夫举贤能，世之所治也，而治之所以乱。世之所谓贤者，言正也；所以为善正也，党也。听其言也，则以为能；问其党，以为然。……今夫世俗治者，莫不释法度而任辩慧，后功力而进仁义，民故不务耕战。”（第136—137、138页）

⑧《商君书·算地第六》：“圣人之为国也，观俗立法则治，察国事本则宜。”（第48页）

⑨《商君书·农战第三》：“善为国者，官法明，故不任知虑。”（第22页）

⑩《商君书·修权第十四》：“君臣释法任私，必乱。故立法明分，而不以私害法，则治。”（第82页）

⑪《商君书·靳令十三》：“法已定矣，不以善言害法。”（第77页）

⑫《群书治要·商君子》，中华书局2014年10月第1版，第436页。

⑬《商君书·修权第十四》：“民信其赏，则事功成；信其刑，则奸无端。惟明主爱权重信，而不以私害法。”（第82页）

⑭《商君书·画策第十八》：“国之乱也，非其法乱也，非法不用也。国皆有法，而无使法必行之法。国皆有禁奸邪、刑盗贼之法，而无使奸

邪、盗贼必得之法。为奸邪、盗贼者死刑，而奸邪、盗贼不止者，不必得。”（第109页）

⑮《商君书·赏刑第十七》，第101页。

⑯《商君书·算地第六》：“夫刑者，所以禁邪也；而赏者，所以助禁也。”（第49页）

⑰《商君书·勒令第十三》：“重刑少赏，上爱民，民死赏。”（第80页）

⑱《商君书·算地第六》：“圣人之为治也，刑人无国位，戮人无官任。刑人有列，则君子下其位；戮人衣锦食肉，则小人冀其利。”（第49–50页）

⑲此所谓“壹刑”，是不包括君主在内的。

⑳《商君书·赏刑第十七》：“所谓壹刑者，刑无等级，自卿相将军以至大夫庶人，有不从王令、犯国禁、乱上制者，罪死不赦。有功于前，有败于后，不为损刑。有善于前，有过于后，不为亏法。忠臣孝子有过，必以其数断。守法守职之吏有不行王法者，罪死不赦，刑及三族。”（第101页）

㉑《商君书·开塞第七》：“刑加于罪所终，则奸不去；赏施于民所义，则过不止。刑不能去奸，而赏不能止过者，必乱。故王者刑用于将过，则大邪不生；赏施于告奸，则细过不失。治民能使大邪不生、细过不失，则国治。国治必强。”（第57页）

㉒《商君书·定分第二十六》：“圣人为法，必使之明白易知。名正，愚知遍能知之。为置法官，置主法之吏，以为天下师，令万民无陷于险危。”（第146页）

㉓《荀子·非十二子》，中华书局1988年9月第1版，第91页。

㉔因为《老子》一书的作者并不明确，所以本书把这本书的思想表述为“《老子》思想”。

㉕《韩非子·主道第五》：“明君守始以知万物之源，治纪以知善败之端。故虚静以待，令名自命也，令事自定也。虚则知实之情，静则知动者

正。有言者自为名，有事者自为形。形名参同，君乃无事焉，归之其情。”（第66页）

㉖同上：“君无见（现）其所欲。君见（现）其所欲，臣自将雕琢。君无见（现）其意。君见其意，臣将自表异。故曰：去好去恶，臣乃见（现）素；去旧去智，臣乃自备。”（第66页）

㉗同上：“有智而不以虑，使万物知其处。有贤而不以行，观臣下之所因。……群臣守职，百官有常，因能而使之，是谓习常。”（第66—67页）

㉘《韩非子·外储说右上》，第759页。

㉙《韩非子·主道第五》，第81页。

㉚同上：“群臣陈其言，君以其言授其事，事以责其功。功当其事，事当其言，则赏。功不当其事，事不当其言，则诛。……明君之行赏也，暧乎如时雨，百姓利其泽；其行罚也，畏乎如雷霆，神圣不能解也。故明君无偷赏，无赦罚。赏偷，则功臣堕（惰）其业；赦罚，则奸臣易为非。是故诚有功，则虽疏贱必赏；诚有过，则虽近爱必诛。疏贱必赏，近爱必罚，则疏贱者不怠，而近爱者不骄也。”（第81页）

㉛《韩非子·二柄第七》：“人主将欲禁奸，则审合刑（形）名；刑（形）名者，言与事也。为人臣者陈而言，君以其言授之事，专以其事责其功。功当其事，事当其言，则赏。功不当其事，事不当其言，则罚。故群臣其言大而功小者则罚，非罚小功也，罚功不当名也。群臣其言小而功大者亦罚，非不说（悦）于大功也，以为不当名也，害甚于有大功，故罚。”（第126页）

㉜《韩非子·安危》：“安危在是非，不在于强弱。”（第530页）

㉝《韩非子·观行》：“古之人目短于自见，故以镜观面；智知于自知，故以道正己。……以有余补不足，以长续短，之谓明主。”（第520页）

㉞《韩非子·饰邪》：“夫舍常法而从私意，则臣下饰于智能，臣下饰于智能，则法禁不立矣。”（第355页）“先令者杀，后令者斩，则古者先贵

如令矣。故镜执清而无事，美恶从而比焉；衡执正而无事，轻重从而载焉。”（第359页）

㉟同上：“奸臣愈进，而材臣退，则主惑而不知所行，民聚而不知所道。”（第362页）

㊱同上：“私义行则乱，公义行则治，故公私有分。”（第366页）

㊲同上：“明主在上，则人臣去私心、行公义。乱主在上，则人臣去公义、行私心。”（第366页）

㊳同上，第367页。

㊴《韩非子·五蠹》：“父母之爱不足以教子，必待州部之严刑者。民固骄于爱、听于威矣。”（第1099页）

㊵同上：“誉辅其赏，毁随其罚，则贤、不肖俱尽其力矣。”（第1100页）

㊶《韩非子·六反》：“故明主之治国也，众其守，而重其罪，使民以法禁而不以廉止。”（第1009页）

㊷详见《韩非子·六反》，第1009页。

㊸《韩非子·六反》：“故法之为道，前苦而长利；仁之为道，偷乐而后穷。”（第1011页）

㊹同上：“轻罪之为民道也，非乱国也，则设民陷也，此则可谓伤民矣！”（第1012页）

㊺《荀子·非十二子》，第92页。

㊻《韩非子·五蠹》：“毁誉、赏罚之所加者，相与悖缪也，故法禁坏而民愈乱。”（第1102页）

㊼同上：“人主说（悦）贤能之行，而忘兵弱地荒之祸，则私行立而公利灭矣。”（第1102页）

㊽详见《韩非子·奸劫弑臣》，第283页。

㊾《韩非子·五蠹》：“世异则事异。……古今异俗，新故异备。”（第1092、1096页）

第四章　君主护己驭臣之道：论『术』

申子之『术』

帝王之术

欺君之术

国家的灭亡，会有种种征兆。但是，韩非子说，有了这些征兆，并不见得一定会灭亡，而是有了灭亡的可能性。国家的治与乱，要有许多因素相配合。如果人世间存在两个尧一样的贤能之君，就不会有圣王出现，因为他们势均力敌，谁也不能战胜谁；如果有两个桀一样的暴虐之主存在，也不会出现亡国，这也是因为谁也没有力量战胜对方。亡国的关键，一定是有治国有乱国，有强国有弱国。有了虫蛀，树木才会折断；有了裂缝，墙壁才会坍塌。树木被虫蛀，没有大风也不会折断；墙壁有了裂缝，没有大雨也不会坍塌。

韩非子的结论是，那些有力量的大国之君，如果能把“术”作为对付有了亡国征兆之国的大风大雨，灭亡这样的国家，进而统一天下就不是难事了。[①]明主也好，暴君也罢，要想体现他们的英明、施行他们的暴虐，必须得有适当途径和可行方法，这就是韩非子所说的“术”。

申子之术

韩非子政治思想在历史上被称为“帝王术”，与他对“术”的极度重视是分不开的。必须强调的是，“帝王术”之“术”与“法、术、势”之“术”是有区别的。韩非子“帝王术”是指他的全部政治思想，他的政治之道。称为“术”，是说韩非子政治思想具有很强的操作性，并不仅仅是一种思想或说教。而“法、术、势”中的“术”，是与“道”相对应的“术”，指的是君主与大臣之间进行政治博弈的具体办法或妙招儿。当然，这种具体之“术”背后是有指导思想的，而阐述这种指导思想的鼻祖，就是法家思想家申不害。

申不害（公元前400—前337）本是郑国“贱臣”，即官府杂役，没有像样的社会地位。郑国被韩国灭亡后，申不害以其在下层政治中的亲身经历和思考所得，配合以盛行的黄老之学，创立了以“术”为核心的政治学说，并以此说动韩昭侯，得以在公元前351年（韩昭侯八年）出任韩国之相。[②]

申不害强调法家之“法”在治国安民方面的重要地位。英明君主要依靠法，不要依靠个人才智；要依靠可操作的数术，不依靠抽象说教。法令要有公开性，执行法令要有公正性。申不害批评韩昭侯说，你一方面规定因功行赏、因能授官，同时又答应亲信左右的私请，这就使得法令形同虚设，难以实行。[③]

尽管“法”是治国根本，但申不害强调更多的，对后世影响更深的还是他的“术”论。申不害政治学说讲究以上制下，君主要以巧妙而有效的“术”，即不乏阴谋的巧妙政治术驾驭群臣。申不害认为，“术”是对“法”的灵活掌握和运用，是“法”发挥作用的关键环节。在君主专制体制下，再完备的法律也有顾及不到的地方，再好的法律也需要人去执行。“术”的精神是，君主必须以名责实。君主不是根据大臣的实际所为或做事的实际效果去确定其功过是非，而是根据君主事先的规定、安排和要求去核定大臣的对错。根据以名责实的原则，官员必须各守其职，职责以外之事，就是知道了也不能讲，更不能去做。[④]官员只能根据君主对某项具体事务的要求不折不扣地加以完成，或者根据自己事前申明的规则和目标加以完成。

君主专权是政治成功的关键。[⑤]如果君主被臣下左右，国家就失去了公认的主心骨，富国强兵之路自然也就行不通了。为避免被臣下左右，君主必须倚重“术”的关键作用。法是死的，人是活的。申不害政治思想的核心，就是要求君主牢牢掌握好治官之“术”。

既然是驭臣之“术”，一如《老子》所说，“邦之利器，不可以示人”[⑥]，就不能让臣下知晓。申不害主张，君主根据才能任命官员，任何官员不得兼职。百官与君主都是单线联系，如同车轮上的辐条与车轴的关系。这就既避免了官员间相互推诿，更消除了官员结党营私。也就是说，“术”的灵魂是君主利用秘而不宣的手段，严格任用和考核官员，让百官感到君主的权威既无处不在，又无从捉摸，只有老老实实地听命。显而易见，这套做法非常适合专制君主的统治。[⑦]

申不害是“术”的实践者。赵国想通过申不害向韩国借兵，去攻打魏国。申不害本打算直接向韩昭侯请求，又担心韩昭侯怀疑自己与赵国有私交，因为当时君主最忌讳本国大臣与他国交好，谋取私利。可如果不向韩昭侯请求，申不害又担心得罪赵国。想来想去，他就让另外两位信得过的大臣去探听韩昭侯的意思。在弄清楚韩昭侯并不反对借兵之后，申不害才在正式场合向韩昭侯提出赵国借兵之事。这样一来，申不害的请求既迎合了韩昭侯的想法，又让赵国很满意，可以说是两方面都让他得了便宜。[8]由此可见，申不害追求的“术”，是在大目标不变的情况下，使用适当方法实现目的。这样做，成功的可能性当然很大，却并不符合法治精神，从长远来看，也不足以改变一国面貌。

更重要的是，申不害重法任术的治国之道有自相矛盾之处。当韩非子集法家思想大成的时候，对申不害之“术”就提出了严厉批评。韩非子指出，申不害担任韩国之相时，韩国法治状况相当混乱。典型情形是，晋国旧法还没有完全废弃，韩国新法令又随之颁布，前代君主相关法令还未收回，新君主法令又制定出来，并且往往新旧矛盾，前后相悖。可是，申不害并没有下大力气整顿法律的严整性和一致性，致使奸邪之人旧法有利时则举用旧法，新法有利则举用新法。这种做法倒是适合申不害用“术”的作风，结果却大大消减了法的作用，使韩国社会陷于难以自拔的混乱之中，后人甚至认为韩国因此失去了称霸天下的机会。[9]

另外，申不害主张“循名责实”，要求官员不能越职，非职责以内的事情知道的也不能说。这种要求听上去很严厉，执行起来也可以很明确。但是，君主个人能力终究有限，本是需要兼听兼明，从各方面获取信息的，可如果官员们都是明知而不言，君主要想做出全面而正确的决定就会大打折扣。[10]

帝王之术

孔子弟子宓子贱，在鲁国的单父做官，上任不久，身体就消瘦了下来。同门有若问其缘由，宓子贱说，上任后他才发现，需要解决的具体事务太多，他担心处理不过来，治理不好这个地方，所以心生忧虑，食旨不甘。有若则放言："治理单父这么小的地方还忧虑成这个样子，如果让你去治理天下，那又将如何呢？"有若告诉宓子贱一个从政秘诀，那就是，如果掌握了"术"，即使每天在家里坐着，天下也会井然有序；不知道"术"为何物，即使跑断了腿，操碎了心，也会一事无成。[11]

法、术、势是韩非子帝王术的主要内容，而"术"则是实际操作的核心。所谓帝王术，都要落实在"术"上面。任何大道理，抽象原则，最终都要体现在"术"的运用之上。韩非子不厌其烦地讲述大量具体的君主统治术，从理论到实践，对于君主统治国家的方方面面都进行了具体阐述。这是韩非子思想颇有特色的一个重要方面，也是了解韩非子思想的重点之一。

亲自观察，以言责行

韩非子所谓"参验"，有时也称作"参伍"、"参合"等，关键是"参"。"参"的本义是"三"，古人用"三"表示多，韩非子看重的这个"参"也是多数、多方面的意思。根据多方面观察获得的信息进行思考，做出决定，就是参验、参合、参伍之类概念的核心思想。具体到君主的"参验"之"术"，就是要时刻注意臣下的言行是否一致，用他们的所行，验证他们的所言。君主不要听信左右或亲信的说法，要亲自观察、亲自察看应该知道的一切。在进行观察之前不要发表意见，以免大臣投其所好。韩非子强调，对于大臣的言与行，不进行参验，不进行观察和验证，就不会得到实情。这样做的深层原因是，大臣一定要堵塞言路，让君主得不到实情。[12]

春秋末期，卫灵公在位时，弥子瑕得宠，在卫国专权。有位侏儒贤士，对这种政治现状很不满。他在见到卫灵公时，劈头就说："我的梦总算是应验了。"卫灵公很纳闷，问道："什么梦？"贤士回答："我梦见了炉灶，梦醒后看见了主公。"卫灵公怒道："我听说，见到人主都是因为梦见了太阳，你为什么说见到我是因为梦见了炉灶呢？"贤士不慌不忙地解释说："太阳光普照天下，用一个东西是挡不住的。人君之光也应该是能够照临全天下人，一个人是不会挡住的。要是见到这样的人主，才会梦到太阳。可是，炉灶里的火光就只能照到一个人，即使这个人背后的人也照不到。现在的卫国，不就是只有一个人能受到君主之光的照临吗？那么，我梦见了炉灶，又有什么不对的呢？"卫灵公只听信弥子瑕一人之言，置全国之人于不顾。在贤者看来，卫灵公不配做一国君主。

这位贤者劝谏卫灵公的方式比较委婉，但触及的问题却是根本性的。在专制制度下，最高权力归君主所有。只要有人控制了君主，就能控制一国。弥子瑕控制卫灵公的方式很简单。他擅长阿谀奉承，投君主所好，想方设法满足卫灵公个人享乐，最终取得了卫灵公信任，以至于有人当面把这个情况告诉给卫灵公后，也不能让卫灵公醒悟。表面上看是卫灵公的问题，贪图享乐，怠于治国。深一步思考，会发现根本问题还是出在政治制度上。当时的专制制度从理论上讲对君主毫无约束，君主做出什么样的荒唐事情也不会让人惊讶。

战国中期，张仪和惠施共事魏王。张仪是主战派，主张攻打齐国和楚国，惠施则主和，认为不宜兴兵。张仪是有名的纵横家、外交家，说服了群臣，都支持他的主张，最后使魏王也同意了他的意见。惠施是有名的辩论家，虽然能说会道，可就是在公开场合得不到群臣支持，就私下里去见魏王。魏王说："先生什么都不要说了。攻打齐、楚二国确实有利，全国人都是这么认为的。"

惠施说："正是因为全国人都同意，才应该更加慎重地考虑。就说攻打齐、楚二国确实有利，全国人也都认为有利，怎么可能有这么多的聪明人呢？如果攻打齐、楚确实无利，全国人也都认为有利，又怎么可能有这么多的愚笨之人呢？从道理上说，凡是需要商量的事，就是因为有疑惑。凡是有疑惑的事，应该是有一半人赞成，一半人不赞成。现在全国人都赞成，说明大王已经丧失了一半人了。那些劫杀君主的人，就是想让君王失掉那一半人。”[13]

惠施把问题提到了哲学高度，在现代人看来，也不失为一种具有民主精神的意见。惠施所说的一半对一半的划分固然不能机械看待，但是，任何事情，一致同意总是有问题的。在韩非子看来，那些平庸君主并不具备哲学头脑，也很难让他们服从深刻的道理。这些君主更看重表面上的一致意见，更容易被有野心的大臣蛊惑。韩非子称这种大臣为“劫主者”。他们自称为君主谋取了巨大利益，实际上是相当于用那些根本不存在的利益绑架和胁迫君主听从他们的意见，到头来只是为他们谋利，当然也就彻底损害了君主利益。

在鲁国，三大家族之一的叔孙当权，专断国事。叔孙宠爱的亲信叫竖牛，也是上行下效，擅自专用叔孙的命令。叔孙有个儿子叫壬，很受父亲宠爱，竖牛非常嫉妒，一直想找机会除掉。于是，竖牛就把壬带到鲁君跟前，鲁君赐给壬一个玉环，壬接受了下来，但却不敢佩戴，让竖牛去请示自己的父亲，这是因为只有竖牛才能随便去见叔孙。竖牛早有准备，不久之后就欺骗壬说：“我已经请示过了，让你佩戴。”

壬佩戴玉环之后，竖牛就对叔孙说：“为什么不让壬去见一见国君呢？”叔孙说：“小孩子家的，见什么国君呢！”竖牛接着说：“你还不知道呢，壬早已见过好几次了。国君还赐了他玉环，他也早已佩戴了。”叔孙招来壬一看，果然属实，一怒之下，就把壬给杀了。鲁君与叔孙表面上是君臣，实际上是对立双方。对于叔孙来说，即使是儿子，对鲁君的亲近，就是对自己的背叛。不用说，竖牛很好地利用了这一点。

后来，竖牛又用相似方法，让叔孙杀掉了另一个儿子。竖牛的竞争对手都不在了，当叔孙得了重病之后，竖牛就把叔孙给隔离起来，告诉左右说：“叔孙不想听到人的声音，你们离开吧！”最后，竟把叔孙饿死了。叔孙死后，竖牛秘不发丧，卷起叔孙的值钱东西逃到了齐国。韩非子总结说，像叔孙这样的当权者，接受意见的标准不是进行参验，而是听信一面之词，根据提意见者的爵位和地位，尤其是根据与他关系远近而定，这势必造成偏听偏信，甚至遗患无穷。[14]

在专制政治之下，做君主的，做主人的，容易知道一切，更容易一无所知。魏国大臣庞恭要陪着太子到赵国去做人质的时候，与魏王进行了一次有名的谈话。庞恭说："现在，有一个人来报告说，街市上有了老虎，大王相信吗?"魏王说："不信。""有两个人说有虎呢?""不信。""那么，三个人说有，大王信吗?"魏王说："这下我就相信了。"庞恭说："街市之上不可能有老虎，这是明白不过的事情，但是，有三个说有，虎就有了。赵、魏两国相距遥远，我走之后，说我坏话的何止三人。请大王对此要有明察啊。"可是，当庞恭从赵国回来的时候，还是受到了疏远，连魏王的面儿都见不上了。[15]尽管庞恭已经做了很好的预防措施，可是，在专制制度下，这种以个人之间的约定或告诫所做的预防，必然同样会被个人之间的亲近关联和利益关系所攻破。结论就是，在这样的制度之下，好事可以因个人而起，坏事同样可以因个人而起。韩非子敏锐地看出了这个问题，但对于问题的成因却从来没有思考到位，事实上在当时也不可能思考到位。

一般认为，"兼听则明，偏听则暗"，君主既然做不到事事亲力亲为，总可以通过多方听取意见来解决问题吧？韩非子不认可这样的思路。韩非子提出"参验"之"术"，主张君主对于大臣，不能仅仅是听一听他们的意见就可以了事，甚至多方听取意见还远远不够，还要对听到的意见进行验证。所谓实践是检验真理的标准，做事的主张与事情的结果相一致，才能相信一件事、信任一个人。

有罪必罚，树立威严

韩非子认为，犯法者一定要受到惩罚，这才能建立起君主和法制的威严。仁爱太多，失去了原则，法制就建立不起来。缺少威严，在下者就会侵陵在上者，视上级为无物。刑罚达不到说一不二的高度，国家的禁令就会形同虚设，完全行不通。[16]

董阏于在赵国做上地太守时，一日在大山中行走，看见有一深涧陡峭如墙，一眼望不到底，就问带路的当地人："有人跌入过山涧中吗？"回答说没有。又问："有婴儿、盲人、疯子之类的人掉入过吗？"回答还是没有。他最后问："有牛马猪犬跌进过吗？"得到的还是同样回答。董阏于长叹一声："我有信心做好太守了。对犯法的人无论如何都不要赦免，就如同掉下这山涧必死无疑一样。只要重罚一切犯罪，就不会有人胆敢以身试法了。"

在郑国长期主政的著名政治家子产去世时，告诉接班人游吉："你上任之后，一定要以严待人。火是严厉无情的，被烧伤的人很少。水是柔软的，被淹死的就很多。"可是，子产死后，游吉并没有严厉执法，致使郑国年轻人结伴为盗，势力咄咄逼人，成为国家大患。游吉不得已，率军队去征讨，用了一天一夜的时间才平息了这股势力。他后悔道："我如果听从了子产遗教，就不会有现在的麻烦了。"这在当时是个影响力很大的事件，很多政治家都拿来说事儿。在儒家看来，当政者理当推行仁政，以仁爱和宽容对待民众，但在韩非子看来，这是特别有威望、有号召力的人才能达到的境界。根据法家主张，毫厘不爽地执行法律是国富兵强的必要保障。[17]

商鞅之法的特点是轻罪重罚。重罪一般是难犯的，而小的过失、小的罪行则是容易克服掉的。商鞅之法的精神，是让人不要去犯容易犯的罪行，进而达到不犯重罪。小过不犯，大罪则不至；轻者不至，重者则不来。传统法家把这样的法制理念叫作以刑去刑。[18]这种做法看上去有些不近人情，缺乏仁爱。但从一定角度去看，那些犯重罪的人，多半情况下确实是从小的罪行逐步发展起来的。那些杀人越货、罪不容诛之辈，绝大多数都是有前科累积的。

法律规定轻罪轻罚，尤其是初犯之人，以及非故意犯罪之人，是希望犯法者能有悔改之念。但是，这种做法的最大弊端，是不能有效防止惯犯和重犯。从这个意义上讲，商鞅之法虽然矫枉过正，但并不是完全没有道理。韩非子赞成商鞅关于轻罪重罚的理念和做法，既有对人性的消极看法作理论基础，也有对现实中的恶性犯罪和屡教不改罪犯的深恶痛绝作现实基础。人是有利就上的动物，在利益面前没有道德自觉可言。不能寄希望于罪犯悔改，只能依靠毫不留情的高压；不能寄希望于人们不想犯罪，只能迫使人们不敢犯罪。只有循此而进，才能彻底制止犯罪。

楚国南部丽水河中能淘出金沙，偷窃的人很多。国家以死刑禁止人们在此采金，被诛杀的偷金者尸体堆积河道，将河水断流，可偷金的人还是接踵而至。韩非子就此发表评论说，杀头是最重的惩罚了，为什么偷金的犯罪行为还是屡禁不止呢？那是因为人们还是有可乘之机，还有人能够侥幸得到金子，法律没能做到滴水不漏。如果告诉某人："先把天下给了你，然后再杀了你。"最愚蠢的人也不会答应。得天下远胜于得金子，但人们却去偷金而不要天下，就是因为得天下之后一定会死，偷金子却不一定死。法律的真正力量并不是制定得多与少、严与宽，而是犯者必究。[19]否则，社会上只能出现顽民，只会生出贪官污吏。

卫国有个在押犯逃到魏国，还给魏襄王的王后治好了病。卫嗣君派人到魏国，要用五十金赎回这个逃犯，一定要将其绳之以法。使者去交涉了五次，魏王都不答应，最后，卫嗣君决定用一座城池换回这个人。大臣们劝谏道："用一座城换一个犯人，这值得吗？"卫嗣君说："这不是你们能看透的。在治国的问题上是无所谓大小的。法律不能确立，执行起来不能一丝不苟，即使多有十座城池又有什么用？法律能够确立无疑，执行起来又能一丝不苟，即使失掉十座城池也是无害的。"[20]

仁慈和恩惠之类的观念在韩非子法制思想中是没有地位的。传统儒家主张仁政，韩非子则认为，仁政的名声很好，对国家却有害无利。成欢对齐王说："大王太仁慈，太有不忍之心了。"齐王说："这难道不是好听的名声吗？”成欢回答：“这只是人臣应有的美德，而不是人主应该做的事情。”齐王说：“那么，我对谁太仁慈了，对谁太不忍心了呢？”成欢说：“大王对宠臣薛公太仁慈，对父兄太不忍心了。对薛公仁慈，群臣就不会受到重视；对父兄不忍心，他们就会贪赃枉法。群臣不受重视，国家对外就缺乏力量；父兄贪赃枉法，内政就会混乱。外弱内乱，是亡国的根本所在。”

魏惠王对大臣卜皮说：“你听到我在外面的名声如何？”卜皮说：“我听到人们说大王很慈惠。”魏王喜出望外，说道：“那么，我能达到什么样的成功呢？”卜皮不客气地说：“大王的功绩能达到灭亡国家的程度。”魏王大惑不解地说：“慈惠是行善的表现，怎么能导致灭亡呢？”卜皮解释说：“慈者有不忍之心，惠者喜好给予。君主有不忍之心，就不会诛杀有过失之人。君主喜好给予，就会有人无功而受赏。有过不罚，无功受赏，即使是真的亡国了，也没有什么奇怪的呀！”[21]

韩非子主张严刑峻法，是说执行法制必须一视同仁、严酷到底。韩非子反对仁慈恩惠，是指那种无原则的宽宥和纵容。这些主张，放在当时社会背景下确实令人耳目一新，尽管这并不全是韩非子的发明。但是，从韩非子讲述的故事中也能看到，就是因为君主的权力无边，可以为所欲为，严刑峻法的理念才很难贯彻上下、坚持始终。这并不是说君主故意败政亡国，而是权力本身的性质所致。一旦权力没有监督、失去控制，任何掌握权力的人都会走向为所欲为。这是一条铁律，但可惜的是，那时的韩非子还认识不到这条规律的客观性，还一直想通过说服君主来落实严刑峻法。在君主集权和人治的前提下，中国古代社会更多时期是在两个极端之间游走，不是走向秦始皇式的暴政，就是走向卫灵公式的乱政。

有功必赏，建立信用

在强调有罪必罚的同时，韩非子也主张，对于取得成功的、有成绩的大臣，一定要有厚赏，并且要与事前规定的相一致。这其中有两个关节点。一是奖赏的规定在做事之先，二是奖赏的兑现在成事之后。君主坚持了这两个关节点，才能建立起必要的政治信用，而有信用对于君主治国理政来说是至关重要的。

有罪必罚与有功必赏是一个问题的两个方面。在奖赏问题上，君主也要有信用，不能说了不算。切实兑现奖赏承诺，有助于大臣尽其所能，轻死而听命，完成本职工作。当然，成功和成绩都是由“参验”作保证的。

如果奖赏和名誉太轻薄，还不能保证真正获得，大臣就不会努力工作。如果奖赏和名誉很厚重，还能如实兑现，大臣就会拼命工作。赏和罚是执政利器，君主一定要紧握在手，不能让臣下知道其中奥妙。君主掌握好这个利器，臣下就会像野兽跑旷野、麋鹿奔青草一样地听从指挥了。[22]

如果出现如下丑恶现象，国家政治就会走下坡路。手握重权者可以买官卖官、随意封官许愿；走后门的得到任用，立军功的却都被撇在一旁；无功之人享受尊贵，劳苦功高者地位卑贱。任由类似腐败现象蔓延，大臣就会产生怨气，工作热情就不会很高，政治生态会出现严重问题。

春秋末期，越国与吴国决战前夕，越王勾践问大夫种：“我想讨伐吴国，现在可以吗？”种说：“可以。但一定要厚赏而讲信用，严罚而不苟且。大王如果想知道人们是否能做到，为何不试着焚烧一下王宫呢？”于是，越王派人在王宫里放了一把火，并下令：“参加救火的人，如果死了，就当阵亡者一样奖赏；如果没死，就当得胜者一样奖赏。不去救火的，就当临阵逃脱者一样惩罚。”此令一下，果然有效，人们奋勇救火，大火很快就被扑灭了。

后世比较熟悉的吴起和商鞅的故事说，他们为了取得民众信任，都有过相似做法。他们在广场上立起一根木头，下令有谁能把它扛到一个并不太远的地方，就能得到重赏。开始时人们并不相信，因为这并不是件太难的事，成年男子都能办得到。可是，人群中毕竟会有大胆一试的，结果真的得到了奖赏。这种事情想要告诉人们的是，如此简单容易的事都能得到奖赏，那么，比这更难的事，比如奋勇战斗之类的，就一定能得到更高奖赏。

战国初期，李悝担任魏国的上地之守，与秦国为邻，时常发生军事冲突。为了增强军民战斗力，李悝很想提高士兵的射箭能力。他下令："如果在诉讼时发生案件复杂、难以判定的时候，就用射箭做决断。射中靶子的胜诉，射不中的败诉。"人们得知后，纷纷加紧练习射箭，以期在诉讼中获胜。就这样，在后来与秦国人的战斗中，经常把敌人打得大败。其中的奥妙，就是李悝的士兵箭法特别高超。[23]

如前所述，有功必赏的作用，在韩非子思想中远不如有罪必罚的作用被强调得多。这也许可以理解为，韩非子早期思想中，受儒家思想影响，曾经试图把奖赏和惩罚放在同等高度。但是，随着他对现实的观察不断深入，对学理的思考不断加深，认识到尤其对于普通人来说，奖赏的作用远远不及惩罚甚至重罚的作用，这才迫使他少言赏而多说罚。

孔子说："民无信而不立。"[24]一个国家，如果不能取信于民，即使能建立起来，也不会长久。当然，韩非子的出发点与孔子有所不同。韩非子主要是保证君主权力能够有效贯彻下去，特别是在君臣关系上，以一定的利益促使大臣不得不为了取利而拼命工作。可在孔子儒家看来，这种利益是短期的，因为人的利欲之心是无尽的。所以，孔子儒家对道德教化寄予了厚望。

事实上，就韩非子上述故事来看，君主和当权者所取得的信用，主要是靠"术"来达成的，是用一定利益手段取得了甚至是骗取了人们的信任。人们是为了获利才相信了在上者的承诺，而法家人物也认为利益是人们行动的唯一驱动力。但是，孔子儒家认为，长期来看，这种利益和手段是靠不住的。利益总有接济不上的时候，手段也会有穿帮的危险。只有通过道德教化，改变人心，让人们为了共同事业去奋斗，才是成功的可靠保障。

韩非子法家和孔子儒家在这个问题上的看法都失之于片面，根本不足之处，都在于相信人治，都希望通过君主的作为，甚至君主的回心转意来达成各自主张的目标。法家的“术”总有用之不当、用之不足之时，儒家的教化之道如果没有利益相配合，也不能让人长期信服。只有儒法并举，才能取得比较理想的效果。信用的建立需要方式方法，道德的教化需要利益加持。要去掉人治，坚持法治，用事先建立的规则保证利益的分配和规则的执行，最终建立起可靠的信用体系。

具体考察，分别献策

韩非子主张君主以“术”驭臣，用术数驾驭大臣，目的并不是与大臣为敌，而是要尽可能发挥和使用大臣的才能。有鉴于人性之恶和大臣之奸，韩非子不赞成传统儒家以德服臣的理念，而是主张以特殊手段严厉控制大臣。在所谓“七术”之中，韩非子提出“一听则愚智不分，责下则人臣不参”[25]的观点。所谓“一听”，就是不加区分地了解和听取大臣的集体意见、集体决定。这个方针听上去不错，但韩非子却认为流弊太大，容易导致分不出大臣中的愚者和智者，当然也就会赏罚不中了。所以，韩非子有针对地提出了“责下”的办法，要求臣下必须独自发表个人主张。这样一来，既能看出每个大臣的才能，又便于“参验”和追责，当然也能使得奖罚到位。

那个著名的“滥竽充数”故事，说的是齐国都城临淄有位南郭先生，听说齐宣王喜欢听三百人的乐队集体吹竽，待遇也不错，就兴冲冲地报了名，加入了齐宣王的乐队。可是，继位的齐缗王与齐宣王相反，喜好听独奏。南郭先生发现自己的那两下子要露馅儿，就乘人不注意时抱着竽溜掉了。这显然是说，如果只注重大臣的集体意见，极有可能出现“滥竽充数”式的官员，他们不光是混饭吃，还会败坏官场风气，导致腐败。

齐、魏、韩三国联兵攻打到函谷关时，秦王惊恐不安地对大臣楼缓说：“三国军队已经深入我国，我想割让河东跟三国讲和，你以为如何？”

楼缓说："割让河东，代价太大。能使国家免于大祸，可又是大功一件。我的地位和才能都不足以替大王做这样的重大决定，大王得与父兄们商量才是。为什么不招来公子汜问一问呢？"公子汜是秦王父兄中最有威望和才能的长老，于是，秦王就叫来公子汜，问他有什么意见。公子汜说："讲和会后悔，不讲和也会后悔。如果大王割让河东去讲和，三国兵退之后，大王一定会说：'三国之兵本来就是要退去的，我何必把那么多地盘送给他们呢？'如果不讲和，三国联兵攻入我国，国家必遭大殃，大王会非常后悔地说：'这就是因为没有割让地盘啊！'"秦王听了公子汜的分析之后，果断决定："反正都是后悔，我宁肯失掉一些地盘而后悔，也不要危及国家而后悔。"

秦昭王任用魏国人范睢治理朝政，国势大增。这一天，范睢对秦昭王说："我们虽然占领了不少六国地盘，但一直以来难以称王于天下，我看主要是未能迫使赵国臣服。各国看赵国不服，明里暗里才敢跟我们为敌。现在来看，我认为我们投入到守护上党的兵力太多，使我们很难集中力量对付赵国。大军应该离开上党，直扑赵国都城邯郸，让赵国臣服，大王就能让其他各国来朝拜了。但我也在想，守护上党那么简单，进攻邯郸那么费事，就怕大王接受不了。"其实，秦昭王也是想着如何破解僵局，既然范睢有这么明确的主张，说得也很在理，秦昭王马上决定："重兵必须离开上党！"

乐队里有充数的，大臣里也有充数的。君主遇事之时，一定要让每个大臣都发表意见，不能人云亦云，不敢担责。在韩非子专制政治思想下，尽管一切都由君主说了算，但这主要是指最后决策，不是决策全过程。韩非子设想的理想状态是，遇事之时，君主先不表态，以防大臣投其所好。君主一言不发，迫使大臣不得不发表意见，君主就能得到各方面的看法，从而选择最合理的意见付诸实施。

韩非子最反对的是那些见识浅薄的君主，遇事根本不征求大臣意见，或者是大臣还没说什么，就自以为是地先说一通，让大臣们看透了他的心思，从而各自采取有利于他们个人的对策。这就等于是君主计划不周，向大臣泄露了机密，失去了君主威严。韩非子反对“一听”，主张“责下”，是要一方面博听众议，选择最好方案，同时让大臣摸不透君主意思，钻不成空子，以便保持君权的神秘性和权威性。“一听”之“一”，在这里是全面、全部的意思。

既然是“责下”，就带有君主主动责求、主动要求的意思，反过来说，作为大臣，向君主进策则是应尽职责。上述故事中，秦王之于公子汜、秦昭王之于范雎，都属于“责下”。在这个“责下”过程中，君主并没有事先表明态度。不管是不知如何是好也罢，还是明知故问也罢，君主都是要求大臣尽其所能发表意见，最后由君主拍板，做出决策。还有一个重要地方是，秦王向大臣逐个征求意见，问到楼缓时，楼缓声明这类决策不适合自己发表意见，秦王也能理解。这就说明，韩非子所谓的驭臣之术也是建立在君主政治理性的基础之上的，并不是有些人片面理解的充满尔虞我诈和血雨腥风。

声东击西，诡谲莫测

韩非子的政治思想之所以被称为“帝王术”，是说他的政治思想既有理论，也有实践，而且是非常具体的一招一式的方法，用以指导君主如何行事，主要是如何对付和控制大臣。韩非子说，君主在使用大臣的时候，要讲究声东击西，让大臣只知道按部就班地去办事，而不知道君主的真实意图。这显然讲的是君主任用大臣的手段，目的是让大臣只能做事，不能专权。比如说，对某个大臣，君主常接见他，与他议事，但就是长久不给他以具体任命，这样，他就会战战兢兢，不敢使奸了。对于大臣，要用多种方法，甚至不惜使用计谋和间谍手段对他们进行考察和了解，不要只听他们自己所说，这样一来，大臣就不敢在公事中夹杂私利了。[26]

宋国的太宰戴欢，夜里告诉手下人："我听说有好几个晚上，有人乘车到李史的门前，你们要好好地替我侦察一下。"手下人侦察之后报告说："没看见什么车子，只看见有人拿着一些器物跟李史说话。说了一会儿，李史就把器物收下了。"其实，太宰根本不知道李史在做什么，只是故意编造了有人乘车到李史门前的说法，真实意图是让手下人侦察李史到底在做什么，结果真的有所收获。同时，戴欢也能知道派出侦察的这个手下人是否说了真话。如果这个手下人回来报告说就是看见了车子，就有迎合主人的嫌疑，未见得是真话。如果看到了其他事情，一如这故事里所述，他说的话应该就是真话。这就是所谓"诡使"，嘴上说让手下人做这件事，其实目的在另一件事情上。在这个故事里，甚至达到了一举多得的效果。

商太宰让手下人到街市上去察看，回来后问道："看到什么没有？"手下人回答："没看见什么。"但太宰还是追问："怎么说也不能是一无所见吧！"回答说："街市南门之外拥挤着许多牛车，连行路都成了问题。"太宰听罢，告诉手下人："不要对任何人说起我问你的这件事。"接着，太宰就把市场管理员叫来，责备道："街市的南门外为什么有那么多牛屎！"大概在那个时代也有公共卫生的观念和要求。管理员万分惊讶，太宰怎么知道得这么快呢？就战战兢兢地回到岗位上，小心翼翼地清扫牛屎去了。[27]

这两则故事的主人公虽然不是君主，但却是为君主准备的事例。韩非子提供的这一招，叫作"挟知而问"。要求君主在某件事情上先有所知，然后询问大臣，就会了解到大臣到底知道什么、不知道什么，以避免大臣欺诈。这是使用明知故问、声东击西的手段，探测大臣的言语可信程度和工作进展程度。

韩昭侯派使者四处探查，回来报告说没发现异常。韩昭侯一再追问，使者说："南门之外，黄牛犊在道旁吃青苗。"韩昭侯告诉使者，不要把此次问话内容泄露出去。接着，韩昭侯向全国下令："在大田出苗的时候，禁止牛马进入大田之中，这命令早就发布过。可现在呢，官吏却不当回事，致使许多牛马踏入大田。我现在要求，各级官吏赶快把具体情况报告上来，否则重罪处罚。”等各地报告上来后，韩昭侯没有看到南门外的情况，就宣布说：“还不够详尽。”于是亲自检查，发现了南门外正在吃苗的黄牛犊。面对事实，官吏们胆战心惊，认为韩昭侯明察秋毫，就再也不敢有丝毫疏忽大意了。

周主把曲杖藏起来，佯称丢失了，命令下吏去寻找，可找了好几天都找不到。周主又私下里告诉左右去找，按他的暗示，不到一天就找到了。于是，周主就训斥下吏：“我就知道你们做事马虎。找个曲杖有什么难啊，可你们找了多少天都找不着。我又让左右人去找，马上就找到了。你们这能叫忠于职守吗?”下吏听罢，吓得够呛，下决心做好工作，因为主人太神明了。㉘

这两则故事是说，君主先查明情况，然后佯装不知，让负责的官吏报告情况。官吏上报后，与君主了解的情况一致，那就算了。但在更多情势下，因为君主是有意为之，一定要掌握非常细微甚至难以看到的情况。这样一来，因为情况太多太复杂，就算大臣尽了力，也难免有遗漏。或者是大臣不太上心，不想出力，以为君主不可能了解到那么具体的下情，就草草上报。没想到君主早有准备，稳稳地抓个正着，让大臣陷入惊恐，从而不敢在工作中再有怠慢。很显然，在这个过程中，重点在于君主控制臣下的手段，不是臣下的工作实绩。通过此类手段，君主在臣下面前可以保持无所不知的神秘状态，树立更高权威，让大臣始终处在惶恐不安之中。

韩非子关于理想君臣关系的理论有两大支柱，一是君臣互相为敌，君主万不能信任大臣；二是君主始终凌驾于大臣之上，让大臣感到惊恐不安，不知道君主有多大力量，从而尽心竭力工作。以此为指导思想，君主以诡谲莫测的手段控制大臣，也就在情理之中了。不过，要使这样的手段产生理想效果，对君主的精明程度有相当高的要求。同时，这种控制方式还要传导下去，在所有上下级关系中得到贯彻，才能形成治理社会的合力。那么，人们完全可以推想，其一，这样的理想境界能不能达到、能不能保持，显然是一个问题。其二，就算达到了并能保持下去，这将是一个由阴谋家组成的社会，极有可能是一个危险的社会。

抛砖引玉，以假探真

在“声东击西”基础上，韩非子又施出了抛砖引玉的招术，即通过“倒言反事”达到“以尝所疑，则奸情得”的目的。[29]就是用故意说反话，或者故意做反事的手段，证实君主心中狐疑，探知臣下奸邪之情。采取这一措施，一般都是因为心里有疑惑，要设法证实。

山阳君担任魏国宰相，有一阵子听说魏王对自己有怀疑，就想出了一个“倒言反事”的办法。阳山君对魏王幸臣樛竖说，你现在有麻烦了，大王正在怀疑你。樛竖一听很着急，如果山阳君再跟别人说魏王怀疑他，话传开了肯定对他不利。樛竖无奈，只好说出了魏王真正怀疑的人是谁。山阳君知道樛竖掌握内情，但如果直接问，樛竖肯定不敢说出来。只有把樛竖置于不利境地，樛竖为了自保，才会道出实情。

齐国有个大臣一直在策划叛乱，他担心齐王知道他的阴谋，就假装把他的一个爱将驱逐到外地，并让齐王知道了这件事，表明他并没有蓄积力量造反的意思。这与山阳君一样，都是把假象显示在外，以保护背后的真相。

子之做燕国宰相时，有一次跟手下人闲聊。子之忽然说道：“我看见有什么东西从门口走过，大概是匹白马吧？”人们都说没有看见，独有一人马上起身去追，还回来报告说“有”。通过这件有意编造的事情，子之知道了手下人谁是对他忠实的，谁是不忠实的。一般认为，说“有”那位是不诚实的，但是，像子之这种政治人物，他要的并不是诚实，而是对他的忠实，也就是听他的话。他能认可的肯定是那个说“有”的人。正好比后来赵高的“指鹿为马”一样，与他意见一致的人才是忠实的，也才是对他有用的。看起来，“指鹿为马”之类的政治术并不是赵高发明，有可能是受到《韩非子》所讲此类故事的启发和影响。在这个故事里，子之看见白马是假，考验手下人的忠实是真。以假探真是子之的真正目的。

卫嗣公让手下人扮成客商，去通过卫国一个关市，就是当时征收商业运输税的关口。关市上的官员百般刁难，最后在收了金钱贿赂后才让通过。卫嗣公得到报告后，把这个官员叫来，告诉他："有个客商从你的关市通过，给你金钱后才被放行。"官员闻听，吓得不得了，直以为卫嗣公明察秋毫。其实，以钱贿赂应该是卫嗣公事先有安排，目的也不是探知官吏是否清廉，想必他也知道这样的官吏不可能清廉。卫嗣公的真正目的是让官吏知道他有手段探知实情，以便让官吏畏惧他、服从他。

韩非子所说诸如此类手段，某种程度上颇有舍本逐末的味道，让人怀疑这是不是真实的韩非子思想，至少也应该怀疑是不是韩非子思想的精华。比如韩非子说，郑国主政者子产在审理案件时，会把对簿公堂的双方分开来审，再用一方的讼辞颠倒过来去问另一方，进行试探。[30]这明显与韩非子法的精神相违背。韩非子所谓"术"的运用，不应该与他的法的精神相抵触。法家推崇的"术"，应该是对执法的促进，法和术必须并行不悖，才有利于社会治理。

法是大臣的行动准则，术是具体手段，在心理上给大臣以压力。术是对法的辅助，不能形成对法的瓦解。但是，韩非子讲述的这些所谓"术"并不容易掌握，事实上君主也不会有足够时间和精力通过这种"术"督察大臣的所有行为。更危险的是，一旦君主使用不当，会让大臣无所适从，或者被大臣识破机关，反过来利用这种"术"挟制君主。总之，韩非子之"术"很可能变成双刃剑，掌握适当会有利于君主，否则也会有害于君主。

坚守权威，莫付亲信

在古代专制政治体制下，君臣关系是指君主与他之外所有臣下的关系。君主左右亲信，那些服务于君主日常生活的人，就算有别于朝堂上有官职的大臣，也应该是君主的臣下。根据韩非子“帝王术”，这些特殊臣下也是君主必须认真对待的人。也许是考虑到不同职守，韩非子对于君主身边亲信和朝廷大臣是有严格区分的。韩非子认为“君臣一日百战”，君主与大臣是天然敌手，但对君主造成更大危害的，很多时候是君主左右亲信。他们与君主朝夕相处，更了解君主，更方便投君主所好，进而左右君主。总之，君臣关系既有君主与朝臣的关系，也有君主与左右亲信的关系。韩非子有“三守”说，针对所有臣下。韩非子说，有三种东西，君主一定要守持好。这三样东西保存好了，国安身荣；保存不好，就会国危身殆。

第一守，大臣在君主面前议论当权的或执政的大臣的得与失，君主不是深藏在心，而是泄漏给了左右亲信。这些亲信一般都与权臣有勾结，这就使得大臣一旦想对君主说什么，首先得迎合亲信们的心思。日久天长，敢于直言的大臣就会一天比一天少，忠心耿耿的大臣也会越来越与君主疏远了。

君主的左右亲信是指服侍君主饮食起居，或者通过各种逗趣表演让君主取乐的所谓倡优幸臣。因为他们的特殊地位，奸臣们一般都会收买他们，让他们潜移默化地向君主灌输有利于这些大臣的话。有鉴于此，韩非子劝告君主，对于左右亲信，应该是只让他们出力，不能让他们说分外的话、办分外的事，尤其是不能干涉朝政，以免在君主与大臣之间形成第三股势力。

第二守，君主喜欢一个人，却不能独自做决定，而是非得左右亲信给说了好话，才能决定。君主不喜欢某个人，也是非得有左右亲信给说了坏话才能做决定。韩非子认为，这是一种非常危险的情形，说明君主的权威不在自己手中，而是到了左右亲信手中了。

第三守，君主嫌亲自处理政事太烦难，凡事都让群臣集体拿主意做决定，这就等于把权柄给了别人，把生杀予夺大权交给大臣，必然造成大臣侵权。[31]

在魏国，著名政治家西门豹做邺地县令，廉洁奉公，不谋私利，但也从不巴结魏文侯的左右亲信，这些人就不断地在魏文侯跟前说西门豹的坏话。一年之后，在年度政绩考察中，魏文侯就收回了西门豹的官印。西门豹面见魏文侯说："我当初不知道如何治理邺地，现在终于明白了。我请求再当一年县令，如果再不合君王的心意，情愿接受死罪。"魏文侯不忍心，就把官印还给了他。这一年，西门豹横征暴敛，一个劲地巴结魏文侯左右亲信，结果在年度考察中受到魏文侯的称赞。但是，这一次，西门豹对魏文侯说："去年我是为君王治理邺地，却被罢了官；今年我为君王的左右亲信治理邺地，却受到表彰。我不能再干了。"[32]这就是告诉魏文侯，实际掌握魏国的人不是魏文侯本人，而是他的左右亲信。韩非子形象地说，完全依靠左右亲信治国，就如同用肉食扫除蚂蚁，用鱼肉驱除苍蝇，只能是越除越多。

君臣之间是不可能有共同利益的，大臣和亲信随时都想着利用其特殊地位谋私利，其中最常用也最有效的方法之一就是架空君主。韩非子说，君主造好了门，臣下却要设法不让任何人进入，也就是说，君主给人民制造的得利机会，却受到臣下阻挠。君主认为有利的，臣下却去禁止，君主要禁止的，臣下却要提倡；君主认为有罪的，却受到臣下赞誉，而君主要奖赏的，却受到臣下毁谤。那么，君主再有才能，也无济于事。[33]所以，君主首先要对付的就是这两种人。不能闯过这两道关，天下必然大乱。君主在使用他们的同时，更要紧的是掌控他们。除了法和势之外，重要的是运用各种"术"，让大臣和左右亲信只能照着君主的要求去，而得不到牟取私利的机会。

韩非子进而总结道，"三守"不完备，君主就要面临被劫杀的危险。[34]韩非子把由此而造成的劫杀分为三种情形，即明劫、事劫和刑劫。

大臣专权，群臣都得听他调遣，朝廷内外事情非有他不行。即使是贤良人士，逆他者遭祸，顺他者得福，使得群臣没有人敢为国家利害操心。

君主虽然有本事，但不能独自行事，专权的大臣又不忠于君主，这样，国家就等于是在走向亡国了。这叫作“国无臣”。这种国无臣的局面并不是说没有朝臣，而是说群臣都是行私而废公，是一伙白吃饭的人。这就是所谓“明劫”，公开劫杀。

权臣利用不光明的手段取得了君主宠信，开始专权，很少主动去说什么祸福得失的形势，以便迎合君主的好恶。君主听信了他们，降低了自己的身份，把整个国家都交由他们来支配。一旦事情弄糟了，权臣就要让君主分担责任，如果有了功劳，权臣就完全据为己有。那些参与做事的人，都异口同声说他的好话，即使有人说他的坏话，君主也不会相信。这就是“事劫”，以政事劫杀。

所谓“刑劫”，就是权臣把国家的司法权完全操纵，以刑罚进行劫杀。

显然，“三守”与“三劫”是相对应的。“三守”不完备，“三劫”就会出现。韩非子断言，如果三守完备，三劫被制止，君主就可以称王于天下了。㉟

从韩非子的政治理论出发，他的“三守”、“三劫”说是可以自圆其说的。但是，甚至是稍加理性考察，就能发现他的类似理论架构明显是理想化的。在现实政治中，且不说韩非子身后几千年间古代君主专制王朝的实际运作，就看韩非子时代，以及对他的学说赞赏有加的秦始皇时代，“三劫”依然存在，“三守”遥不可及。由此也可看出，如果不能解决君主专权的根本弊端，再高明的帝王之“术”也都只能是沙盘推演，说说而已。

严防后宫，谨待父兄

后宫参政，甚至左右政局的情形，是古代专制社会特有的政治现象。泛泛而言，后宫女性参政并非不可以成立，中国古代也确实出现过一些高明的皇宫女政治家。但是，在古代特殊社会环境下，女性掌权实在太难，她们一旦手握重权，总是要以高压甚至残暴手段维护权力。同时不乏一班阴谋家，会利用这种“反常”机会阴谋夺权。这样一来，后宫参政和掌握政权的结果，更容易导致国家政治混乱。作为高超的政治理论家，韩非子不可能不会注意到这样的事实，因此，韩非子对后宫参与政治的批评，也就在情理之中了。在许多场合，韩非子不断提出如何防备宫内后妃和嫡子被奸臣利用来劫杀君主的问题。

《左传》生动记载了春秋时代后宫之中的种种生活丑恶和政治恶俗。在韩非子时代，所有这一切的龌龊应该更多更甚。韩非子特别强调，后妻淫乱，与人私通，会造成内外混通，男女无别，家里出现两个平行主人。国家有了两个权力相等的主人，奸臣就有了可乘之机。参与政权运作的后宫，急于得到外面大臣的支持，给奸臣提供了行奸的可能。如果两个主人发生争斗，就更有利于阴谋家的篡权活动了。

君主妻妾成群，从一开始就给自己埋下了危险种子。如果后妻地位低贱，婢妾却很尊贵，就会造成太子卑贱，庶子尊贵。为了继承君权，她们会把国家搅得天翻地覆。至于奸臣利用太子的立与废而进行的阴谋活动，更是屡见不鲜。如果君主不顾国家利害，专听当国之主母的命令，卿相就不会受到重视，而送往迎来的主事人员却很受器重，造成宦官当权，内外不和。

因为后宫有可能形成如此重大的特权和便利，有野心的大臣就会用财货收买君主宠信的各种女子，让她们在君主酒足饭饱的时候提出大臣们想要的各种要求。君主应该有的原则是，只与这种女子进行个人欢娱，不允许她们有私下请求。不过，要让一个始终喜欢亲近女色的君主做到这一点，并不是那么容易的。

大臣还会设法投君主之所好，比如君三喜欢亭台楼阁、美女狗马，大臣就用尽民力来满足，而大臣也会在这个过程中捞取私利。韩非子一针见血地指出，发生这样的事情，与其说是大巨做成的，还不如说是君主促成的。所以，对于大臣提供的玩乐，君主必须让大臣说清楚来源，以免他们损公肥私。[36]

对于古代专制政治下种种可能的弊端，韩非子有着非常敏锐的知觉。可惜的是，身处他的时代，从他看问题的角度出发，还不可能提出中肯的解决办法。这是历史的遗憾，任何人都无法去除。

从残酷的宫廷斗争中，韩非子总结道，君主最大的祸患之一在于相信人。一旦相信了什么人，就会受制于他们。根据韩非子的基本主张，人臣与君主并没有骨肉之亲，迫于权势，人臣不得不事奉君主。做人臣的时时刻刻都在窥探君主的心思，君主一旦松懈，杀身之祸就随之而来了。

不论君主相信儿子还是妻子，奸臣都会设法通过他们达成其私利。韩非子用两个有名的历史故事证明他的观点。一个故事是，战国中期，赵武灵王废掉太子，还提前退位，让爱姬所生小儿子赵惠文王继位。过后不久，赵武灵王又可怜废太子，想分一部分地盘给他。这让赵惠文王感受到了威胁，就指使大臣李兑害死了赵武灵王，使赵国元气大伤。另一个故事是，春秋中期，晋献公喜欢骊姬，很想废掉太子申生，让骊姬之子奚齐继承君位。骊姬借势而动，逼死申生，奚齐得以继位，导致晋国内政混乱几十年。韩非子感叹，以妻子之近、儿子之亲都还无法信任，其余的人就更可想而知了。[37]

君主的后妃夫人们和儿子们，其中肯定有一些是希望君主早早死去的。为什么这么说呢？所谓妻子，并没有骨肉之恩，爱她的时候就亲近，不爱的时候就疏远。俗语说得好，“其母好者其子抱”，母亲姣好的时候就会得宠，她的孩子就会被君主宠爱手抱。相反，“其母恶者其子释”，母亲人老珠黄，孩子也就会被弃置一旁。

韩非子从人之常情出发，认为丈夫到五十岁时好色之心还在，妇人年过三十美色就衰败了。以美色衰败的妇人，服侍好色的丈夫，势必会被君主疏远，她的孩子也有可能做不了王位继承人。在这种情形下，后妃夫人怎能不希望君主早死呢？君主早死之后，儿子作君主，母亲就成了母后，令无不行，禁无不止，男女之乐也不会少于丈夫在世之时，所以，最好是趁君主对她还没有疑心的时候动手，不择手段地杀死他。韩非子引述古人的话说，“人主之疾死者不能处半”[38]，君主能寿终正寝的连一半都没有。君主不明白这一点，就会生出各种乱子。总之，能从君主的早死中得到好处的人越多，君主就越危险。

在这种情形下，置君主于死地，倒不一定是恨君主这个人，而是有利益存在其中。韩非子提醒君主，对内一定要有所防备，注意大祸可能就在所爱之人身上。在精明的君主那里，不做不能参验的事情，不吃怪异的食物，以防受骗和被毒害。

当时有句谚语叫“疠怜王”[39]，得了疠病，即恶疮的人，也可怜那些被劫被杀的君主，认为他们所受的痛苦远甚于疠病。韩非子说，这种说法虽有些不恭敬，但古来的谚语不会是无的放矢，做君主的不可以不认真思考。

即使是年长而有才能的君主，如果没有法术驾驭大臣，大臣就会得势擅权，牟取私利。不过，这些大臣最惧怕的是君主的有本事的兄弟，他们会借助君主的力量对大臣形成威胁，甚至施以刑罚，所以，大臣都要弑杀掉君主贤能的长兄，把幼弱的君主扶上台，把正统的继承人废掉，而拥立不义之主。

在春秋时代，楚国的王子围出使郑国，还没有出国境的时候，听说楚王得了病，就返了回来。王子围入宫去探问病情，顺势用帽子上的带子把楚王勒死，得以继位。

齐国大臣崔杼的妻子很漂亮，齐庄公就与她私通，经常出入崔氏家中。有一次，当齐庄公又来到时，崔杼的门人贾举率领众门人攻击齐庄公。齐庄公逃到崔杼房中，请求与崔杼瓜分国家，一人一半，崔杼不答应。齐庄公又请求让他在国庙中自杀，崔杼还是不听。齐庄公只好返身逃走，爬上了北墙。贾举用箭射中了齐庄公大腿。齐庄公从墙上掉了下来，众门人一拥而上，把齐庄公剁成肉泥，而把齐景公拥上王位。

在赵武灵王被杀的事件中，大臣李兑率兵围困赵武灵王一百多天，最终把赵武灵王活活饿死在宫中。卓齿当政齐国的时候，抽出齐缗王的筋，悬挂在庙堂的房梁上，让齐缗王受了一夜的折磨才死去。李兑和卓齿都是为了篡权，不择手段地杀死了君主。

疠病起疮化脓，肿胀溃烂，让人痛苦万分。但与春秋时的绞脖子、射大腿相比，与饥饿而死和抽筋而亡，还是差着一大截子。被大臣劫杀而死的君主，内心深处的忧虑和恐惧，身体遭受的痛苦，一定更甚于疠病患者。得了疠病的人同情君主，也就在情理之中了。

除了后宫问题之外，君主面临的另外一个大问题，是所谓父兄问题。父兄就是君主男姓的长辈和平辈近亲，这些人既能发挥积极作用，也能起到消极作用，关键在于君主如何把控。韩非子反对君主不谨慎地无礼对待父兄，致使他们利用其特殊地位勾结大臣谋反。在专制时代，这是很司空见惯的政治阴谋。

与后宫问题一样，父兄问题也是专制制度下特有的老大难问题。从人之常情出发，君主不可能像对待普通人一样对待父兄，给予他们一定的特殊待遇也合乎常情。因为与君主的特殊关系，父兄很可能获得超过其功绩的俸禄，穿着超越等级要求的服装。他们生活太奢侈，君主却不方便禁止，导致大臣们也产生了无穷无尽的贪心。在都城，他们有些人会与普通人住在一个街区，有时会傲视和暴凌邻居，激起普通人对王室的不满。久而久之，这种情况也会对君主权力造成危害。如果君主无能，父兄之中却有大贤大德之人，就会助长他们产生反叛夺权之心，也会有人支持他们。

后宫和父兄的存在虽然不可避免，但其消极作用更多一些，而现实情况也确实如此。这就要求君主一定要非常谨慎地对待后宫和父兄问题，尽量利用其中的积极面，防止消极面。对于后宫之人和父兄，君主也要像对待其他大臣一样，听了他们的话，还要参验他们的行为，如果言行不符，同样要予以惩罚。在那样的家天下时代，要想严格对待近亲之臣，就要求君主不仅具备巨大勇气，还得拥有足够的政治智慧。

任何人都有亲近之人，都想照顾他们，也希望得到他们的帮助和支持，君主权高位重、责任比天，应该更需要这些。但是，由于古代专制君主权力无边，要想处理好这方面的问题，其实是难之又难的。从某种角度看，甚至是不可能处理妥当的。古代专制制度下的政治动荡，甚至王朝衰败和灭亡，很大程度上就与无法处理好后宫和父兄问题有关。这是那种制度下特有的现象和困局，要想彻底克服，只能在改造制度上做文章，在限制君权上想办法。

用人之术

在中国古代专制政治体制下，用人之道至关重要。最高统治者越是专权，越是专制，就越需要更多的顺从之臣。韩非子既然讲的是帝王术，就一定得在这个问题上大做文章。

韩非子说，用人有三大原则，即循天、顺人、明赏罚，以此达到黑白分明。治国的大臣，一要专职专能，二要完成本职工作。贤明君主在使用臣下的时候也要遵循几项原则，一是大臣的工作不要互相交叉，以免相互抵触；二是不要兼职，一个大臣不能兼任几个互不相关的职位，以使他们充分发挥特长；三是不要让几个大臣同时做同一件事，以免争功，造成内斗。用现在的话说，叫作不浪费政治资源、不内耗、不内卷，以达到最高政治和行政效益。[40]

君主在任用大臣问题上容易产生两种偏向：一是，国内人才不用，却任用境外的；二是，用人标准不是实实在在的成绩，而是外在名声。

战国时代，各国人才交流非常频繁，这种现象有利有弊。有利的一面是，各国都在拼命招揽人才，迫使君主对人才非常重视，一不小心，本国人才就可能为他国服务，这无疑是非常危险的。不利的一面是，人才快速甚至是无规则地流动，会使他们只重自身名利，缺乏必要的责任心，至于所谓爱国之心，就更难得了。

任用国外人才，容易被他们外在的名声所左右。其实，在一个国家有成就的政治家，并不一定在另外一个国家也能取得成就，毕竟每个国家的具体情形有所不同。至于那些擅长哗众取宠的人物，更会成为国家政治的潜在危害。

君主还需要注意的是，面对大臣的时候，不要过度使用智巧之心，而把法术扔在一边，以避免用主观臆断取代客观标准。君主确立的奖赏标准，一定要让大臣通过努力能够达到；确立的惩罚标准，也是大臣以适宜行动能够避免的。能做到这些，君臣上下就不会结怨。

君主的用人标准必须是客观、可见和不变的，不能出于私心，不能藏于心中，更不能因为一时喜怒而更改，以达到“上无私威之毒，下无愚拙之诛。上居明而少怒，下尽忠而少罪”[41]。韩非子主张以“术”驭臣，但这样的“术”是以法制为基础的。君主使用“术”的手法可以多变，可以秘而不宣，但对于大臣行事的结果，却要用公开不变的标准去衡量。可以用多种手法即“术”去考察官员业绩，但对于业绩本身却要用客观标准去评价。君主的“无私威”就是摒弃主观标准，大臣的“无愚拙”就是按照客观标准行事。这样一来，君主就能成为明主，大臣也能成为忠臣。君主之“明”和大臣之“忠”是建立在法制、透明和客观的基础上，而不是出于个人好恶和主观判断。这是韩非子以“术”用人与儒家以道德修养取人的根本区别。

在韩非子时代，儒家思想基本定型化。体现在用人标准上，儒家更多强调大臣的才能、德行和主观能动性，在儒家那里，君臣并不是天然仇敌。儒家心目中的君主更相信大臣的道德修养，认为达到一定道德修养的大臣就是靠得住的。君臣一旦有了共同的道德认识，就会相互信任，君主就可能委大臣以重任，放手让大臣去干事创业。

韩非子法家不这样认为。在韩非子看来，道德是空洞的，法制才是实在的。道德是可变的，法制是不变的。韩非子并不认为君臣之间有共同利益，也谈不上有信任可言。韩非子只相信“参验”，不管大臣说得多好听多高尚，有相应的事实才是根本。韩非子是荀子学生，对儒家思想必然有深刻了解。在《韩非子》中，对儒家的一些道德教条，对一些儒家人物，比如孔子，也表现出了相当的好感，也承认这些教条和人物的现实作用和影响力。但是，对于整体儒家道德思想，对整体儒生，《韩非子》是持批判态度和批评立场的。韩非子甚至明确指出，或许某些特殊个人如孔子，能够达到并履践儒家推崇的高尚道德，但这种情形并不具有普遍性，绝大多数人是达不到和做不到的，所以绝不能作为君主驾驭大臣的准则和方法。[42]

从韩非子法制主义和功利主义两大政治原则出发，传统儒家的人才观念在韩非子政治学说中是没有地位的。韩非子既不相信大臣会对君主有发自内心的忠诚，也不相信会有儒家定义的真王的道德人才，有的只是在君主法术之下老老实实的办事员。在君主法制之下，国家政治的一切都有一定之规，大臣只要按照这些规矩行事就可以了，不必自作主张，更不必张扬美德。韩非子强烈反对大臣的所谓主动性和灵活性，认为如果君主相信了大臣的人品，甚至因此而放任大臣发挥其所谓才能和德行，迟早会使大臣野心膨胀，形成逼主之势。

欺君之术

君主掌控群臣的权把子有两个方面，韩非子称为“二柄”，即两个权柄。一是刑，惩罚的手段；二是德，奖赏的手段。“二柄”能够成立的基础，在于人臣的本性，其实也是一般人的本性，即喜欢赏赐而畏惧刑罚。君主一定要把“二柄”时刻掌握在手中，须臾不能交给即使是再信任不过或再喜欢不过的大臣。

奸臣之所以能行其奸，就是利用与君主的关系，使他们不喜欢的人能通过君主的手受到惩罚，使他们喜欢的人通过君主的手得到奖赏。一旦出现这种情况，就说明君主的“二柄”已不在自己手中了。如果“二柄”不在君主手中，听任大臣进行赏罚，那么，一国之人敬畏的就不是君主而是大臣了。老虎之所以能让狗服从，是虎的爪牙比狗的厉害，如果老虎把爪牙交给狗去使用，老虎就会反过来服从狗的指使了。君主的定义或职责，就是用刑、德“二柄”制伏大臣，一旦失去“二柄”，就会受制于大臣。

宋国大臣子罕对宋君说：“赏赐是人民喜欢的，君王要亲自掌握，百姓就会爱戴君王；刑罚是百姓厌恶的，就让我来执掌吧！”宋君就失去了刑柄。齐国大臣田常为群臣向齐君请赐爵禄，还把大量粮食施舍给普通百姓，齐简公的德柄也就逐渐丧失了。最终，齐简公被田常杀死，宋君则受到子罕的劫持。韩非子的结论是，在他的时代，有太多君主把刑、德“二柄”交给了大臣，那么，亡国的日子还会很远吗？[43]

“二柄”既是君主的宝物，也是大臣的宝物。君主与大臣地位相生相克、力量此消彼长。韩非子的帝王之“术”，目的是让君主有效掌握权柄。然而，既然有君主驭臣之“术”，相应地就有臣下欺君之“术”。只有详细了解臣下之“术”，君主之“术”才会有针对性。兵法上说，“知己知彼，百战不殆”，君主不仅要知己，还要知彼，以便对症下药，制服臣下。

“权借在下”：权势不可借人

顾名思义，所谓国君、君主，就是一国之主。在韩非子时代，国家是君主的私有财产，后世有所谓“朕即国家”的说法，就是说国家和君主是同一事物的不同称呼。既是一国之主，必须专主一国之事，而要专主一国之事，就得专擅一国之权。这就意味着，权力就是君主的生命。君主一定要小心谨慎，不能把权势借给在下的大臣，自己却成了空架子。大臣的地位过于尊贵，就会聚集党徒，擅自专权，使君主的决断无法贯彻。如果君主把大权交给了宰相，民众眼中就会只有宰相，而不知君主为何物，甚至君主也只能依靠宰相，即使想罢免他也做不到。权臣们势力太大之时，就会互相瞧不起，以至于不顾百姓，借助外国势力互相攻击，君主对此却无法控制。韩非子提醒君主，权势不可以借给他人。君主的权势一旦失之于大臣手中，就别想再收回来了。如果君主失掉的权势是一，到了大臣手里就能发挥百倍作用。大臣哪怕是得到一点点权势就会不得了，就能借用国内国外力量，使君主蔽塞不通，导致亡国。[41]

靖郭君在齐国做宰相，只是与一位老友多说了一会儿话，老友就富了起来。人们以为他们关系很深，便纷纷来巴结，使这位老友充分借助了靖郭君的势力。

州侯作楚国宰相时，地位高贵，专断权力。楚王逐渐对他产生了怀疑，就问左右之人，左右之人等异口同声地说："没有这回事！"这就说明，州侯的权势已经盖过楚王，人们宁肯忠于州侯，都不敢忠于楚王。

燕国有个习俗，如果有人受了妖惑，即老百姓所说的中了邪，就得用狗屎洗浴。有个人并没有受妖惑，却被洗了狗屎浴。此人的妻子很不本分，跟一个士人私通。有一次，此人外出，一大早赶回家，正好跟那个与妻子私通的士人走了个面对面。此人马上云质问妻子："刚才出去的是什么客人？"妻子一派惊讶地说："哪儿来的客人？"回头问左右人等，左右都说："没有来过客人。"妻子还说："我看你是受了妖惑，中了邪气。"就用狗屎给他洗了澡。

故事的另一个版本说，燕国人李季喜好远游，妻子与一个士人私通。有一次，李季远游时突然回家，那个士人正好在家中。妻子情急之下一筹莫展，一个女仆说："让公子被头散发，赤裸身体，照直从门口跑出去，我们都说什么也没看见就行了。”士人依计而行，狂奔出门，李季就问家里人：“那是什么人？”大家齐声回答：“没有什么人？”李季又说：“难道是我活见鬼了吗？”妻子肯定地说：“是见鬼了。”李季问怎么办，妻子就说，用狗屎洗澡吧！

这种失去权势的危险性，更严重的是表现在政治上。晋厉公在位时，晋国有名的六大家族非常显贵。胥僮、长鱼矫劝谏晋厉公说：“大臣权势过于贵重，就会与君主分庭抗礼，在外面结党营私。下乱国法，上劫君主，国家肯定会出现危机。”晋厉公认为说得有道理，就消灭了其中的三大家族。但胥、长二人接着又进谏说：“与三大家族同罪的人，并没有完全杀尽，这些人心中怀怨，必是后患。”晋厉公说：“我一下子就杀了三位大臣，再不忍心斩尽杀绝了。”长鱼矫说：“主公不忍心，他们会忍心的。”晋厉公还是不听。没过多久，余下的三大家族作乱，杀了晋厉公，瓜分了晋国公室的土地。[45]

为了强调权力不可外借给大臣的重要性，韩非子从普通人的生活事例说起，最后讲到了亡国之主，不可谓不语重心长。这也从一个侧面说明，此类事情，喜剧也好，悲剧也罢，在那样的时代和制度下是避免不了的。君主要维护权势，就得无情消灭觊觎君权的大臣。在古代专制政治体制下，政治斗争中的相互杀戮最为残酷无情。历史上没有一个有所作为的君主是心慈手软之辈。不是你死，就是我活，是对于这种斗争的最恰当描述。

“利异外借”：借用外国势力

在战国时代，诸侯国的外交政策和外交手段对于国家兴亡至关重要。特别是到了战国后期，诸侯兼并、天下统一的形势日渐明朗，各国之间的关系，是联合还是敌对，可以决定一国力量的消长。在这种时代背景下，那些有能力处理外交关系的大臣，在一国之中往往能够获得举足轻重的地位，所以，与这类大臣的角逐，就成为各国君主重要的政治能力。

韩非子“帝王术”在这方面有过许多精辟论述。他猛烈批评君主在外交政策上的失误。有的君主粗心大意，有过不改，尽管国家一片混乱，还自以为是，结果把人才都排挤到了邻国和敌国。有些小国对大国没有表现出应有谦卑，力量羸弱还不讲礼仪，侮辱强邻，结果引火烧身。还有一些小国自恃与远邻的大国交好，而看不起近邻，以为大国可以提供救援而挑衅邻国，结果不仅不能与邻国搞好关系，最终还让大国瞧不起。

君主在外交政策上的失误很容易被奸臣钻空子。韩非子明确主张，君主与大臣的利益不同，甚至是对立的。如果有必要，大臣会毫不犹豫地借助于外国力量实现其私利。由于君臣利益根本对立，想让大臣忠君是不可能的。大臣的利益得到了，就意味着君主的利益消失了。为此，奸臣会招引敌国兵力消灭国内异己，又用外交困境迷惑君主视听，以至于如果能获得私利，让国家遭受祸患也无所谓。[46]

君臣关系犹如夫妻关系。在韩非子看来，夫与妻各为其利结合在一起生活，但他们的利益显然是不同的。在卫国，有夫妻二人向神祷告说：“让我们平白无故地得到百束布匹吧！”后来丈夫又说：“我们为什么要这么少呢？”妻子马上回答说：“要是再多些，你就会去买妾了！”家庭的富有与否，对于妻子和丈夫来说意义是不同的，因为他们的利益是不同的。君主与大臣虽然共存于同一国家和社会，但这并不表示他们利益相同，在韩非子看来，有时候还会完全不同。为了私利，大臣可以出卖君主利益，这是君主必须牢记在心的。

越王勾践为了报仇，起兵攻打吴国，最后把吴王打得走投无路。吴王向越王谢罪，请求俯首称臣，越王心一软，就想放了吴王。谋士范蠡、大夫种都不同意，担心吴王像越王一样，日后东山再起。吴王宰相得知后，给大夫种写信说：“打到兔子之后，猎人就会把猎犬煮着吃掉；敌国被消灭之后，谋臣也会身亡。你为什么不放过吴国，给越国留下后患，自己还能照旧被重用呢？”这就说明，君与臣是相互利用的关系。如果这一关系完结了，就会互相为敌。

楚王想把他的亲戚子弟派到四周邻国去做官，扩充楚国势力。戴歇认为不可行，理由是，把子弟派到邻国，邻国肯定会重视他们。可是，他们受到重视后，就会成为这些国家的同党，会利用这些国家的力量在国内生事。这明明是让他们发展外国势力，最终对本国造成威胁。韩非子这一观点是以君臣天生对立为出发点。明知君臣是仇敌，还要让他们在国外形成势力，当然是不明智的。

公叔在韩国做宰相，跟齐国关系也非常好。韩王的红人是公仲，公叔就怕公仲有一天会取代他做了宰相。于是，公叔就让韩国和齐国联合攻打魏国，并在联军内部让齐军劫持了韩王。受到劫持的韩王不得不依靠公叔与齐国的关系而获救，这样一来，公叔就加强了在韩王面前的地位。如果没有齐国外援，公叔就没有可能谋得私利。同样，魏国大臣翟黄与韩国的关系很好，为了显示其地位，就让韩国发兵攻打魏国，使自己有机会从中调停。这都是为了个人利益，不惜牺牲国家利益的历史教训。

鲁国有三个最有势力的大家族，他们的首领是孟孙、叔孙和季孙。尽管三家之间在争夺谁是政治老大时也有矛盾，但在对付鲁君这一点上却是一致的。鲁昭公在位时，与季孙家族发生公开冲突，导致武力相向。起先，孟孙和叔孙坐山观虎斗，希望季孙的势力能被鲁昭公削弱一些。可是，当鲁昭公占上风时，孟、叔两家就坐不住了。叔孙说："对我们来说，是有季孙有利呢，还是没有季孙有利？"两家商量之后的结论是，如果季孙灭亡了，孟、叔两家也会随之灭亡。于是，这两家就公开支持季孙。三家合力，把鲁昭公赶出鲁国，客死在齐国。

在当时的专制政治之下，很难说君主与大臣的利益是一致的，但也不能否认双方确有一些共同利益。比如说，国家存亡就是双方都会考虑的问题。但是，在韩非子时代，由于国家林立，诸侯争霸，一个国家的完结并不意味某个政治人物政治前途的完结。特别是大臣，这个国家不用，还可到别国谋生。

当时的许多政治人物都是脚踏两只船甚至更多。一国的当权者自然会成为别国争取的对象。当权者也往往利用这种形势，多方得利。宋石是魏国将领，卫君是楚国大将。魏、楚两国开战，二将各自率军对垒。宋石给卫君写信说："两军旗鼓相当，如果开战，必是两败俱伤。战争是两国君主之事，与我们无干，我们二人并无私怨，还是相互避开的好。"更有甚者，魏国宰相白圭对韩国宰相暴谴说："你用韩国的力量帮助我在魏国发展势力，我用魏国的力量帮助你在韩国发展势力，这样一来，我在韩国有发言权，你在魏国也有了发言权。"[47]

陈需是魏王大臣，与楚王交情不错。陈需让楚国进攻魏国，在危急关头，陈需自称能劝说楚王停止进攻。就这样，靠着楚国力量，陈需终于做了魏国宰相。[48]韩非子喜欢多讲这样的故事，目的无非是强调君主和大臣就是以利相交的关系。在韩非子时代，诸侯国之间的暗斗并不比明争少。各国努力在他国培植势力，致使大臣里通外国现象司空见惯。这是特殊时代的特殊现象，很难说在当时历史背景下是不爱国的表现。各国之间忽而是敌人，忽而是朋友。政治家借用外国势力的目的也不是要颠覆本国，而是想增加个人政治资本，并给自己留后路，一旦不得不选择离开此国，也好在他国有个去处。

"托于似类"：借刀杀人之术

韩非子是公子出身，祖上是韩国某位国君。他的家族已不再显赫，但与普通人相比，他还是能够更多体验和了解各种宫廷阴谋、各种政治仇杀。他追随荀子学习历史、探讨学术，对历史上的上层政治斗争有颇多了解，春秋和战国时期又是中国古代历史上最为波谲云诡的时代。这些因素合在一起，促使韩非子把宫廷生存术作为他的"帝王术"思想和实践的重要组成部分，并且有着无与伦比的精彩描述和入木三分的无情分析。韩非子认为，大臣会假托于类似事情，达到欺主成私的目的。这一招，类似于兵法“借刀杀人”，用类似的事情使人主赏罚失当，人臣从中得到私利。[49]

齐国大夫夷射，参加齐王宴会，喝了个烂醉。走出王宫时，夷射靠在宫门上休息。看门人是个受过刖刑，就是因为犯法被砍了脚的人。这个人也好喝几口，就向夷射讨酒喝。夷射乘着醉劲儿，大声叱责：“你这受了刑的家伙，胆敢跟长者要酒喝，快滚到一边去！”看门人受到莫大侮辱，怀恨在心，决定要报复。他洒了些水在宫门边，看上去像是有人小便过的样子。齐王出宫时呵责道：“是谁在这里撒的尿？”看门人回答：“我不知道呀。但是，昨天中午，大夫夷射在这里站立过。”齐王闻听，马上下令杀死了夷射。

魏国的两位大臣与济阳君不和。济阳君就派自己的一伙人，假装是奉了魏王命令来进攻自己。魏王得知有人竟敢矫用王命，非常恼怒，问济阳君：“你知道有谁恨你吗？”济阳君佯装对此问话有些惊讶，对魏王说：“没有什么人会恨我。但细说起来，我只是与两个人有点儿不和，可也不足以让他们有如此举动呀！”魏王问左右之人，左右也说他们只是一般的不和。可越是这样，魏王越是起疑心，最后还是把那两个大臣给杀了。

楚王本来有个爱妾叫郑袖，后来又得了一个美女。郑袖知道楚王很喜欢这个美女，就也表现出非常喜爱的样子，甚至在有些方面还超过了楚王。楚王看到郑袖没有嫉妒之心，非常高兴，还经常为此而夸奖郑袖。郑袖看到楚王认可了她们之间的关系，就教美女说：“大王最喜欢用手捂着鼻子的模样，如果你在大王身边时老捂着鼻子，大王就会更喜欢你了。”美女就照着郑袖教给的去做。楚王对此有些不明白，就问郑袖：“她为什么每次到我身边时总捂着个鼻子？”郑袖退退缩缩地回答说不知道。这使楚王更加迷惑，一再追问，郑袖才勉强说：“听说是嫌大王有口臭。”楚王闻听，勃然大怒，马上下令割掉了美女的鼻子。

楚国的令尹，相当于其他国家的宰相。楚国人费无极，很受令尹器重。可是令尹又新得一名手下，名叫郄宏，也与令尹关系十分亲近。费无极很恼火，就想除掉郄宏。费无极对令尹说："大人既然那么喜欢郄宏，为什么不到他家吃顿饭呢?"令尹一听，这主意不错，就决定到郄家去吃一顿。费无极知道郄宏从未招待过令尹，就给他出主意："令尹为人心高气傲，非常喜欢兵武。你一定要注意，在堂下和门庭多设士兵。"郄宏不知是计，欣然从命。可待到令尹来赴宴时，看到这阵势，惊讶道："这是要干什么?"费无极说："大人太危险了，赶快离开！谁知道会发生什么事情呢?"令尹大怒，马上命令大军开往郄家，把郄氏一家杀了个干净。

战国时代，所谓"公子"，指的是国君的后人。但如同韩非子一样，并不是所有公子都能得势。中山国有个地位卑贱的公子，生活很潦倒。马非常瘦，车也非常破。国君左右有些人，因为私人原因，与此公子关系不太好。这些人先是向国君请求："公子很穷，连马都喂不好，大王何不给他一些草料呢?"国君本来就反感此公子，当然不会答应这种请求。左右也知道这一点，就在国君未答应之后，采取行动，派人烧毁了国君的草料库。国君知道后，自然而然认为是此公子干的，不由分说，把公子训斥一顿。[50]

人们常说"伴君如伴虎"，但在韩非子描写下，伴君比伴虎危险百倍。不仅臣下是极其危险的，君主也是朝不保夕的。不仅君臣间相互为仇作对，大臣之间也都是随时都会操刀相向。不仅一不留神容易成为别人刀下之鬼，就是时刻保持警惕，也难免遭人暗算。所以，韩非子心目中的政治运作，就如同他本人的遭遇一样，亲与仇之间是没有界限的。有的只是以利相存，以利相害。"术"的重要性丝毫不亚于"法"与"势"，有时甚至更重要。所谓"明枪易躲，暗箭难防"是也。

作为学者的韩非子，可以尽情罗列奸臣的种种伎俩，可是，在实际政治运作中，任何人也不可能按图索骥，做到尽善尽美。就连韩非子本人，最后也着了李斯一班人的道，先遭诬陷，后又上当服毒，尽管李斯等人所用的伎俩，也在韩非子的描述之中。照《史记》记载，李斯利用的机会，就是韩非子在当时已经无法面见秦王，秦王只能接受李斯一方的信息，最终做出了不利于韩非子的决定。但更令人唏嘘的是，后来李斯被奸臣赵高害死，也是因为赵高完全控制了秦二世，以借刀杀人之法置李斯于死地。

从以上历史事件来看，在一方看来是顺理成章的事，在另一方就是阴谋集大成。韩非子不断强调，君主不要偏听偏信，可任何君主都不可能对任何事情都亲自过问，不可能对事情的全过程都亲自察看。君主还要随时表现权威，这就更为奸臣留下可乘之机。然而，让韩非子永远弄不明白的是，类似政治阴谋和宫廷惨剧是古代专制制度下固有的政治特征，如果没有了这些特征，这样的制度也就不能成立了。无论韩非子把他的帝王之“术”讲得再精彩、再透彻，也难以避免君臣之间、大臣之间的争斗和厮杀。

“利害有反”：你我利益相连

在韩非子看来，君主与臣下的利益，国家公利与大臣私利，既是相反的，又是相互关联的。所谓“无利不起早”，任何行为、任何事情的发生，都是与某种利益相关的。如果某事对某人造成伤害，肯定有人能够从中取利。如果国家利益受到损害，一定是某个大臣得了好处；如果某大臣受了害，肯定有别的大臣得了利。[51]人与人相处，利益关系决定一切。

昭奚恤做楚国令尹时，发生过一起粮仓被焚事件。其他人都找不到纵火者时，昭奚恤下令把市场上贩卖茅草的人都抓来，因为当时粮仓顶子都是铺茅草的。在严厉审问下，就有茅草贩子招了供。韩昭侯在位时，谷物种子价格很贵，韩昭侯派人去到仓库去核查，发现仓库管理员倒卖种子，从中得利。这两个事件都是说，只要在能得利的地方，一定会有渔利者。

韩昭侯有一次发现在肉汤中有生肝，一看就是有人故意放进来的生肉。他把厨房负责人的副手叫来，直接问：“你为什么把生肝放进我的肉汤里？”这人只好招供说，是想让厨房负责人下台，他好得到这个职位。

又有记载说，韩昭侯洗澡时，发现水池里有碎石头碴子。韩昭侯问：“如果把澡池管理员撤了职，有没有能担当此职的人？”左右回答说有，韩昭侯就把此人招来，径直责问：“为什么把石头碴子放在澡池里？”猝不及防之下，此人只好招认说：“管澡池的人出了差错，我就能替代他了。”说实话，这种事情在官场上司空见惯，可经韩非子评点和归类，就真是个问题了。在权力能决定一切的地方，生利之处，就是生弊之处。按照韩非子意见，无风不起浪，只要因利而起弊，那个能得利的人就肯定是罪魁祸首。日常生活中是如此，政治生活中更是如此。政治上的利与生活中的利虽然表现形式不同，但归结起来，还是钱与权、权与钱的关系。

晋文公有一次吃烤肉，看见肉上缠绕着头发。晋文公把厨子叫过来训斥：“你为什么在烤肉上缠头发，难道是想噎死我吗？”没想到这个厨子并不是个粗人，随即辩解道：“我有三项死罪，大王看看能不能成立。第一，我的刀磨得那么锋利，切断了肉，却切不断头发；第二，我用叉子扎着肉烧烤时，眼睛太瞎，看得见肉的纹路，却看不见头发；第三，我的炉火通红，烤熟了肉，却烧不焦头发。大王请想，是不是厨房里还有人跟我为仇作对呢？”晋文公一想也有道理，责问之下，果然是别人给缠上去的。[52]

所有不法行为，除了极少特例，比如所谓的精神问题，有某种精神癖好，以犯法本身为乐之外，都会有不同程度的利益表现。韩非子认为，不管出了什么问题，先从有可能从中得利的人那里下手，就一定能找到答案，至少能找到突破口。这似乎是个常识性问题，只是在具体运作中，由于各种利益相互交织，并不那么容易做到。在上述“借刀杀人”种种事件中，那些上当受骗的君主，只见自己之利，未能觉察奸臣的潜在利益，最终当了奸臣的枪手。看起来，韩非子所说诸种“术”，还得结合起来使用，才能达到驾驭群臣的最佳效果。

韩非子不厌其烦地讲述这类事件，是与他的哲学思想和政治理论联系在一起的。这就是说，所有人都是贪婪的，贪婪是永无止境的。同理，所有政治人物都是贪权的，对权力的追逐是没有尽头的，他们的一切行为，不是保权，就是夺权。在这种情势下，如果君主不能以有效手段压制，就会形成丛林社会，你死我活的社会。韩非子的这种观念，既揭露了当时社会混乱无序的一面，也暴露出韩非子本人性格中刚硬无情的一面。在这种指导思想下，传统儒家强调的道德修养、奉献他人的一面是不存在的。其实儒家并不是不重视利益和利益关系，但更看重礼义和以义相交。如果认为人与人之间只有利益关系，只有争夺和厮杀，并且只有君主利用法术才能平衡各种利益关系、制止无休止的残暴行为，那么，人类也就只能走向毁灭了。

“参拟生乱”：权力不容分享

韩非子说：“参拟之势，乱之所由生也。”[53]所谓“参拟”就是不分上下轻重，各方力量接近或均等的意思。在宫廷政治中，如果君权跟臣权的分量接近，甚至一样重，就会引发争权夺利。同理，如果有两个或两个以上的人臣在君主面前平起平坐，也会引发权力争夺，甚至还会殃及君主。英明的君主一定不能让君权与人分享。即便是亲生儿子，也要让他们处在自己的掌控之下。为了证明这个论断，韩非子讲述了一些因为君主改易太子和太子强取君位而导致的血腥事件，真可谓触目惊心。

春秋前期晋献公在位时，宠妃骊姬地位很高。当她与晋献公正妻的地位平起平坐时，就想让儿子奚齐取代太子申生。骊姬处心积虑地在晋献公面前说申生的坏话，直到申生被杀，奚齐被立为太子。在卫国，州吁非常显赫，甚至与卫君地位相当。群臣和百姓都害怕他的势力。果然，州吁终于杀死卫君，夺取了权力。

人人都有权力欲，只是大多数人没有当权或夺权的机会，所以看上去争权夺利只是极少数人的事。在古代专制政体下，社会上层的权力争夺通常你死我活。只要有一线机会，谁都不会放过竞争对手。假如有人能处在与君主相等位置上，再稍一努力就能把君主取而代之，就更容易滋生夺权的欲望了。

郑国君主已经立好了太子，却又想把宠爱的一个美女的儿子定为接班人。在那种“母以子贵”的体制下，郑君夫人感到很害怕，就用毒药害死了郑君。在楚国，楚成王指定商成为太子之后，又想让公子职当太子。商臣风闻此事，但还得不到证实，就与老师潘崇商量。潘崇说：“我们请大王的红人江芊来吃顿饭，故意对他表示出不敬就行了。”太子依计而行，江芊果然大呼道：“你算个什么东西，君王把你废掉而立公子职，真是太对啦！”商臣这才确认了楚成王意图，但还是拿不定主意，下不了决心。潘崇就问：“你能做公子职的臣下吗？”“不能。”“能到其他诸侯国去谋生吗？”“不能。”“能举大事吗？”“能。”于是，商成就召集起自己的人马去攻击楚成王。楚成王见大势已去，请求吃顿饱饭再死，商成不允许，楚成王只好自杀。

在古代君主世袭制度之下，更易太子不仅意味着旧太子失去得到最高权力的机会，而且新君继位后首先要消灭的就是旧太子及其势力，所以，已经在位的太子，必然要视太子地位为生命。可有些君主确实看不到这一点，或者对此缺乏深远认识，一味从喜好出发，随意更换太子，在给太子制造麻烦的同时，也给自己的安全造成威胁。在郑国，国君问大臣郑昭：“你看现在的太子怎么样？”郑昭回答：“我看太子还没有出生呢！”郑君说：“太子已经定下了，可你说还没出生。这是什么意思？”郑昭回答说：“太子虽然确立，可国君还是好色不已。一旦所爱美女有了儿子，国君一定会很喜爱。既然很喜爱，就想立为接班人。所以我才说，太子还没有出生。”[54]只要国家权力是君主专制，太子式的权力之争就不会完结。

太子之争，是古代专制制度下的宫廷里经常上演的惨剧之一。确立和改易太子，可能引发大臣篡权，大臣篡权也时常利用太子地位变动的机会。韩非子总结出可能引发太子之争的几个方面。比如，在嫡子与庶子之间，如果轻视嫡子，把庶子看得与嫡子一样重要，甚至太子没有地位，庶子却很强势，结果就会像楚成王一样，在太子还没有被废时，君主就被杀死了。再比如，已经选定了太子，还要从强大的敌国娶个后妻，致使太子地位出现危机，这样一来，有野心大臣就容易浑水摸鱼。如果太子在某国做人质，却又立下了新的太子，致使国人有了意见分歧，也容易让野心家钻空子。至于太子有地位有势力，经常与大国交往，过早形成气候，对在位国君也会形成威逼之势。

中国古代专制制度赖以存在的基础之一就是所谓家天下，父子间继承国家最高权力。这种制度在当时历史条件下能够起到维护政治安定的作用，但也有致命弱点。比如，新君继位后不久就死去，经常有婴孩登基，造成大臣专制。在这种形势下，如果存有一个以上的权臣，政局就会动荡不止。

韩哀侯在位时，韩槐做宰相，但严遂也是韩哀侯的红人。此二人为了争权，成为不共戴天的仇人。后来，严遂派人在朝廷上刺杀韩槐，韩槐东躲西躲，最后跑到韩哀侯跟前，抱住韩哀侯，以求庇护。结果，刺客就把韩槐和韩哀侯一并杀死了。田恒做齐国宰相时，阚止也被齐简公看重，田、阚二人水火不能同炉，随时准备展开你死我活的厮杀。田恒技高一筹，用小恩小惠取得民心，最终杀死齐简公，夺得齐国政权。在宋国，太宰戴欢与皇喜争权，最后到了失控状态，宋君被赶下台。[55]

韩非子所谓“参拟”局面，既指君主与大臣权力相当，也指大臣之间权力争夺。“参拟”局面的实质就是给权力欲的无限发挥提供了最好时机。韩非子反对“参拟”局面的形成，并不是否定人的权力欲，因为权力欲出自人的本性。韩非子真正希望的是，君主利用恰当手段，控制臣下的权力欲及其极端表现。

“敌国废置”：打入敌国内部

在战国时代，国与国之间的关系充满了明争暗斗。韩非子提醒君主要注意敌国的“废置”之术，即各个诸侯国都会想方设法废坏他国的力量，尤其是敌对国家的贤良之士，依此来削弱敌国。英明的君主要运用观察力和有效手段，一方面使敌国阴谋难以得手，同时还应该还敌国以颜色，用同样手段对付敌国。

商朝末期，周文王积极准备造反，但又担心被商纣王发现，因为当时商纣王的力量还很强大。周文王用重金买通商纣王近臣费仲，让费仲不断建议商纣王关注其他事情，以免注意到周人的动静。等周人蓄积了足够力量开始造反时，商纣王措手不及，最终被消灭。

楚国一位使者来到秦国，秦王对其颇有好感，认为是个贤臣。秦王私下对大臣说：“敌国有这么贤良的臣下，就是我们的忧患啊。”群臣进谏道：“大王何不使用手段，私下与这位贤臣结交呢？如果楚王发现不了，他就是我们在楚国的力量。如果楚王知道了，还以为是我们的外应，就一定会杀掉他。”

孔子曾经在鲁国当政，颇有政绩，使鲁国的邻国齐国深感不安。大臣黎且给齐景公出主意：“要想去掉孔仲尼，犹如吹走毛发一样容易。我们给鲁公送去一队女乐。鲁公陶醉于女乐，必定怠于处理政务。孔仲尼一定会劝谏，鲁公想必不会接受，他们的关系就破裂了。”齐景公依计而行，鲁公果然不听孔子劝谏，孔子只好离开了鲁国。

伍子胥在楚国受到迫害后逃到吴国，说服了吴国攻打楚国报仇。发兵之前，伍子胥派人在楚国散布消息说：“如果楚国任用子期，我就发动攻击。如果任用子常，我就罢兵。”楚王很害怕吴国进攻，在听到伍子胥传来的消息之后，就罢黜了子期，任用子常。其实子期是伍子胥在意的楚国能臣，而子常完全不是伍子胥的对手。于是，吴国大兵压境，很快就击败了楚军，伍子胥也得以报仇雪恨。

郑桓公将要袭击郐国，就先派出间谍，把郐国贤士的情况都探听清楚，然后举行公开的隆重仪式，宣布说一旦攻下郐国，一定要给这些人封官加爵。郐国间谍得知情报后，报告给郐国国君。郐君信以为真，就把这些贤人杀了个干净。这样，郑国不费吹灰之力就占领了郐国。[56]

这是所谓“托于类似”的某种程度的反版，只是针对的不是本国，而是敌国。先利用对手的无能削弱敌国，制造内乱，然后趁火打劫，其中不乏间谍与反间谍的明争暗斗。当然，韩非子没有把这种特殊的间谍战定位在专门组织的基础上，而是寄希望于君主的明察。

郑国之所以选择反间计，显然是已经知道郐君是无能之辈。伍子胥之所以使用如此简单的离间计，也是以对楚王的软弱无能知之甚深为基础的。鲁公并非英明之主，也注定不会完全信任孔子，齐景公的计策才能得逞。至于商纣王和另一位楚王，虽然看上去没有太愚笨，但由于周文王和秦王的计策更高明，他们也不得不中招儿。这样看来，所谓“废置”的手段能够成功，关键并不在于那些手段有多么高明，而是对手的智能太低级。

如果思考更深层的原因，主要问题还在于君主集权的弊端。某些君主和大臣的成功，是由于另一些君主和大臣的无能，共同的特点则是君主或专权者一个人说了算。在一个人说了算的情况下，如果这个人是英明的，就会有胜利相伴随，如果这个人是暗弱的，就会招来无穷灾祸。纵观中国古代史，这样的灾祸在数量和分量上都远超胜利，带给人们的苦难更是无以复加。韩非子在当时还看不到这一点，就只能寄希望于更多君主接受他提出的“帝王术”，这显然是很可悲的。

以上韩非子提出的种种对策，出发点是“臣术”，其实也都是“主术”“君术”。只要君臣是敌对关系，所谓君术和臣术就难以明确区分开来。俗语说，“道高一尺，魔高一丈”，君主和人臣使用的手段实质上是此消彼长、相互依存的。

韩非子道出的这些“术”的内容及其应用，事实上都是很理想化的，这可能是那个时代盛行于知识分子中间的思维方式。他们为了广泛传播思想，为了引起君主和当权者对其思想的重视，往往会制造或传播那些政治事件，以证明他们的政治智慧甚至政治伎俩能够起到立竿见影的作用。在这方面，《战国策》里的故事做得最极端，影响力也最深最广。《韩非子》中类似故事不可能完全出自《韩非子》作者之手，相同或相似的故事在战国时代广泛传布。比如齐景公送女乐给鲁定公的故事，甚至出现在《论语》这样相对可信的典籍中。在两汉时期，这样的故事还在流传，《史记》把《战国策》中许多虚拟的历史事件当作信史记载。思想家们的如此动作，并不全是因为他们相信这些事件，而是认为这些事件能够证明他们的思想观点。

注释：

①《韩非子·亡征》：“万乘之主，有能服术行法以为亡征之君风雨者，其兼天下不难矣！”（第303页）

②《史记·老子韩非子列传》：“申不害者，京人也，故郑之贱臣。学术以干韩昭侯，昭侯用为相。……申子之学本于黄老而主刑名。著书二篇，号曰《申子》。”（第2146页）

③《韩非子·外储说左上》：“韩昭侯谓申子曰：‘法度甚不易行也。’申子曰：‘法者，见功而与赏，因能而受（授）官。今君设法度而听左右之请，此所以难行也。’”（第708页）

④《韩非子·难三》：“申子曰：‘治不逾官，虽知不言。’”（第919页）

⑤《韩非子·外储说右上》：“申子曰：‘独视者谓明，独听者谓聪。能独断者，故可以为天下王。’”（第783页）

⑥《老子·三十六章》。（第108页）

⑦《韩非子·外储说右上》：“好恶见则下有因，而人主惑矣。……说

在申子之言‘六慎’。……申子曰：‘上明见，人备之；其不明见，人惑之。其知见，人饰之；不知见，人匿之。其无欲见，人司之；其有欲见，人饵之。故曰：吾无从知之，惟无为可以规之。’”（第759、775页）〇《难三》：“术者，藏之于胸中，以偶众端，而潜御群臣者也。“（第922-923页）

⑧详见《韩非子·内储说上》：“赵令人因申子于韩请兵。”（第602页）

⑨《韩非子·定法》：“申不害，韩昭侯之佐也。韩者，晋之别国也。晋之故法未息，而韩之新法又生；先君之令未收，而后君之令又下。申不害不擅其法，不一其宪令，则奸多。故利在故法，前令则道之；利在新法，后令则道之。利在故新相反，前后相勃（悖），则申不害虽十使昭侯用术，而奸臣犹有所谲其辞矣。故托万乘之劲韩，十七年而不至于霸王者，虽用术于上，法不勤饰（饬）于官之患也。”（第959页）

⑩同上：“申子言‘治不逾官，虽知弗言’。治不逾官，谓之守职也可；知而弗言，是不谓过也。人主以一国目视，故视莫明焉；以一国耳听，故听莫聪焉。今知而弗言，则人主尚安假借矣？”（第962-963页）

⑪详见《韩非子·外储说左上》，第667页。

⑫《韩非子·奸劫弑臣》：“夫奸臣得乘信幸之势，以毁誉进退群臣者，人主非有术数以御之也，非参验以审之也，必将以曩之合己，信今之言，此幸臣之所以得欺主成私者也。”（第279页）

⑬以上详见《韩非子·内储说上》，第574-576页。

⑭《韩非子·内储说上》：“夫听所信之言，而子父为人僇（戮），此不参之患也。”（第576页）

⑮详见《韩非子·内储说上》，第580-581页。

⑯《韩非子·内储说上》：“爱多者则法不立，威寡者则下侵上。是以刑罚不必，则禁令不行。”（第563页）

⑰以上详见《韩非子·内储说上》。第581-583页。

⑱《韩非子·内储说上》：“行刑重其轻者。轻者不至，重者不来。是谓以刑去刑也。”（第587页）

⑲详见《韩非子·内储说上》。第588页。

⑳同上，第592页。

㉑以上详见《韩非子·内储说上》，第590-591页。

㉒《韩非子·内储说上》：“赏誉薄而谩者，下不用。赏誉厚而信者，下轻死。”（第565页）“夫赏罚之为道，利器也。君固握之，不可以示人。”（第593页）

㉓以上详见《韩非子·内储说上》，第593-596页。

㉔《论语·颜渊十二》，第177-178页。

㉕《韩非子·内储说上》。第566页。

㉖同上：“数见久待而不任，奸则鹿散。使人问他，则不鬻弘。”（第567页）

㉗以上详见《韩非子·内储说上》。第607-608页。

㉘同上，第610-611页。

㉙《韩非子·内储说上》，第570页。

㉚以上详见《韩非子·内储说上》，第613-614页。

㉛详见《韩非子·三守》。第316页。

㉜详见《韩非子·外储说左下》。第739页。

㉝《韩非子·外储说左下》：“夫为门而不使入，委利而不使进，乱之所以产也。”“利所禁，禁所利，虽神不行。誉所罪，毁所赏，虽尧不治。”（第718页）

㉞《韩非子·三守》：“三守不完，则劫杀之征也。”（第316页）

㉟同上：“三守不完，则三劫者起；三守完，则三劫者止。三劫止塞，则王矣。”（第319页）

㊱详见《韩非子·八奸》，第181-190页。

㊲《韩非子·备内》："以妻之近与子之亲，而犹不可信，则其余无可信者矣。"（第321页）

㊳同上，第322页。

㊴《韩非子·奸劫弑臣》。第297页。

㊵详见《韩非子·用人》，第540页。

㊶《韩非子·用人》，第543-544页。

㊷《韩非子·五蠹》："盖贵仁者寡，能义者难也。……今学者之说人主也，不乘必胜之势，而务行仁义则可以王，是求人主之必及仲尼，而以世之凡民皆如列徒，此必不得之数也。"（第1097页）

㊸《韩非子·二柄》："劫杀拥（壅）蔽之主，兼失刑、德而臣用之，而不危亡者，则未尝有也。"（第121页）

㊹《韩非子·内储说下》："权势不可以借人。上失其一，臣以为百。故臣得借则力多，力多则内外为用，内外为用则人主壅。"（第615页）

㊺以上详见《韩非子·内储说下》。第623-625页。

㊻《韩非子·内储说下》："君臣之利异，故人臣莫忠，故臣利立而主利灭。是以奸臣者，召敌兵以内除，举外事以眩主，苟成其私利，不顾国患。"（第617页）

㊼以上详见《韩非子·内储说下》，第626-631页。

㊽详见《韩非子·内储说下》，第639页。

㊾《韩非子·内储说下》："似类之事，人主之所以失诛，而大臣之所以成私也。"（第618页）

㊿以上详见《韩非子·内储说下》。第632-637页。

51《韩非子·内储说下》："国害则省其利者，臣害则察其反者。"（第619页）

52以上详见《韩非子·内储说下》，第639-641页。

53《韩非子·内储说下》，第620页。

⑭以上详见《韩非子·内储说下》，第643-647页。

⑮同上，第645-646页。

⑯同上，第648-652页。

第五章　君主护己驭臣之道：论『势』

论势：溯源慎到之『势』
立势：占据有利位置
持势：坚决使用赏罚
壮势：剪除大臣势力
固势：去除无用名士

韩非子“帝王术”思想的核心构成是所谓“法、术、势”。这三项内容相互依存，是一个整体，没有轻重之分。从逻辑上讲，“法”是帝王之术的根本，无论是什么样的“术”，以及多么重要的“势”，都不能够舍“法”而为之，就是说，“术”是“法之术”，“势”是“法之势”。当然，“法”也不是一堆枯燥、僵硬的条文，而是必须在威“势”之下发挥其最大能量，必须通过有效的“术”发挥其应有作用。如果无法可依，“术”就是毫无规则的阴谋，“势”就是无所顾忌的逞威用权。去掉三项中任何一项，韩非子的“帝王术”就不可能成立。从实际运用上讲，君主要想地位长久稳固，要想国家长治久安，任何场合下都应该是“法、术、势”三项同时使用，缺一不可，尽管在某种特殊场合，三项中的某一项或两项表现得更突出一些。

此三者的关系，好比是盖一座房子。法是建筑设计，术是建房技术，势则是建房材料，很难说哪一项更重要。总的来说，势是基础性的。没有材料，建房之事无从谈起。对于帝王来说，立法和用术固然必不可少，可如果不是帝王，没有王位、没有合法权力，法与术就毫无意义了。当然，缺乏建筑蓝图和技术，再充足的材料也得不到实际利用。如果拥有了帝王之位，可又不注意法和术，这个地位迟早也会被人取而代之。

论势：溯源慎到之“势”

韩非子关于君主位势的思想，主要源之于前辈法家思想家慎到。慎到（前350—前275）没有过从政经历，但著述颇丰，并有传世《慎子》一书。[①]在其学术生涯中，能为后世所知的，主要是汉代学者认为的他在齐国稷下的游学活动。[②]

就战国晋法家思想发展而言，慎到是典型的法家思想家，是法家思想最早的集中阐述者。从《慎子》来看，慎子思想是“贵势而不尚专断，尚法而不崇苛严，任术而不贵阴谋”[③]，主张君主看重位势而不专权断事、崇尚法制而不苛刻严酷、施行法术而不重视阴谋，可谓思想深沉而严谨，是比较典型的学者型思想家。

在慎到法家思想中，“势”的重要性远远高于礼和法，是当政者政治成功的前提。当政者要想保有权力，要想把行政命令和思想意志贯彻下去，最重要的是有效利用其有利地位和权势，而不是醉心于利用个人才能。当权者只有充分利用好独有之“势”，才有可能获得成功。这种思想看似源之于、流行于当时的道家思想，但慎到把道家因循自然的观点引入到社会政治领域，强调政治权力无可比拟的力量，形成了他的政治上的“贵势”思想。

以“贵势”理论为基础，慎到强调了法治的重要性。

慎到法治思想的核心是“立公弃私”[④]的观点。君主虽然有其独特之“势”，但要想充分利用这种特有情势实现治国理政的目的，首先要“立公义”，而公义的关键是以“法、礼”为准绳。君主以法、礼为准绳，才能最有效地利用社会资源。那个时代的思想家都以承认君主特殊社会地位和权势为前提。但是，慎到强调，君主要想保有特权，必须以公义取代一己之私。这可以说是既肯定了君主之“势”，也在利用君主之“势”，以期实现公义。

慎到指出，如果君主不用法而用私意治国，纵然有功者受到了适当奖赏，也不会满足，总是希望再多一些。纵然有过者受到了应有惩罚，也同样不服，而是希望再轻一些。这是因为君主的赏罚标准不是根据公法，而是出于私意。君主以私意治国，无论是受赏者还是受罚者都会有怨气。相反，如果君主以公法治国，则上下和谐。[⑤]上下和谐是国家实现大治的必要保证。慎到的结论是，“大君任法而弗躬，则事断于法。”[⑥]君主依法执政，不能事事以己意断之，而是一定要以法律为准绳。

慎到在坚持“治国无其法则乱”的同时，也强调“守法而不变则衰”，认为随着时代发展，应该适时变法，特别是一国之主或一国主政者，要“以道变法”，根据需要、依据法则，进行必要的变法。[⑦]慎到的这种观点既是时代要求，也反映了思想家的认识高度。

立势：占据有利位置

所谓“势”，韩非子也称“势位”，一言以蔽之，就是帝王的地位、权势和权威。帝王之所以称为帝王，之所以能够发号施令，必须占据帝王位置、行使帝王权力。“势”的首要内容是君主的特殊地位，也就是君主合理合法的至高无上的权势。在古代专制制度之下，这种权势和权威是绝无仅有的。只有利用这一独特优势，“法”和“术”的运用才有可能。

韩非子把君主的势位也称作“人君之辎重”[⑧]。什么是辎重？辎重是军队的武器和粮草给养，失去辎重，军队就失去战斗力，不能成其为军队了。君主的辎重，就是君主之所以成其为君主的凭借和依靠，即君主的权力和势位。韩非子引用《老子》的说法，“君子终日行，不离辎重”、“重为轻根，静为躁君”[⑨]。《老子》所说“君子”，指的是社会上层，甚至直指“王侯”，他们的辎重就是地位和权力，以及与此相关的社会资源，也就是韩非子所说的“势”。他们不论人在哪里，都不能抛开辎重，因为稳重是轻率的根基，沉静是急躁的主宰。稳重能够左右轻率，沉静能够控制急躁。这样的教诫，既是现实生活的体验，也有历史事实的证明。

前文所述赵武灵王的历史故事，是韩非子强调君主持势之道的最好说明。赵武灵王本是一国之雄主，在完成“胡服骑射”革新活动之后，赵国国势大增，曾拥有一统天下的军事实力，让同样野心勃勃的秦国感受到了现实压力。可惜的是，赵武灵王因为宠爱幼子，生前就让出君位，失去权势，致使儿子们为了夺取君位大打出手。这场内乱使赵国政权失控，赵武灵王竟然被困在宫中饿死，成为天下笑谈。在韩非子看来，赵武灵王身死国乱，就是因为他抛弃了君主的辎重。正所谓“无势之谓轻，离位之谓躁”，“重、静”皆失，“轻则失臣，躁则失君”[⑩]，赵国君不能君，臣不能臣，从此失去了与秦国争夺天下的有利形势。赵武灵王的轻易“失势”是战国时代赵国国运的转折点，由此可见君主势位的重要性。君主势位的丧失，轻则丧君，重则亡国。

在战国中前期法家思想先驱中，如前所述，赵国人慎到对法家关于“势”的思想论述最深，影响最大。《韩非子》引述慎到的话说，“势位之足恃，贤智之不足慕”[11]。对于君主的治国理政来说，真正值得依靠的是君王的势位，而不是君主的德行和才能，更不是大臣的德行和才能。在慎到看来，如同飞龙在天上飞行必须凭借云雾一样，君主要想发号施令，政令畅通，也必须依靠势位。如果权轻位卑，贤能之人也只能屈从于不肖之徒。不肖之徒之所以能够压服贤能者，就是因为手握重权，处在行使权力的势位上。如果尧、舜只是个普通人，相信不会有多少人听从他们，正是因为他们身处帝王势位，才能令行禁止，建功立业。如果暴君桀、纣只是个普通人，也不可能扰乱天下，不可能让万千生灵涂炭。慎到的结论是，单靠德行和才能是不可能服众的，但仅凭势位就可以让贤者屈身听命。

韩非子非常欣赏慎到的上述论断，但他也指出，这个论断只是强调势位的相对重要性。在绝大多数历史时期，人们并不是非得在尧、舜之贤能和桀、纣之暴虐这两个极端之间做出选择。在大多数情形下，君主的势位比贤能更为重要。

韩非子对慎到“势”论的调整和引申，确实抓住了中国古代君主专制政治的核心思想。对于专制君主来说，不惜一切地占据势位、抓紧权柄，是保证其权力运作的基础。就势位与贤能的关系而言，从学理上来说，似乎君主的贤能更有助于其势位的获得和保持，这是传统儒家的主张。但是，就专制政治的实际运作来看，儒家所崇尚的贤能，在更多情况下却有碍于势位的获得和保持。贤能之人很可能顾忌太多，甚至想成为一个像样的大臣都会举步维艰，遑论成为一国之主。根据韩非子“帝王术”，真正能够让君主得势的是法家的法和术，而不是儒家的贤和能。

韩非子说，乌获是传说中有名的大力士，能举起千斤之鼎，却举不起自己。离朱是古代有名的千里眼，视力极好，能看清百步之外的东西，却看不清睫毛跟前的东西。这是势所不能，没有处在能够发挥自身优势的地方。所以，“因可势，求易道，用力寡而功名立”[12]，凭借适当势位，遵循简易大道，才能取得事半功倍的效果。

君主若想建立功名，必须拥有最基本的条件，即：获天时、得人心、有技能、占势位，占势位一项尤其重要。君主占据了合适势位，不用刻意做什么，自然会有人来出力，最终成就帝王功名。有才能而没有势位，再贤能的君主也制服不了奸臣。一棵生长在高山之上的小树，远看上去就比生长在深谷之中的大树要高，这不是因为它本身有多高，而是占据了有利势位。夏朝末年的暴君桀之所以控制天下，并不是因为他有本事，而是身为帝王，拥有特殊地位。尧帝再有本领，如果只是个平头百姓，连三家人都领导不了，这不是因为他本领太小，而是没有地位。千斤百斤之重的东西，放在船上就能浮在水面，几斤几两的东西，离开了船就会沉入水底，这难道是因为几斤几两重于千斤百斤了吗？不是，是因为一个凭借了势位，另一个失去了势位。无能之辈能够控制贤能之人，凭借的就是主人的有利势位。[13]

对于君主来说，有势与无势，比有才能与无才能更重要。韩非子所说的技能或才能，是指治国理政的实际本领，这是君主没有必要具备的。君主需要的是天下人的共同拥戴，以此获得尊贵地位。如果主张只有贤能之人才会得到天下人拥戴，那就又回到了传统儒家的思想中了。韩非子“帝王术”针对的是当时的世袭政治，而不是儒家理想中的贤人政治。无论是韩非子，还是他的老师荀子，以及当时其他思想家，都不曾怀疑世袭继承制的合法性。韩非子之所以向君主推广其“帝王术”，就是认为君主的权势是天然的、不容怀疑的。所以，韩非子强调的是帝王如何利用势位，而不是如何得到势位。如果有势位而不能用，或使用不当，就形同失势，甚至是无势。失势和无势都超出了韩非子思想关照的范围。

至于技能之类的治国理政的实际本领，是人臣应有的长处，并以此获得君主信任。君臣之间的理想状况是，君主利用其尊贵势位，驾驭着获得信任的人臣，达到“臣、主同欲而异事”[14]的最佳效果。韩非子说君主和人臣“同欲”，并不是说他们有共同利益，而是说他们“同有欲”，各有各的追求和目的，并且通过“异事”，即不同的手段、各自的长处，去实现各自的目的。

韩非子借用《老子》“鱼不可脱于渊”[15]的说法，认为权势就是君主的渊，即鱼池，大臣就是鱼池中的鱼。君主的目标是控制这个鱼池，让鱼儿脱离不了鱼池，让大臣永远都处在掌握之中。春秋时代的齐国和晋国曾经是两个巨无霸大国，所谓“春秋五霸”的第一位和第二位霸主，就是齐桓公和晋文公。可是，到了春秋后期，齐国和晋国的君主相继失去了齐桓公和晋文公时代的君主霸权地位，导致江山易主。在齐国，陈氏家族用小恩小惠拉拢民众，把齐君的势位一点点地侵蚀掉。在晋国，最后形成六卿专政，六个大家族逐渐瓜分晋国公室利益，使晋君之位形同虚设。到了战国时代，虽然齐国的国号还在，但君主却由姜氏换成了陈氏，晋国则在“三家分晋”之后，姬姓政权被赵、魏、韩三家所替代。韩非子总结说，作为大臣的鱼一旦脱离了作为君主的鱼池，就再也不会回来了。君主一旦失去权势，就再也收不回来了。[16]

君主最大麻烦是，发出了命令，却没有得到大臣回应。这好比是想用一只手拍出响声，即使用力再大、挥动得再快也无济于事。人臣最大麻烦是，身兼数职，不能专注于最擅长的职责。这好比是右手想画圆，左手同时还想画方，结果是圆也画不好方也画不成。君主和大臣都没有找准位置，君主失势，大臣失责，坠入了孔子所谓“君不君，臣不臣”[17]的境地。所以，韩非子提出，治国的最高境界是，君主好比是鼓槌，大臣好比是鼓，随着君主的击打，大臣就要发出相应的声音，这叫作“众人助之以力，尊者载之以势”[18]，君主守着势位，就能得到人臣的追随，让人臣尽力尽责。这是个正常进程，保证其正常运作的不是大臣如何自觉，而是君主如何保持和利用势位。

持势：坚决使用赏罚

君主保“势”的另一项核心要求是所谓的赏罚手段。韩非子的赏罚之道，前文已有过专门探讨，在此不再过多重复。一般来说，在古代君主专制社会，赏与罚是统治者对付被统治者最有效的手段之一，韩非子称之为“二柄”，相互依存的两种权柄。就君臣关系和君主持势哲学而言，韩非子认为，赏与罚是君主对付人臣的最锐利武器。君主把这个利器操在手中，就可以制服大臣，一旦这个利器让大臣得到，君主的权势也就名存实亡了。

君主把奖赏的权力让给大臣，由大臣决定奖赏对象，大臣就会充分利用这项权力树立其形象，发展其势力。春秋中后期的齐国陈氏，就是使用“大斗出，小斗进”的办法，把粮食借给民众时用大斗，回收时用小斗，让民众获利，在民众中赢得了莫大威望。齐景公时，名臣晏婴已经意识到这个问题的严重性。晏子提醒齐景公，如果任由陈氏家族继续用小恩小惠收买民心，齐国迟早会落入陈氏家族手中。齐景公问晏子如何应对，晏子的对策是，“近贤而远不肖，治其烦乱，缓其刑罚，振贫穷而恤孤寡，行恩惠而给不足”，任用贤人，疏远不肖之徒，整顿法制，减轻刑罚，救济贫穷孤寡，帮助生活有困难的人。国家利益必须掌握在君主手中，就算有时候需要让利于民，也应该直接由君主颁布。君主绝不能因为图便利、求省事，或者为了得到大臣忠心，就把这样的权力让渡出去。实际上，如果君主真想在这些方面发力，肯定能利用其独特的势位和权力，“虽有十田成氏，其如君何”[19]，就是算有十个陈氏家族，也不是君主的对手。

君主把惩罚的权力交给大臣，由大臣决定惩罚对象，大臣就会利用这样的权力树立威严，直至取代君主势位。当年的晋国，虽然在春秋后期不断进行变法，使晋国的法制优势远在其他国家之上，但是，这些制定法律的过程，总是由六大家族把持，比如著名的“范宣子之法”和赵简子“铸刑鼎”，[20]让晋国人在执法方面只知有六卿，不知有晋君，晋君号令逐渐失去效力。所以，像赏罚这样的利器，君主应该是藏而不露，用而不显。如果君主守藏不好、运用失时，让大臣事先知道，大臣就会利用它，使它难以发挥应有作用。[21]

韩非子说的“势”并不是抽象的、难以捉摸的东西，而是实实在在的政治力量。韩非子一再强调，赏罚并不是君主所独有，但唯有君主的赏罚才是一个国家最有影响力的力量。这个观点也是韩非子功利主义政治观的重要基础。

以赏罚为核心之一的“势”既为国君所独有，君主就要不折不扣、始终如一地加以使用。势的运用不是随心所欲的，它的根据是法。如果有人立功，君主就要依法奖赏。一旦有人犯法，君主就要利用“势”毫不留情地予以制裁。在此问题上，所谓仁慈观念、恩惠做法是不可取的、不可行的。赏罚的问题并不简单。君主在具体赏罚过程中要注意“术”的运用，要以一定的，甚至是巧妙的方法运用赏罚，让群臣只知道赏罚规则和赏罚结果，而不明白赏罚的具体操作，这其实也是对于君主之势的维护和保护。总之，势是不能离开“法”和“术”而独立发挥作用的，赏罚也是不可以脱离“法”和“术”的加持的。

壮势：剪除大臣势力

韩非子指出，普通老百姓对君主的看法无足轻重，君主最大的敌人是他的大臣。大臣无一不觊觎君位，他们是离君主宝座最近的人，夺取君位也最方便快捷。君主要想保住地位，最要紧的是不能让大臣的势力太大。从正面来看，君主要加强权威，从反面来看，君主还要不断剪除大臣的势力，不要让他们羽翼丰满，对君主形成逼迫之势。

为了侵蚀和夺取君主的权力和利益，大臣既使用政治手段，也使用经济手段，从现实效果看，经济手段更具有釜底抽薪的作用。大臣使用的经济手段，一方面是把君主的利益据为己有，另一方面如上文提到的陈氏家族之于齐国，还要用施惠于民的措施争取民众支持，即所谓的得民心。在韩非子时代，各国有野心的大臣还在使用这个办法，所以韩非子也不断提及和深化对这个问题的认识。

在当年的齐国，齐景公接受了晏子的对策，对陈氏家族采取了针锋相对的应对措施，努力用更大的恩惠要把失去的民众拉回来，并取得了可观效果。但在韩非子看来，“景公不知用势，而晏子不知除患”[22]。为什么这么讲呢？韩非子解释说，对于猎人来说，在追逐野兽的时候，要有好车、好马、好的车把式，才能保证收获足够的猎物。如果猎人把这些必要条件扔在一边，靠双脚去追逐野兽，就算跑得再快，也难有收获。对于君主来说，国家就是他的车，势位就是他的马，权力稳固、国富兵强就是他的猎物。面对那些擅自使用恩惠博取民心的大臣，如果君主采取的应对措施是想用更多的恩惠夺回民心，而不是利用势位直接把这些大臣除掉的话，就相当于不用车马而靠双脚追逐猎物，这样的猎人注定会失去一切。这种强硬政策的实质，是韩非子反对传统儒家所谓以德服人的主张。明确势位的重要性，以强力守护之，并除掉一切觊觎它的大臣，才是韩非子的真主张，才是法家的真精神。

韩非子瞧不起他那个时代的迂腐儒生，但对孔子和孔子著名弟子子夏却充满敬意。子夏是战国法家的思想先驱，韩非子对此应有认识。韩非子引用子夏这位法家前辈的话说，《春秋》这部鲁国史书记载了很多臣杀君、子杀父的历史事件，一般人只看到这类事件的惨烈发生，但子夏认为它们“皆非一日之积也，有渐而以至矣”，并非短时间形成，而是日积月累的结果。那些奸邪之人所行奸邪之事，都是逐渐积聚力量，达到足够强大的程度时才会动手杀君杀父。不用说，制止这种惨剧发生的最有效办法是尽早绝灭之。再说齐国陈氏的夺权过程，其实大家早就看出了苗头，但不仅齐国君主没有及早禁绝，而且像晏子这样有见识的大臣竟然也还劝齐景公使用行惠的方式与陈氏争夺民心，最终形成姑息养奸之势，直到春秋末年齐简公时代，政权被陈氏夺去。这让韩非子再次引用子夏的经典断言，“善持势者，早绝奸之萌”！㉓

君主要从正反两方面维护权势和权威。韩非子总结出，君主要牢记“四美”，其实也是面对大臣的四项最高原则。其一，天下万事万物都不如君主的身体尊贵；其二，君主之位是天下至尊之物；其三，君主一定要有无尚威严；其四，君主所处地位和握有的权力，即所谓“势”，一定是至高无上的。君主只有对此“四美”有明确认识，才能坐稳其位。所谓“四美”，严格说起来就是“一美”，即君主的势位不容挑战，尤其不容大臣挑战。一旦出现这种挑战，君主千万不能姑息，必须下手快、下手狠，及时除掉挑战者。

反过来说，君主又有“五壅”，在五个方面容易产生壅塞、遮蔽，就是被大臣蒙蔽。一是，臣下蒙哄君主，使君主对当前政治运作一无所知；二是，大臣掌握一国财政，让君主没有财力施其恩惠、赢得人心；三是，大臣擅自发号施令，使君主失去对国家控制；四是，大臣四处行义买好，使君主失去对民众的控制；五是，大臣任用各级官吏，使君主孤立无助。很显然，这五项中无论哪一项，只要君主有所欠缺，就会处于被动地位。韩非子看到了问题的关键。这五个方面必须完全掌握在君主手中，任何一个方面都不能被大臣控制。㉔

在历史上，商朝末年商纣王之所以被赶下台，东周以来周天子之所以失势，都是因为诸侯势力太强大。到了春秋后期，晋国之所以被韩、赵、魏三家瓜分，齐国之所以被陈氏家族夺权，都是因为群臣太富有。这些事例说明，明智的君主控制群臣的办法，一是以法制裁犯错误的大臣，二是在大臣有二心之前早有防备，三是不赦免大臣的死罪，也不宽宥大臣应受的惩罚，否则就会贻害无穷。

为避免君主权势受到威胁，要注意两方面的反面教训，严防大臣势力膨胀。一不要让大臣占有足够的物质财富，二不要让他们拥要可观武力。君主可以给大臣很高的俸禄，却不可以让他们私自征收国家税赋；大臣可以有随从，却不可以拥有武装力量。任何大臣都不能设有独立于国家的小朝廷，也不能拥有私人武备，更不能获得独立的经济来源。大臣一旦得到以上特权，就会造成逼主之势，迟早产生邪念，产生夺权之心。君主必须提高警惕，防患于未然。㉕

大臣都想用公家财物取悦于民，用小恩小惠争取民心，让普通人都说自己的好。能使君主听不到对大臣的批评，大臣就可以从容施展阴谋。针对大臣的这种手段，韩非子强调，一定得查禁大臣的过量私产，如果真是有益于民众的恩惠，一定要以君主的名义实施。

君主不要让大臣成为富人，而让自己成了借贷者。君主也不要让大臣太尊贵，地位太高，形成逼主之势。君主也不要过分信任某个大臣，把一切权力都交给他，使君主成了徒有其名的空架子。大臣势力大于君主的情形，韩非子称为“腓大于股”㉖，小腿的力量大于大腿。这种大腿扭不过小腿、尾大不掉的形势，终究会反噬君主。大臣好比老虎，一旦君主控制不住，就要原形毕现、咬人吃人。如果君主施法得当，用刑及时有效，这只老虎就会乖乖地听话，大臣就会变成正常人，尽力伺服君主。

大臣还会豢养亡命徒刺客，暗杀异己者，迫使接近君主的人不敢说大臣的坏话，以便大臣建立威势，通行无阻地满足其私欲。所以，对于那些真正的勇士，君主要让他们在两军阵前立功，如果他们胆敢在民间好强逞勇，一定要治以重罪，这也就杜绝了大臣利用这种人建其威势、行其私欲的可能。[27]

大臣要形成威胁君主的力量，就得有人支持和拥戴。为此，韩非子强调君主要注意大臣聚众为党。形成朋党，是大臣的重要法宝之一。心存叛逆的大臣之所以没有弑君，不是因为对君主忠心，而是朋党还没有形成，还没有集聚起足够的反叛势力。

有道的君主不把国都建得太大，以免给有心勾结朋党的大臣形成客观便利条件。明智的大臣也不会太有经济实力，更不会地位太高。为了预防大臣造反，考虑到当时的政治制度，韩非认为君主要早立太子，尽快确定接班人，让有野心的大臣不要产生非分之想。君主从内到外都安排妥当，朝廷就能安宁。

韩非子把君主比作树干，把大臣比作枝杈。作为人君，一定要经常剪枝，去掉大臣的势力，不要让枝叶太茂盛，以至于一有风吹草动，就能够不受树干的支配。国家离不开君主和大臣，但在韩非子眼里，这是两股不同的势力，他们之间的和谐相处，来自于君主完全控制局面，而不是大臣忠心耿耿。好比一个家庭，如果夫妻二人同样尊贵，有相同的发号施令的权力，子女就会无所适从。如果由一人掌权，局面就会得到控制。[28]

韩非子强调，要注意权臣在君主和民众之间造成隔阂。君主的首要法则是，减少大臣用权的机会。韩非子还提出了具体的注意事项。比如，君主要减少民众徭役。徭役太多，不仅加重民众负担，造成民众无边苦难，更重要的是增加了大臣的用权机会。监督徭役，肯定得靠大臣，大臣的权力就会增大。在执行徭役过程中，大臣能够决定徭役轻重，就有机会招揽人心、形成势力，使君主逐渐失去显示恩惠和德行的优势。权臣利用类似机会逐渐架空君主，使君主变得无势可用。反过来看，“徭役少则民安，民安则下无重权，下无重权则权势灭，权势灭则德在上矣。”[29]减少国家摊派的徭役，能使民众安于生活，各级官吏无法获得重大权力，也就失去了建立威势的机会。大臣的威势没有了，君主的威势才能保持住。

其他政治家或者从经济角度看待徭役，或者从社会安定角度看待徭役，韩非子站得更高更远，从保持君主势位的角度分析徭役轻重的得与失，可谓抓住了君主专制制度的命脉。君主一切活动的中心，一切治国举措的核心，都要围绕着保持君主权威展开，否则将会从根本上动摇君主地位和统治基础。

韩非子关于君主持势、壮势之类的观念看上去有新意、有高度，但在现实政治中是很难落实的。古代君主专制制度的核心是君主高度集权和专权，然而，要让君主权力深入到国家和社会的方方面面，必须有越来越臃肿的政府机构和越来越多的官吏去执行君主的命令和意志。由于这个过程越来越复杂，假如又是一个地域广大、人口众多的国家，君主的权力和命令在很多方面、很多情形下只能由一级一级的官吏去具体落实，这就很难避免有野心的大臣在这个过程中掌权甚至夺权。

在中国历史上，秦王朝是第一个真正的君主集权专制国家，秦始皇废除分封制，权力集于一身。为了维护君主集权，秦始皇亲自处理各种事务，遍览各级各地官员奏章，经常通宵达旦地批阅。但是，秦始皇的勤政并不能改变专制制度的特质和命运，在他死后，权力很快落在阴谋家赵高手中。赵高把日积月累的权力不断放大，最终把秦王朝送进了坟墓。韩非子是秦始皇最为推崇的政治理论家，而秦朝的政治实践却给韩非子政治理论出了个最大难题。

固势：去除无用名士

根据韩非子政治思想，君主之势位的确立和保持，相对于朝廷中掌权的大臣而言固然至关重要，但对于全社会其他阶层而言也是不可或缺的。

尤其是对于“士”这个阶层，君主应该格外关注。

在中国古代社会，士阶层有着非常重要的地位。所谓士阶层，现代人为了方便理解，经常称之为知识分子阶层。这个称谓有相当的合理性，但与现代社会知识分子还是有很大区别。从文字起源上看，“士”的字形像一把利斧，初义是指武士。在西周之前，士阶层就是武士阶层，他们是贵族阶层中的重要部分。由于贵族阶层垄断文化教育，武士阶层成员通常是受过文化教育的。受过教育、具有相当文化程度的贵族，肯定有其价值观和行为准则，并会为了体面和尊严而加以坚守。

周武王打败商纣王，灭亡了商朝，使大量商朝士人四散而逃，各谋生路。周人建立周朝之后，把功臣们分封到各地。功劳最大的两位功臣周公旦和姜太公，他们的封地在中原地区东部，即现在山东省及周边地区。周公旦受封鲁国，姜太公受封齐国。这些都是商朝故地，其间肯定有商朝的亡国士人。

姜太公到任后，听说在齐国东部海边有两位有名的士人，狂矞和华士。立国之初正是用人之际，姜太公很高兴，兴冲冲地亲自拜见这二位名士，请他们从政，帮助治理国家。令姜太公惊诧的是，这二位冷峻地回答说，我们兄弟二人早就商量好了，不做天子的大臣，不做诸侯的朋友，不吃周朝的俸禄，我们要亲自劳作，自食其力。这就是说，他们不慕名利，不做周朝大臣，也就不会答应姜太公的邀请了。姜太公听后大失所望，心中盘算，既然你们要面子，决定自食其力，对国家来说也就没有价值了，更不用说，如果天下人都因为你们有名声而群起效仿，我还能统治什么人呢？我做君主还有什么意义呢？于是，姜太公下令，把这二人抓起来，就地正法。

姜太公杀死名士的消息很快被周公旦得知。传统儒生认为周公旦是儒家先知，是儒家基本理念的奠基者。周公旦礼贤天下贤士，还有“一沐三握发，一饭三吐哺”的美谈，为了接待贤士，不惜中断沐浴、停止进餐。

在周公旦看来，狂矞和华士的行为表现的是士人气节，有益于社会道德风尚的养成。周公旦派人去责问姜太公，为什么要杀死二位贤士。姜太公回答，他们不愿做天子之臣、不与诸侯为友，就是不想做我的大臣，不想为天下人服务。他们要自食其力，是说国家法制对他们无可奈何。即使他们是贤能之士，对社会也毫无用处。他们还会影响到普通人，把君主不放在眼里。哪怕眼前就有一匹千里马，却不听使唤，不能骑用，我要它做什么呢？对于这样的名士，除了杀掉他们，我不能有其他选择。[30]

那些不愿意服务于君主的士人，可以视为君主反对派。韩非子认为，“赏之誉之不劝，罚之毁之不畏，四者加焉不变，则其除之”。[31]奖赏和赞誉不足以劝勉和激励他们上进，惩罚和批评也不足以威吓和制止他们作恶，就应该把他们清除掉。从君主势位上看，所谓“势不足以化则除之”，[32]是说君主的势位不能够让他们产生敬畏，并因此而约束其言行，就必须从肉体上消灭他们。一旦有些人的言行威胁到了君主之“势”的稳固，甚至视君主之“势”为无物，他们就应该成为君主除灭的对象。

还有一种君主与士人的关系也引起了韩非子关注。有些士人并不是不想为君主服务，而是这些士人能力太强，某些君主无力驾驭，或者某个国家不能容纳。在这种情况下，君主对他们会排斥，但一般不会加害。战国时代，人才的竞争非常激烈，没有任何一国君主愿意背上戕害贤士的恶名。一旦有了这种恶名，贤能之人就会远离这个国家。对于无法任用的贤士，就像孟子所说，君主宁肯把他们送出国境线。

卫国贤士如耳，跟卫嗣公交谈之后，卫嗣公非常高兴，但又由不住地扼腕叹息。左右说：“既然主公这么欣赏他，为什么不留下他，让他做宰相呢？”卫嗣公意味深长地说：“这如耳，怀有做大国之相的才能，不可能在我们这样的小国安心做事。我欣赏他的才能，但用之无益，还不如不用他。”[33]

君主巩固势位，既要看清政治形势，还要做到理性地识人用人。尤其是对于士人，他们具有相当的社会影响力，拥有治国才能，就需要君主在能不能够用之、可不可以用之等方方面面作认真考量。在姜太公时代，国家正处在上升时期，姜太公本人也有极大威望，对于狂矞、华士这样的拒不与政府合作的士人，就算是采取强力手段，对政权也不会有太大不利影响。到了战国时代，卫国是摇摇欲坠的小国，对于如耳这样的“大材”，既无法使用，又不敢除掉，只好让人家到更适合的国家去发展。这两种做法不尽相同，甚至相反，但对于固其势位的君主来说，都是正确选择。

在韩非子看来，君主势位的建立、保持和稳固，是国家得以成立、发展和稳固的基本保证。韩非子对君主立势、持势、壮势和固势的一整套说法，立足于君主专制时代，是相当有说服力的。秦汉以后的中国古代社会，最高统治者以及统治阶层成员虽然口头上不赞成更不尊崇韩非子“帝王术”，但在实际政治运作中，尤其是在行政管理中，若欲有所成就，无不钻研之。然而，具有讽刺意味的是，不管他们对韩非子“帝王术”有多精通，也难以长久有效地保持其政治优势，更谈不上造福天下、造福苍生。其中的关键原因，是韩非子“帝王术”需要在理想环境中运行，才能自洽，才能保持有效状态。

首先需要一个英明的君主，能够合理控制国家大方向，甚至如荀子所说，这个君主明白其特权和享受是建立在国家安定的基础上，不昏聩、不折腾。其次是需要朝堂之上人人操持理性自私，明白遵守法制、适度获取才能实现其自私。再其次是需要外部环境不能突现巨大的不可控灾难，比如自然灾害、当权者个人变故和突发奇想等等。换言之，韩非子“帝王术”的有效运作，有赖于人世间如同一架大型机器，各个部件永远完好无损，不出故障，这显然是不现实的、不可能的。

注释：

① 《汉书·艺文志》：“《慎子》四十二篇。名到，先申、韩，申、韩称之。”（第1735页）

②《史记·田敬仲完世家》："宣王喜文学游说之士，自如驺衍、淳于髡、田骈、接予、环渊之徒七十六人，皆赐列第，为上大夫，不治而议论。"（第1895页）○《孟子荀卿列传》："自驺衍与齐之稷下先生，如淳于髡、慎到、环渊、接子、田骈、驺奭之徒，各著书言治乱之事，以干世主，岂可胜道哉。……慎到，赵人。田骈、接子，齐人。环渊，楚人。皆学黄老道德之术，因发明序其指意。故慎到著十二论，环渊著上下篇，而田骈、接子皆有所论焉。"（第2347页）

③高银秀《慎到》，载《三晋一百名人评传》，山西人民出版社1992年第1版，第80页。

④《慎子·威德》："蓍龟，所以立公识也；权衡，所以立公正也；书契，所以立公信也；度量，所以立公审也；法制礼籍，所以立公义也。凡立公，所以弃私也。明君动事分功必由慧（惠），定赏分财必由法，行德制中必由礼。"（《诸子集成》，上海书店影印出版，1986年7月第一版，第2-3页。）

⑤《慎子·君人》："君人者，舍法而以身治，则诛赏予夺，从君心出矣。然则受赏者虽当，望多无穷；受罚者虽当，望轻无已。君舍法，而以心裁轻重，则同功殊赏、同罪殊罚矣，怨之所由生也。……法之所加，各以其分，蒙其赏罚而无望于君也。是以怨不生而上下和矣。"（第6页）

⑥《慎子·君人》，第6页。

⑦《慎子·逸文》引《艺文类聚》卷五十四："故治国无其法则乱，守法而不变则衰。有法而行私，谓之不法。以力役法者，百姓也；以死守法者，有司也；以道变法者，君长也。"（第9页）

⑧《韩非子·喻老》，第436页。

⑨《老子·二十六章》，第81页。见高专诚著《老子通说》，山西人民出版社2009年12月第1版。

⑩《韩非子·喻老》，第436页。○《老子·二十六章》："轻则失本，

躁则失君”（第82页）传世各种《老子》版本有“失本”和“失臣”两说。

⑪《韩非子·难势》，第939页。

⑫《韩非子·观行》，第522页。

⑬《韩非子·功名》：“短之临高也以位，不肖之制贤也以势。”（第552页）

⑭同上。

⑮《老子·三十六章》，第108页。

⑯《韩非子·喻老》：“君人者，势重于人臣之间，失则不可复得也。”（第437页）

⑰《论语·颜渊十二》，第180页。

⑱《韩非子·功名》，第552页。

⑲《韩非子·外储说右上》，第763-764页。“田成氏”就是“陈成氏”，陈氏家族。

⑳《左传·昭公二十九年》：“冬，晋赵鞅、荀寅帅师城汝滨，遂赋晋国一鼓铁，以铸刑鼎，著范宣子所为刑书焉。”（《春秋左传集解》，上海古籍出版社1997年12月第1版，第1581页。

㉑《韩非子·喻老》：“赏罚者，邦之利器也，在君则制臣，在臣则胜君。”（第437页）

㉒《韩非子·外储说右上》，第765页。

㉓同上，第767页。

㉔《韩非子·主道》：“此人主之所以独擅也，非人臣之所以得操也。”（第74-75页）

㉕《韩非子·爱臣》：“此明君之所以备不虞者也。”（第62页）

㉖《韩非子·扬权》，第164页。

㉗详见《韩非子·八奸》，第182页。

㉘详见《韩非子·扬权》，第170页。

㉙《韩非子·备内》，第323页。

㉚详见《韩非子·外储说右上》。第769—770页。

㉛《韩非子·外诸说右上》，第761页。

㉜同上，第758页。

㉝详见《韩非子·外储说右上》。第772页。

第六章　熙熙求利：功利主义政治观

建功与求利：人类原发动力

为我与为他：一切皆因功利

言论与行为：立下现实标准

求利与仁爱：务实务虚之间

功利与法制：任事胜过任人

急功与近利：功利观之利弊

韩非子政治思想以维护君主地位为目的，以法、术、势为手段，以人生来具有的利益心、功利心为出发点或入手之处，形成一整套讲究实用的、极度接近社会和政治现实的思想主张。

功利在人类和人类思想中的地位、价值和作用之类的话题，自有人类社会以来就存在了。如何在思想和实践层面解决与功利相关的问题，何时何地都会受到关注。统治者和被统治者要关注，思想家和政治家更要关注。在韩非子之前，儒家和墨家阐述过系统的功利观。他们不否认功利的重要性，但更愿意相信，在特定条件下，某些人会有超越功利的思想，也会有超越功利的行为。但是，法家并不完全接受这样的功利观，认为空想成分太多太重，会影响国家和社会的正常发展进程。韩非子的法家前辈们，如慎到、申不害和商鞅等，都从不同角度对以儒家为代表的轻视功利的思想做过批判。然而，不出所料，对功利主义进行系统阐述和积极倡导的，无疑是韩非子政治思想。

建功与求利：人类原发动力

韩非子的功利主义由功与利两部分组成。功指的是功用，一物、一人或一事的实用价值，利指的是物质利益，金钱财物之类。韩非子也认识到，好名声同样能给人带来利益，严格说来是利的一种。一般来说，功与利有着密不可分的联系，尽管区别开两者也是必要的。

功用可以创造财富，但并不是所有功用都能与财富直接挂钩。对于一个国家来说，功用可能与国家财富有关系，也可能与政治和社会安定有关系。对于君主来说，功用可能与他的经济利益有关系，也可能与他的政治权力有关系。对于其他个人来说，立功可能受到奖赏，但一个有用的人可能与治国安邦有关，而不一定能够得到与他的功用相当的物质利益。

功与利是密不可分的。基于人性中严重的自私倾向，韩非子强调功对于利的依赖。如果没有利，功是难以成立的。如果没有利益的引诱和诱惑，人们是不会为抽象价值去建功立业的。这种说法听上去与传统儒家的价值观有些异样，在某些地方甚至完全相反，但它确实是对于人的内心世界的猛烈撞击。韩非子在论述他的功利主义政治思想时，虽然也强调功利并举，但真正的重点却在于利。所谓功利，其实就是利益。

在韩非子看来，功利是人类生存和发展的原动力，也是衡量所有存在物价值的终极标准。以此为标准，道德说教、文化活动，凡是缺乏功用，不能直接为社会创造物质财富的活动，在当前这一时刻来说，都是多余的。这样的主张，在任何社会转型时期都会赢得一定市场，在战国末期更是直指社会焦点。当秦始皇完成霸业时，就非常欣赏韩非子的这种价值观。

在韩非子思想中，做事要以功利为标准，用人也要以功利为标准。他的用人之道，甚至主张必须去除世俗所谓贤人。前文讲到周朝立国初年姜太公对于两位著名贤士狂矞和华士的做法。周公旦被认为是儒家思想早期开拓者，他认为此二人是远近闻名的贤者，具有传统儒家看重的气节，无视财富、地位和名利，是典型的非功利主义者。可在姜太公看来，这样的人才不仅不能为人取利、为社会谋利，还要消耗社会财富、破坏社会风尚，是社会的累赘和毒瘤。他们居然还高喊着要跟君主唱反调，不杀了他们还能怎样呢？

在韩非子的法治国家里是不容纳世俗所谓贤人的。世俗所谓贤人大多是“文化”名人，有文化、有学问、有名声、擅长说古道今，就是没有实际治国才能。他们的利欲之心并不比别人少，但却因为浪得虚名，便在那里端着架子，等待当权者来延请他们。其实，即使把他们请出去，当权者也只是当招牌使用。可他们还不满足，动辄隐居起来，私下里发泄对现实的不满。在韩非子看来，这种人就是无用之人。有魄力的君主杀掉他们是理所应当的。

韩非子认为，在他的时代，基础性文化建设，既不能吃又不能喝，毫无实际功用，显然是多余的。“文化人”又缺乏百折不挠的治国理政热情，在韩非子眼中就成了国家累赘。由于太多君主和当权者醉心于各种思想言论，空谈误国，迫使像韩非子这样的务实思想家不得不矫枉过正，以极端的主张进行纠偏。韩非子的观点是特殊社会环境下的产物。从长远来看，极端功利主义有碍于人类社会的文明进步，但就某些时代而言，又具有强烈的现实批判精神，能够起到促进思想、催人奋进的作用。

为我与为他：一切皆因功利

韩非子认为，求功求利之心是顺乎人情的。人的一举一动，如果以利为中心，就是与远在越国的人也可以和睦相处；如果以害为中心，父子之间也会产生仇怨。在韩非子时代，土地所有者（地主）为一方，出卖劳动力者（雇工）为另一方。前者雇佣后者耕种，后者以劳动得食。地主准备好合适的食物和工钱，等待雇工到来。地主一定要让雇工吃好，得到合理的工钱，这不是出于爱人之心，而是希望雇工卖力干活儿。同样，雇工拼命干活儿，也不是因为爱地主，而是想吃得好一些，得到的工钱多一些。一切的一切都是为自己打算，这才是人与人交往的实质。所有人都为自己谋利，才是人与人交往的目的。

一切为我的宗旨，并不必然导向损人利己，而是一切依靠自己。为我的目的和结果，不必导向损害他人。如果方法得当，可以把为我与为他统一起来，把双方利益都合理照顾到。韩非子说，人在婴儿的时候，如果父母照顾不周，长大了就会埋怨，长大成人之后，如果赡养父母不周，父母就会责骂。按理说，父子关系至亲不过，还是会产生这种令人不愉快的局面。这是因为人们总是抱着别人应该帮助自己的希望，而不是自己解决自己的问题。把希望寄予他人，就容易产生责怨之心，而一切自己动手，事情就会向着好的方向发展。[①]反求诸己才是平衡为我与为他的最合理途径。

从自我要求的愿望出发，韩非子讲述了他的功利主义政治原则。对于君主来说，遵循功利主义原则，一是要以利作为国家政治运作的动力，二是要严格控制臣下的不合理、不合法的利欲之心。

齐桓公娶一位蔡国女子为妻。有一次夫妻二人一同乘船游玩，夫人一高兴，故意把小船晃得左右摇摆。齐桓公非常害怕，让夫人住手，夫人不听。齐桓公一怒之下，就把妻子休回了老家。过了一阵子，齐桓公又想叫她回来，可是一打听，此女子早已改嫁了。齐桓公大怒，就要发兵攻打蔡国。管仲劝谏道："这种日常琐事，不足以成为讨伐一个国家的理由，也不能成就体面的功业，请不要有这种念头。"齐桓公不听，一定要出这口恶气。不得已，管仲给出主意说："楚国已经有好几年不向周天子进贡了，我们还不如以此为理由攻打楚国。在教训完楚国之后，回来的路上再去讨伐蔡国，理由是，我们为天子攻打楚国，蔡国却不派兵协助。"齐桓公依计而行，达到了报复的目的。名义上替天行道，实际上是要达到个人目的。在这个过程中，真正起作用的是齐桓公的功利之心，而不是周天子的权威。

吴起是战国时代有名的军事家，也是著名法家人物。他在魏国做过大将，战功赫赫。他指挥军队攻打中山国时，有士兵受伤，伤口化脓。吴起见状，跪下去吮吸伤口的脓水，士兵们都深受鼓舞，这个士兵的母亲却开始哭泣。人们问："吴将军这样厚待你儿子，你为什么还要哭泣？"母亲回答："吴将军曾经给孩子父亲吮吸伤口，孩子父亲随即就战死了。如今又给这孩子吮吸伤口，他肯定很快会战死，所以我才伤心落泪。"[②]吴起对士兵的仁爱，并不是发自内心的好感，而是要让士兵在战场上拼命。吮伤是名，让士兵拼命才是实。

齐桓公对蔡国的恨，吴起对士兵的爱，都是受功利目的支配。韩非子以此告诫人们，任何言语行事都是有功利目的的，不管是出自什么样的人物。没有功利目的的事情，既不合乎人之情，也没有价值，不管当事者提出的口号多么响亮、多么高尚。尤其在政治领域，不把功利放在首要位置，国家就会灭亡，君主也会身败名裂，大臣更不可能建功立业。只是抽象地说为我或为他，并不能解决实际问题的。只有以功利为追求，为我或为他才能落在实处。君主为我，可以使国家政治安定，实际上也有利于大臣，也就实现了为他。大臣为我，依照君主要求建功立业，结果也有利于君主，也可以实现为他。在韩非子设定的政治框架中，他的功利主义正符合荀子所坚持的“持之有故，言之成理”[③]的基本学理要求。

言论与行为：立下现实标准

言与行的关系，即人的言论、言语是否能与行为相一致、相配合的问题，一向受到世人重视，更是思想家不断深入探讨的话题。这不仅是一个哲学或认知问题，更是关系到做人做事，关系到一国政治兴衰的问题。韩非子虽然不是典型的哲学家，但着眼于现实政治，对于言论与行为的关系也予以极大关注。特别是从君主如何看待大臣言行的角度来看，这显然是国家能否实现大治的重大问题之一。面对各国政治现实，韩非子提出批评的声音是高亢有力的。无论对于君主，还是大臣，韩非子都认为他们在言行关系上的现实表现是有问题的。那些庸肩碌碌的君主，在闻听臣下言论的时候，只是欣赏发言者的口才和雄辩；在观察臣下行为的时候，只是赞赏他们迂阔而没有实用价值的所作所为。在这样的风气影响下，普通百姓们在言论上也是流于不着边际，在行动上则远离现实的紧迫要求。[④]

墨子思想是韩非子时代的著名学说，所谓“显学”。墨学的实质是指导实践，却不适宜于进行辩说。墨学宗旨是传授先王之道，论述圣人言论，以宣告于当世之人。它的出发点是实用的，如果过分重视辞语巧辩，就怕世人只顾欣赏巧妙文字，忽视了它的真正目的。墨学反对“以文害用”[⑤]，不赞成表面浮华损害内在实用。

秦国君主把女儿嫁给晋国公子，出嫁的时候让女儿穿着普通衣装，要求到了晋国之后让晋国人给打扮，同时却把陪嫁的七十个妾女打扮得花枝招展。到了晋国，夫家爱其妾女而弃其女儿。韩非子说，这就叫作善于嫁妾而不善于嫁女，抓住了次要的而抛弃了主要的。

有个楚国人到郑国推销宝珠，用最上等木料做成盒子装盛宝珠，还把盒子装饰得美不胜美，结果，郑国人纷纷买走了盒子，退回了珠子。这个楚国人只能说是善于卖盒子，却不善于卖珠子。由于出发点错误，结果适得其反。

韩非子认为，当世的种种所谓救世学说，都把华丽文辞放在首位，以此掩饰内在不足。君主在接触这些学说的时候，也是只顾欣赏文辞，根本没有去关注它们有没有实用价值。⑥

公输班，也就是著名的木匠鲁班，曾用木头制成一只飞鸟，能连续飞行三天。鲁班认为这项发明可谓巧夺天工，可哲学家墨子却认为鲁班的这种巧技没有任何实用价值，还不如他制造的木头车轴，既不费工，又能负重。墨子下结论说，真正的巧是对人有功利之用。那种对人没有功利之用的技巧，必定是拙。巧与拙的标准不在于制造出多么精致的东西，而在于这些东西是否具有实用价值。⑦

实用或功利，既是生活的最高标准，也是政治的最高原则。政治家不要唱高调，国家政策也不能流于形式。虽然良药苦口，但有头脑的人却一定要去喝，因为他们知道这种药才能治病。忠诚的劝谏之言听起来不太顺耳，但贤明君主却一定要接受，因为只有这种言语才能让君主取得政治成效。⑧

君主听人进言，只能以功用为唯一目的，并把这一目的作为明确标准确立下来，不能动摇。那些追求细枝末节的言论，虽然说得很细致，头头是道，但探讨的却是些钻牛角尖的问题，不可能成为国家政治的当务之急。与此相反的另一种极端思想是，只是谈论一些迂阔宏大的问题，虽然也能自圆其说，却根本没有实用意义。以上倾向都是着眼于现实的政治家不能容忍的。⑨

燕王非常喜欢微雕，有个卫国人说是能在棘刺尖上雕刻一个母猴。燕王大喜，给了这个卫国人最优厚的待遇。可是，这个卫国人有个条件，要求燕王必须在半年之内不入内宫，不要喝酒吃肉。做到以上要求，才能在雨后日出的时候看到这个母猴。在燕王照着卫国人的要求去做的时候，一个工匠对燕王说：“我也是做雕刻的。以我看，要雕刻一个东西，必须得用另一个东西，并且后者要小于前者。可现在，到哪里才能找到比棘刺尖还要细小的东西呢？大王要去看一下那个卫国人的雕刻工具，能与不能，马上就会弄清楚。”燕王觉得有道理，就问那个卫国人，能不能看一看他是用什么工具进行雕刻。卫国人满口答应，说是工具放在住处。燕王让他去取，结果可想而知。说是去取工具的卫国人，最终一去不返了。[10]

如果没有实践验证，什么样的大话空话都可以说。宋国人兒说是有名的能言善辩之人，他最有名的观点是所谓“白马非马”，白色的马不是马，因为“白马”是个别的马，“马”是指所有的马，个别特殊的马，当然不是整体的马。在空对空、概念对概念辩论的时候，连当时人才济济的齐国稷下学宫里都没有他的对手。有一次，兒说骑一匹白马经过关卡，按规定应该缴纳马匹过关税。兒说不想缴税，就跟守关军卒说“白马不是马”，不应该纳税。军卒完全听不懂他在说什么，举刀相向，兒说只好乖乖地缴税过关。韩非子不无讥讽地说：“籍之虚辞，则能胜一国；考实按形，不能谩于一人。”[11]那些擅长辩说之术的人，如果以言语争胜为标准，全国人都不是他的对手。如果要求兑现他们所说所言，就连一个人也欺哄不过。

验证言行可信与否的最有效办法是制定公认的可以检验的标准。韩非子说，如果把箭头磨得足够锋利，用硬弓射出去，在黑暗中也能射中秋毫一样的小东西。但是，在同样条件下，如果不能第二次射中同一目标，就不能算是射箭高手。用老百姓的话说，“打哪儿指哪儿”根本算不了什么。一定要在射箭之前立下目标，才能检验出射手的水平高下。没有固定目标，即使射中再小的东西也算不上是高手；有了固定目标，即使射中的目标很大也不能说是低手。在现实政治中，如果国家政治没有明确方向，就会引来无数能言善辩之士。这些辩士会以“白马非马”之类的巧妙说法，让君主觉得新鲜刺激，从而上当受骗，使国家政治偏离正道。相反，贤明君主在位，清楚国家需要什么，并提出严格的功利标准，那些夸夸其谈的人就找不到市场了。[12]

有个人说能教会燕王长生不死之道。这可正中君王下怀，他们是世上最不想死的人。燕王赶快派人去跟那人学。可是，派去学习的人还没有来得及学会不死之道，那个教人的人就死掉了。燕王大怒，责备去学习的人行动迟缓。韩非子说，燕王不知道那个人是骗子，却责怪派去学习的人，因为燕王太急于得到长生之道，以至于昏了头。燕王为什么不想一想，那个人自己还不免一死，又怎能教别人不死之道呢？这就是说，燕王并没有弄明白生死之道，只是以想象对待生死，就难免做出荒唐事情来。

郑国有两个人争论谁的岁数更大。一个说："我与尧帝同岁。"另一个就说："我与黄帝的哥哥同岁。"照这样争论下去，谁说在最后，谁就会获胜，这同样是因为没有在事先立下明确的客观标准。进行言语辩论的人最喜欢在最后发言，而那些聪明的辩才也是要先让对手发言，这样就能找到可乘之机，去攻击对手的破绽。在韩非子看来，纯粹的言语之辩本身就有欺骗性，取胜的原因很大程度上不在于言语的内容，而在于言语的技巧。与行动相比，言语明显来得快一些，而那些头脑简单的君主很容易被巧妙的言语打动，使得像韩非子这样的怀有真才实学之人难以得到认可。韩非子看到了这种潜在威胁，不遗余力对空洞的言语予以抨击。

齐王问一位画家，什么最难画，画家说是犬马。什么最好画，画家说是鬼魅。犬马是人们常见的，画得好与坏，一看便知。鬼魅是人们看不到的，画成什么就是什么。换句话说，画犬马有标准，画鬼魅可以任意发挥。如同兒说"白马非马"的故事一样，论说马的时候可以自定标准，乘坐马的时候则不能含糊。在君主面前，那些能言善辩的人甚至敢说一举手就能消灭一个大国，而讲求功利的人只能说得一步一步来。单从言语效果上看，君主当然会喜欢前一种人。可是，如果真的要求付诸实施，却只能依靠后一种人。韩非子不断悲叹，世俗君主大多爱做梦，如同希望自己长生不死一样，没有勇气和魄力面对现实，致使英雄豪杰永远得不到畅抒才能的机会。

能言善辩之士与君主形成的相互依存的关系，是造成政治败坏的主要原因之一。这样的辩士往往没有实际经验，就靠着利口，从思辨角度看待问题，以无边想象处理问题，肯定与现实有着莫大距离。韩非子说，有个名叫虞庆的人，在盖房子的时候不听匠人的意见，而是凭着巧嘴不断反驳匠人。匠人说不过他，只好按他的主张盖房子，结果是房倒屋塌。还有个叫范且的人，认为工匠造弓的方法有问题，想当然地要求工匠按照他的主张造弓，结果一拉就断。世俗君主对于善辩之士也是这样，只是发现从辩说的角度难不倒他们，就照着他们的意见去治国，结果把国家治理得一塌糊涂。

韩非子感叹，像虞庆和范且这样的人，都是擅长在言语上取胜，但行为却有悖常情的人。可惜的是，君主因为喜欢他们的华丽言语，对他们的行为不加禁止，使得有道术的人士总是面临房倒弓断的选择。当年孟子教训齐宣王说："今有璞玉于此，虽万镒，必使玉人雕琢之。至于治国家，则曰：'姑舍女（汝）所学而从我。'则何以异于教玉人雕琢玉哉？"[13]即便是价值万金的玉石，君主也舍得交给玉工去处理、去雕琢，原因是君主明白，自己对于治玉一无所知。可是，轮到治理国家的时候，君主却对那些有治国之才的人说，把你学到的本事扔到一边儿，来听我的。孟子不乏愤怒地说，这何异于教玉工如何雕琢玉石一样荒唐呀！孟子和韩非子所说的工匠，就是治国的有道术之士。在孟子和韩非子看来，这些有道术之士是治理国家的专才，君主应该依靠他们治国理政，因为只有他们才能给国家带来实际利益。可是，那些庸碌君主却欣赏不能给国家带来实在益处的辩士。听来听去，国家日益走弱，君主的地位也就摇摇欲坠了。

韩非子非常贴切而生动地比喻说，孩童在玩游戏的时候，把土当做饭，泥当做汤，木头当做肉，可是，肚子饿了的时候，都要跑回家吃饭，这是因为，泥土和木头只是玩物不是食物。那些总是称颂上古治世、好辩而不诚实的人，那些只会道说先王仁义而不能拿出有效治国方案的人，就是些只能听着玩儿而不能实际治国的人。言下之意就是，那些听信这些人的君主，是把治国当成了游戏，这注定是要出问题的。[14]

能言善辩之士，被别有用心的大臣从各地请来。大臣给他们好处，或者私下里威胁他们，让他们在君主周围尽其所能地表演，使君主听不到真正有益的意见。对于这种人的议论，有头脑的君主一定要明辨之。辩士说哪个大臣好或不好，君主要以实际行动考察这个大臣，不让大臣利用辩士抬高自己。战国时代，政治形势异常复杂，各种人等不得不利用一切机会表现自己，这在很大程度上就给能言善辩者提供了最广阔的舞台。对于这些人的言语进行验证，普通水平的君主是难以办得到的。韩非子力图为君主提供一个解决此类问题的一揽子手段，并纳入了他的“帝王术”之中。

一般认为，言行一致是一种做人的美德。但在韩非子那里，大臣的言行一致在政治上应该有特殊含义。做大臣的，言论中积极进取的内容不多，消极保守的内容却不少，即使这种言论能取得功劳，也不应该提倡。不被提倡的言论是有罪的，所取得的功劳也不应该得到奖赏。君主树立起这样的准则，群臣就不敢用圆滑的言论蒙骗君主了。大臣在处理政务上言行不能一致，虽然做事成功了，也要受罚。韩非子举例说，权臣给君主出主意时，担心出现言行不一的罪责，就在事先申明，“对这件事说三道四的人，肯定是嫉贤妒能”。君主听信了这种说法，不再听取群臣的不同意见，群臣也就不敢多说了。就这样，君主的政治准则被破坏，言路被阻塞，久而久之也就受制于权臣了。

为避免出现这种受制于权臣的局面，韩非子进而主张，君主必须坚持这样的原则：作大臣的，说了话要负责，不说话也要负责。言论没有根据，无法检验，这是说了话的责任；以不说话逃避责任，以保持自己的地位，这是不说话的责任。做人臣的，一则不得不言，二则又不能妄言。这就既杜绝了明哲保身的和事佬官员，又防止了以花言巧语蒙骗君主的官员。韩非子要达到的政治目的是，做大臣的，一定得做有责任心的，同时又是负责任的大臣。只有这样，才能造就一个负责任的、有效率的、有成就的政府。

做大臣的，不知而言，是不智；知而不言，是不忠。为人臣不忠，当死；言而不当，亦当死。对臣下的这种苛严要求是一般君主难以做到的，也是多数大臣所反对的。做大臣的，不知是罪，知而不言也是罪，言而不当更是罪。[15]这就为君主严格控制大臣做了原则上的基本准备。

韩非子对大臣言行关系的论述，特别是对现实中以花言巧语骗取君主信任的人与事的批判，有太多精彩之处，有些事例生动有趣，有些评语入木三分。但是，在某些方面也有强词夺理之嫌，很有损于他的观点的说服力。比如"白马非马"之论，其实是一个很深奥的哲学问题，却并没有受到韩非子重视。普通人听不懂、难以接受，甚至面对军卒时出现"秀才见了兵，有理说不清"的现象，这很正常。但在韩非子那里，把兒说骑白马不能过关的事件与诸如"雕母猴"和"不死之药"之类的欺诈行为混为一谈，就是不应该的了。

求利与仁爱：务实务虚之间

韩非子功利主义的重要对立面，是儒家的仁义之道、仁爱之说。根据儒家的仁爱观念，人与人之间、君主与臣下之间，除了功利关系，还应该存有仁慈之心、仁义之道。更重要的是，在特定情况下，仁爱之心可以超越功利主义要求。对此，韩非子提出了严厉批评。

韩非子说，父母生下孩子，若是男孩就欢喜，若是女孩就弃掉。对于这种在农耕社会特定历史条件下形成的风俗，韩非子的看法是，男孩和女孩都是父母骨肉，遭遇却截然不同，因为父母想到了将后的利益。这里所说的利益，主要是指所谓传宗接代，以及保证家庭劳动力等方面。不论出于什么原因，韩非子的结论是，父母对于子女还以计算之心、利益之心相对待，更不用说其他关系了。

儒家学者却劝告君主说，对臣民要去掉求利之心，以仁爱之道待之，这明显是要求君主与臣民的关系胜过父母与子女的关系。这种要求是不现实，有头脑的君主是不会接受的。

韩非子非常有把握地说，君主的最大利益是成就霸业。为了实现这个最大利益，君主一定要任用能够胜任的官员，明于法度，赏罚无私。君主要使臣民明白，只要拼命立功，就可以得到富贵荣华。臣民的最大利益是得到富贵。为了实现这个最大利益，他们会尽力建功立业，死了也不遗恨。依此来看，君主丝毫没有表现出对臣民的仁爱，臣民也丝毫没有表现出对君主的忠诚。[16]君臣双方不仅没有共同利益，而且都是为了各自利益而尽力，说到底，他们是互相利用的关系，而相互利用的核心所在就是功利。君主与大臣，各建各的功，各得各的利。这与儒家在君臣关系上的理想化描述完全相反。

不管儒家的观点多么好听，比如君臣为了江山社稷，为了实现共同利益，一方仁慈，一方忠诚，这当然是再好不过的说辞，可是，看看历史和现实，韩非子不断提醒人们注意君臣父子间的殊死搏斗。并不是每个君主都是暴君，也不是每个大臣都是叛臣，可是，他们没有这么做，并不表示他们内心是仁慈的、忠诚的，而更可能的是，他们没有那份魄力，没有那份胆量。任何人都没有办法看穿别人的内心世界，所以，韩非子设想，与其往好的方面想，还不如往坏的方面想。害人之心不可有，防人之心不可无。

在古代专制政治体制下，韩非子的思路虽然不如儒家的主张那么好听，但实际影响力却远在儒家主张之上。在中国古代的实际政治运作中，儒家的说法至多只能起到装饰作用，是务虚的。在公开场合，人们都会赞成君慈臣忠的主张，认为这才是明君与贤臣的追求。可是，在君臣的具体行为中，仁君大多不能保其位，忠臣大多不能保其命。韩非子的主张无疑是人们内心深处真正的处世之道，真正的从政之方，明显是务实的。

有感于君主的务实和务虚之道，韩非子提出了“六反”论，对一些君主的糊涂思想和错误做法提出了严厉批判。

韩非子无情抨击了被君主和世俗所看重和称誉的六种“奸伪无益”之人。那些因为畏惧死亡、远避灾难而投降敌方的人，却被尊称为“贵生之士”，珍惜生命的人士。那些因为研习各种思想、树立各种学说而违离国家法制的人，却被尊称为“文学之士”，通晓礼仪文制的人士。那些游学游仕、贪图养尊处优的人，却被尊称为“有能之士”，有才能的人士。那些能言善辩、奸伪欺诈的人，却被尊称为“辩智之士”，善辩而有智慧的人士。那些滥用武力、暴虐无度的人，却被尊称为“磏勇之士”，有胆量和勇气的人士。那些包庇贼奸、帮助罪当该死者的人，却被尊称为“任义之士”，讲义气的人士。

韩非子热情赞扬被君主和世俗所弃用和毁谤的六种“耕战有益”之人。那些不畏艰险、守节死难的人，却被贬损为“失计之民”，没有头脑的人。那些听从命令、遵守法纪的人，却被贬损为“朴陋之民”，原始简陋的人。那些努力劳作、生产财利的人，却被贬损为“寡能之民”，缺少能力的人。那些思虑单纯、持守诚信的人，却被贬损为“愚戆之民”，愚蠢无知的人。那些尊重君上、不惹是生非的人，却被贬损为“怯慑之民”，胆小怕事的人。那些揭发奸贼、向上告发的人，却被贬损为“谄谗之民”，阿谀奉承的人。

韩非子不无痛心地总结说：“奸伪无益之民六，而世誉之如彼。耕战有益之民六，而世毁之如此。”此之谓“六反”，即正义与奸邪正相反的六种人、六种情形。明明是“奸伪无益”之民，对国家富强毫无益处的人，为什么能够得到世俗舆论的广泛赞誉？韩非子认为，社会中有许多所谓贤达之人，只想以虚名获利，根本不想为国家富强出实招、尽实力，所以就制造各种高大上舆论，以提高“奸伪”之人的影响力。同时，确有一些缺乏判断力的君主，被这类人的虚名所吸引，对他们礼遇有加。不用说，在君主礼遇之下，这类人必然获利无数，使他们的影响力越来越大，追随者也越来越多，反过来又会让君主认为对这类人的礼遇是理所应当的。

相反，对于“耕战有益”之民的行为，老百姓从私利出发是不愿意接受的。老百姓只想得到私利，并不在乎国家能否富强。如果能够不劳而获、不苦而得，为什么要辛苦劳作、诚信守法呢？在这种指导思想下，老百姓必须贬损“耕战有益之民”。一些君主也会蔽于世俗舆论，看不起“耕战”六民，使“耕战”六民受到各种伤害。“名赏在乎私恶当罪之民，而毁害在乎公善宜赏之士”，那些行为恶劣而应该受到罪责的人却获得了名声和奖赏，行为良善而应该受到奖赏的人却受到了毁损和伤害，在这种情况下，“索国之富强，不可得也”[17]，还想追求国家富强，显然是不可能的事情了。

功利与法制：任事胜过任人

韩非子认为，功利是法律存在的基础，但功利原则并不能取代法律的作用。制定法律是利用人的功利之心。有功则赏，可以得利；有过则罚，使人失去利益。实现功利不能是无原则的。奖赏不能超过功劳，所得不能大于付出。

君臣关系是敌对的，君主对大臣不可以掉以轻心，做事之前，要了解大臣心里在想什么。不知大臣所思所想，君主就提早暴露真实欲望，不仅得利不成，反而会受害。大臣知道，只要让君主满意了，使用什么手段、付出是多是少，君主是不会计较的。君主明白了大臣的这个套路，就应该依法行事，不能提早暴露真实想法。

君主的原则是，事半功倍，收入多、付出少的事情，才能去做。那些糊里糊涂的君主则不然，只盯着收入，却不注意付出；已经事倍功半了，也看不出其中危害。结果是，看上去得到了，却是大大地失去了，以不起眼的成功，招致更大危害。韩非子说，所谓有功，不外乎是收入多，付出少。[18]但现状却是，君主对大臣提出要求，付出再多也不计较，只要有功劳就行，哪怕功劳是微小的，甚至与付出之巨完全不成比例。很显然，这样的微小功劳对君主是非常有害的。

大臣们一般都是用三种办法或三条途径对付君主，而且相当有效。大臣如果想有所进取，想加官晋爵，最有效的捷径就是把一些高大上的名誉加在君主头上，比如夸赞君主仁慈、博爱、圣明等等。如果想获得个人威势，大臣就得背离法制，在一些重要领域形成个人专权。如果想为所欲为，就要表现出对君主忠诚守信，博得君主信任。但是，这三种做法或三条途径，不仅会让君主进退失度、陷入昏愦，而且与韩非子所说的法制精神背道而驰。

君主对待大臣的正确态度是，大臣再有本事，也不能背离法制而实行个人专制；大臣品行再好，也不能无功而提前得到奖赏；即使大臣在君主面前言行忠实可信，也不能不受国法禁止。韩非子把他的严厉主张称之为“明法”[19]，即法制规定明白无误，大臣守法明确不二。事实上，人的才能、品行和忠信表现，只能代表过去的情形，并不能证明以后也有价值，更不能证明以后的功劳和实际表现。好人或就好事，只是逻辑推演，在韩非子看来，把好事作在眼前，建立实际功劳，才能证明好人的价值。这就是法家的任事不任人的功利主张。

韩非子强烈反对君主对大臣的奖赏超过功劳。奖赏过度，大臣就会巧取侥幸。大臣能够从君主那里白白得到奖赏，任何功劳都会显得无足轻重，失去价值。没有功劳而得到奖赏，会使国家财力空乏，民众也会对君主感到失望，而心怀失望的民众就不会尽力劳作了。用赏过度会失去民众支持，用刑过度民众会无所畏惧。一个国家，奖赏起不到劝勉作用，刑罚起不到禁止作用，必定会出现重大险情。

儒家学者不顾现实，从教条出发，说什么，“君主不爱护人民，赋税那么沉重，使人民日用都发生困难，对在上位者产生怨恨之心，所以引发天下大乱”。这是认为，君主只要爱护百姓，给他们足够财用，即使是刑罚轻一些，甚至不用刑罚，天下也可能达到大治。韩非子认为，这是根本错误的想法。

韩非子用他惯常的推理方法论述道，在富人家里，儿女都会得到父母宠爱，吃喝用度不用发愁。像这样财用足够的时候，他们就会挥霍浪费，生活奢侈。另一方面，父母宠爱孩子，不忍心严加管束，致使他们产生骄横之心。这就说明，人们即使财用充足、享受厚爱，如果缺乏重刑规约，终究要滋生大患。生活优渥并不能保证不犯罪，爱心也不能取代法律。

与儒家学者的见解相反，韩非子认为，从人之常情来说，人一旦财用充足，就会滋生懒惰之心，不愿意出力流汗；如果君主充满仁爱，不使用严刑峻法，人们就会肆无忌惮、胡作非为。韩非子并不否认世上确有一些不同寻常的人，在财用充足时也会不停地劳作，比如神农帝；在国家法律不严时也会自强不息，比如孔子著名弟子曾参。但是，这毕竟是人群中的极少数。绝大多数普通人根本达不到神农、曾参这样的高度，也就是说，儒家学者的主张并不具备普世性。

韩非子引用老聃的名言：“知足不辱，知止不殆。”[20]知道满足的人就不会遭受屈辱，知道有所止息的人就不会有危险。韩非子并没有这种说法，但他修正说，能照着这个名言去行事的，只有老聃这样的人，可是，世上能达到老聃那般修养的人实在是太少了，至少在普通老百姓当中是根本不会有的。如果说让老百姓知足就能解决一切社会问题，等于说所有百姓都是老聃，这显然等于痴人说梦。就拿夏朝最后一个天子，也就是有名的暴君桀王来说吧，贵为天子，还不满足于尊贵地位；富有四海，还不满足于八方财宝。至于普通百姓，再满足也达不到天子的程度，而要想让他们满足现状，不生事端，不触犯法律，当然是不可能的。所以，英明君主的原则是，一定要让民众通过劳动而致富，通过立功而得到社会地位，一旦犯罪，就要受到重罚。所谓功利，只能在法律范围内才能起到它应有的积极作用。如果是漫无边际地、无原则地讲求功利，只能对法律形成威胁。[21]

韩非子生活在物资相对匮乏的时代，更是中国历史上非常动荡的时代，几乎所有社会成员都生存在自顾不暇的状态中，确实很难想象儒家理想主义描绘的美景会出现在道路前面的拐角处。当社会中上层在不知餍足地攫取，中下层在无边痛苦中挣扎的时候，儒家称道的道德自觉和人性光辉，听上去是相当虚幻的。作为当政者，尤其是一国之主，在这种客观情势下，既不可能通过长期观察去了解一个大臣，也不可能通过道德教化和薄赋轻罚去教化民众、提升民风。只有像商鞅和韩非子主张的强调实用、注重结果的政治理念，才能打动文化普及程度较低、民风政风讲求实际的秦国及其统治者。尤其是秦王嬴政，他虽然不能任用韩非子这个人，却极度崇尚韩非子思想，坚持功利主义，任事不任人，最终成就了一统天下的大业，成为中国历史上第一个货真价实的专制君王。

急功与近利：功利观之利弊

韩非子功利主义政治观，或者说他的政治思想中的功利精神，具有深刻的批判精神和批判价值。历史上的专制统治者都喜欢用仁慈、宽容之类的面纱遮住自己冷酷无情的脸面，韩非子的观点不仅掀开了这层面纱，还挖掘到统治者内心世界的真实。韩非子主观愿望肯定不是要让君主难堪，而是真心实意地想提醒统治者注意恰当而有效地使用权势。然而，当人们注意到统治者其实并不需要这样的提醒时，又会觉得韩非子的观点未免有些书生气。那么，古代专制统治者为什么又会非常欣赏韩非子的功利思想呢？那主要是因为韩非子基于法家理念，对于功利思想及其如何应用进行了理论证明和系统阐述，使其更具说服力和操作性而已。

在分析韩非子功利思想时，人们不得不说，他是历史上最诚实的思想家。他不会拐弯抹角地委婉说话，而是每一句都直抵人的内心深处。求功谋利的并不仅仅是帝王。所谓自天子至于庶人，从帝王往下数，从大臣直到普通老百姓，无论何时何处，无不把个人利益摆在首位，并倾其所能地揽入怀中。那些一时没有顾及个人利益的人，不是反应太慢，就是不得已的让步，或者是沽名钓誉。韩非子并不承认人会有高尚的动机和行为，他最善于揭露所谓高尚行为背后的个人利益和动机。韩非子不客气地说，所谓仁爱，所谓忠诚，只不过是好听的说辞，是骗人的伎俩，从社会角度看去也不过是粉饰和宣传手段而已。

不过，韩非子的诚实，并不能掩盖他的功利主义政治观的不足。

韩非子功利观是特定历史条件下的产物。在韩非子以前以及韩非子所在时代，生产力相对低下，社会物产并不丰富，人们基本生存所需之外的其他需求还不明显，这就显得物质利益的要求特别重要。由于人们基本生存需要的压力太大，使得全社会范围内的文化建设和全体社会成员的精神需求还没有提到主要议事日程上来，当然也就更谈不上除了物质生活之外的其他更多享受。对于普通人来说，在这方面的需求就更加缺乏了。这就使得像韩非子这样的思想家误认为，物质生活之外的享受是多余的。也许最重要的是，当时政治形势非常严峻，各国随时随地都面临着存与亡的抉择。在这种情况下，如果政治家不把功利放在首位，那将是危险的，也是幼稚可笑的。

其实，从古到今，并不是人的所有活动都能与现实功利相联系。有许多事情，比如基础文化建设、社会公益活动、教育投资、个人情趣等等，既不可能有眼前的直接功用，也不可能马上实现人们看得见摸得着的实际利益，它们的作用是长期、缓慢和深沉的。韩非子并没有探讨这个问题，也没有提及有些现在看起来没有功用的事物和事情，是否在将后逐渐显现出必要性和实际作用。在韩非子时代，现实的压力不容思想家进行这种相对悠哉悠哉的考虑。尽管韩非子对功利的强调是认真而诚实的，但是，由于浅陋的急功近利思想作怪，韩非子功利思想的弊端还是不可避免地对现实造成了消极影响。

在韩非子时代，中国古代政治制度的发展比较简单，政治现实未能提供太多模板，政治观念尚处在初级阶段，范围有限，深度也有限。有太多政治家目光短浅，只看到眼前利益，没有注意到更远更深的问题。他们的这种现实追求，在那个特殊时代无疑影响了一些思想家，尤其是具有法家思想倾向的学者。就韩非子的观点而论，功利固然不能没有，也不能轻视，但是，国家政治显然还有其他价值和意义。特别是在政治走出专制，逐渐进入开明的时代，如果把政治与功利作同义词看待，那就是不道德的政治。儒家在这方面的看法比较理想化，但也不失为一种积极的努力方向。功利之心是一种现实存在，但是，如果能对它予以恰当引导，特别是道德引导，就会走向另一片广阔天地。

注释：

①《韩非子·外储说左上》：“挟夫相为则责望，自为则事行。故父子或怨谯，取庸（佣）作者进美羹。”（第660页）

②以上详见《韩非子·外储说左上》，第686–687页。

③《荀子·非十二子》，第91页。

④《韩非子·外储说左上》：“人主之听言也美其辩，其观行也贤其

远，故群臣士民之道言者迂弘，其行身也离世。”（第657页）

⑤同上，第668页。

⑥以上详见《韩非子·外储说左上》，第667-668页。

⑦详见《韩非子·外储说左上》。第670页。又《墨子·鲁问》“公输子削竹木以为鹊”章，见《墨子闲诂》，中华书局1986年2月第1版，第441-442页。

⑧《韩非子·外储说左上》：“夫良药苦于口，而智者劝而饮之，知其入而已己疾也。忠言拂于耳，而明主听之，知其可以致功也。”（第671页）

⑨详见《韩非子·外储说左上》，第658页。

⑩同上，第671-673页。

⑪《韩非子·外储说左上》，第674页。

⑫《韩非子·外储说左上》：“无度而应之，则辩士繁说。设度而持之，虽知（智）者犹畏失也，不敢妄言。”（第675页）

⑬《孟子·梁惠王下》。高专诚著《孟子通说》，山西人民出版社2004年1月第1版，第29页。

⑭以上详见《韩非子·外储说左上》。第676-683页。

⑮《韩非子·南面》：“言、默皆有责也。”（第331页）

⑯《韩非子·六反》：“此谓君不仁，臣不忠，则可以为霸王矣。”（第1007页）

⑰《韩非子·六反》，第1000-1001页。

⑱《韩非子·南面》：“凡功者，其入多，其出少，乃可谓功。”（第331页）

⑲同上，第328页。

⑳《老子·四十四章》，第132页。一般认为，老聃与老子是同一人。

㉑《韩非子·六反》：“使民以力得富，以事致贵，以过受罪，以功致赏，而不念慈惠之赐，此帝王之政也。”（第1017页）

第七章 人生在世：社会历史观

人性观：政治思想的潜在基础
历史观：时代不同的治国之道
经济观：求真求本的务实主张
战争观：兵战之器的审慎使用
哲学观：不务玄谈的实用主张

韩非子并不自认为是学者，这倒并不是因为他对当时的所谓学者心存反感，而是从他的功利主义思想出发，认为应该去做一番能对社会有实际价值的事业。但是，从结果上来看，既然他创制了一套独特的政治思想，至少是在做着部分的思想家的工作。事实上，就算是在阐述一套纯粹政治主张的时候，也不可能没有主旨，不可能不涉及思想领域的相关内容，这就是韩非子的社会历史观和哲学思想。

人性观：政治思想的潜在基础

韩非子是荀子的学生。荀子的学问在当时是一流的，特别是他的人性论，即传统所谓的性恶之论，更是独树一帜，颇具影响力。作为荀子学生，韩非子虽然没有把做学问作为终生选择，可是，他的政治思想和政治追求不可避免地深受荀子学说的影响。

韩非子没有提出明确和系统的哲学层面上的人性论，甚至都没有从学术角度探讨过人性问题，当然也没有使用“人性”这个词。但是，他追求的政治事业说到底还是人的事业，对于人性，他不可能没有看法。

韩非子说：“天有大命，人有大命。”韩非子所说的“命”，是指个人无法改变的外在力量，确切地讲，是与个人行为或某个事件有关的所有外在因素的综合力量。外在世界有其规律和规则，人也有特性和规则，任何人都不可能违背。从老子哲学出发，韩非子认识到人只有“去甚去泰”[①]，才可以保证身心无恙。这些应该去掉的过分的东西，包括极尽口味的美食，以及明眉皓齿等，只能给人以外在的享受和愉悦，实质上却是甘口而病身、悦情而损精。就人自身而言，有一些特性和规则是先天决定的。

韩非子断言，人的才智来自于人之“性”，即人的天性。所谓性，就是与生俱来的东西。从这一观点出发，韩非子说：“乱弱者亡，人之性也。”[②]此所谓“人之性”，相当于“人有大命”，说的就是与人相关的，甚至是人们难以摆脱的某种客观必然性、规律性。属于人性的东西，是后天不能改变的。只有后天可以塑造的东西，才能由人力加以改造。这就说明，尽管韩非子没有明确地从善或恶的角度定义人性，但至少承认人性是存在的，即发生在个人、人群和社会中的某些事情是必然的、有规律可循的。

除了“人之性”，韩非子还认为有“民之性”，即民众的固有特性。他说："夫民之性，恶劳而乐佚。"好逸恶劳是普通民众的特性，对待普罗大众，"不治则乱"[3]，必须严厉使用赏和罚的手段。不过，"民"的范围要小于"人"，"民之性"显然不是"人之性"，更不是指哲学意义上的"人性"。

韩非子又说："凡人之大体，取舍同者则相是也，取舍异者则相非也。"人的共性是，但凡取舍得失相同，也是利益相同的人们之间就会互相肯定，不同的就会互相否定。他说："夫安利者就之，危害者去之，此人之情也。"[4]人之常情，安全有利的地方就靠近，危险有害的地方就躲避。所谓"人之情"，是指人的实情，即人的真实表现甚至是本能表达。传统的理解是，人性是内在的，不可见的，需要以某种方式表现出来，这就是人情。换句话说，人性表现于外的是人情。人情就算不是人性本身，也是距离人性最近、最能说明人性的一种体现。这就再次强调了人与人之间是有共同性的。这种共同的东西，就是以利益决定一切。也就是说，组成人性和人情之核心内容的是利益和利益关系。

人与人的关系，最本质的是利益关系。依照韩非子的说法，抓住了利益这个核心，就能理顺所有人际关系，抓不住这个核心，即使是看上去最容易处理的关系，比如父子关系，也会出现问题。

从韩非子对君臣关系的认识和描述来看，他对人性的看法是比较消极的。趋利避害，不择手段地夺取利益，既是人的本性，也是大臣的本性。韩非子没有明确主张人性为恶，但荀子的性恶论却是他最有可能的选择。荀子的性恶论与韩非子的以下主张是一致的：君主对臣下要毫不留情地加以专制控制，臣下对君主时时刻刻都会有恶毒谋算。在君臣关系中，最理想的状态是，君主通过"法、术、势"等"帝王术"手段迫使大臣不得不表现仁爱和忠诚，而不是等待大臣主动示爱。从人性的角度看去，没有两个人的利益完全一致，主动向他人示爱是不可能的，即便是有，也是虚伪的和可怕的。

从韩非子人性观中或许可以导出如下结论：人是依靠利益生存的，人与人的关系是以利害维系的，出于趋利避害的要求，不择手段加害他人是可以理解的，有时甚至是可以接受的。然而，在韩非子看来，正是由于人与人之间充满相互算计甚至相互加害，才迫使人们不得不留意其他人的利益，以实现自己的利益，最终导致建立在利益基础上的相互协作。比如在地主与雇工的关系上，地主的最大利益是让雇工尽心干活，为此目的，就得让雇工吃好，给出合理工钱。雇工要想挣到足够的钱，就得努力把活儿干好。虽然都是相互协作，孔子儒家认为是出于利他动机，韩非子法家则认为是出于利己动机。

韩非子的理想人格是《老子》定义的圣人。这种圣人能够效法天地、清静无为，不做过分的事情，不做越轨的事情。但韩非子一再强调，普通人就是普通人，没有多少人能够达到《老子》圣人的修养水准，大多数人还得把利害关系摆在首位，丝毫不能妥协。所以，像韩非子所受伤害，甚至同门李斯把他害死，也就在情理之中了。

由于人性及其先天因素力量太大，韩非子才强调了它对人的社会行为的最深刻影响。丈夫与妻子没有骨肉亲情，爱她时就会亲近，不爱时就会疏远，君主对待后妃、夫人之类的女性也是如此。夫妻是后天关系，利害是先天因素。与利害关系相比，夫妻、父子、君臣之类的关系即便不是无足轻重的，也应该是次要的。

在世俗的权与利面前，人的所有社会关系都会黯然失色。韩非子说，医生在给人治病时，会去吮吸伤口，吸出毒血，这并不是说医生与病人有骨肉之情，而是利益驱动。造车的木匠都希望人们手里有钱，希望人们富贵，而做棺材的则盼望人们死亡。这不是说造车的都是仁人，做棺材都是坏人，而是因为，人们没有钱，车就卖不出去，没有人死，棺材也卖不了。从人性上来说，倒不一定是医生和做棺材的恨什么人，但从利益上来说，人不病不死，他们就得不到现实利益。⑤

韩非子的潜在的性恶论包含着严肃的社会批判精神。正是在这种社会批判精神的基础上，韩非子才能展开他的政治思想。他所讲的法、术、势，他所谓的功利主义政治观，都是以人性中恶的因素和表现为对象的。这种思想倾向，对于盛行于那个时代的各种丑恶现象，尤其是政治领域中的尔虞我诈、凶残厮杀，是有着明确针对性的。当后人读到韩非子这些充满激情和现实主义批判的犀利文字时，不仅会产生共鸣，更有痛快淋漓的感受。与韩非子式的性恶论不同，传统儒家主张性善论，所以，儒家政治思想才把道德修养放在治国理政的首位。道德修养的力量虽然深沉而有力，但在韩非子时代显然太过乏力，缺少现实针对性，故尔受到韩非子的无情嘲讽和坚决摒弃。

着眼于现实，韩非子对人性中恶的一面感触太深，以至于作了过分夸大。他甚至认为，只要能够对这种恶的东西加以有效扼制，一切社会问题都会迎刃而解。然而，正如他所说的，利害关系、趋利避害的走向，对人的影响委实太深，要想控制和压制人的利欲之心又是谈何容易，甚至不知从何入手。这样一来，要想从韩非子思想的角度解决那个时代面临的社会问题，就会陷入绝大的两难之中。

历史观：时代不同的治国之道

韩非子的历史观不仅是独树一帜的，而且是十分惊人的。韩非子说，在他的时代，儒家与墨家是两大显学，占据思想界霸主地位。[6]这两家的共同特点是盛赞古人，以古论今。但是，韩非子不客气地指出，世俗的能言善辩之士只会传播上古治世的美丽传说，玩弄辞藻，但却没有诚实的心态。他们只会说出先王是如何讲仁讲义，却拿不出治国理政的正确方案。这种历史观只能说说而已，没有任何实用价值。

古今有不同

在古今问题上，韩非子指出，世俗的愚学之士只会诵读古书，对今天一无所知，对现实问题更是一筹莫展。古与今本身就有距离，而说古与论今就更有距离了。韩非子的着眼点在今，世俗学究的着眼点却在古。韩非子并不是对古代一无所知，也不是从来不提古往之事。他是立足今天看待古代，那些呆头呆脑的学者则是立足古代看待今天。

那些对治国理政一窍不通的人，只是会说“无变古，毋易常”，不要变更古来一切，不要改变所有规矩。韩非子却说，圣人关心的不是抽象的变与不变，不是观念中的变与不变的说教，而是根据具体情况，根据社会和历史实际，决定变与不变。所谓的古往不能变，规矩不能易，关键不在变易本身，而在于“古”和“常”有没有必要进行变易。如果伊尹不改革商朝政治、周公不改革周朝政治，商汤王和周武王就无法称王于天下。如果管仲不让齐国有所变易、郭偃不让晋国有所变易，齐桓公和晋文公就不能成为天下霸主。

韩非子并不是简单地反对“不易不变”的观点，而是在提出反对的同时，也分析了产生这种“不易不变”观的原因。人们之所以难以变古，是害怕改变民众的生活习俗，怕他们不能接受。韩非子坚定指出，对古来的一切不加改变，反而会导致天下大乱；消极地适应民众要求，才会引发奸邪之行。民众只能看到变易带来的眼前的微小伤害，不会想得太远，不会看到将来的大利。如果君主不能决断，不能冲破老百姓狭隘的眼界，国家就不会长治久安。

韩非子一再强调民众的见识狭隘和思想愚昧。[7]变古易常的改革一般都会遭到民众的强烈反对，以至于那些改革家的生命时常处在危险之中，不得不使用武力加以防备。[8]韩非子在此所说的“民”，虽然可以说成是民众，但恐怕并不是普通老百姓，因为韩非子提到了商鞅的遭遇。商鞅死于守旧的贵族之手，他们更看重私利，不想因为改革而失去世袭特权和利益。

韩非子严厉批评了食古不化的人。他说，先王说过的话，有的虽然说的是小事，却有很大的意义；有的说的是大事，却并没有多大意义。后人不必拘泥于字面意义，不必望文生义，更不必进行不必要的夸大。在对待现实问题时，首先要从实际出发，不一定非得套用古人的陈规。先王所说的是针对那个时代的具体情况，时代变了，情况不同了，相应的做法也应该有所不同。

《尚书》中有一句话，“绅之束之”，意思很明显，说的是系上腰带。“绅”和“束”是同义词，之所以又“绅”又“束”，不过是一种文学手法。可是，宋国有个研究《尚书》的人，读了这句话之后，就在腰上系了双重腰带。有人问这是为什么，他回答说，是《尚书》上这么说的。在韩非子看来，这就叫作望文生义，没有弄明白古人如此说法的本意，而是以字面上的机械理解为标准。

在那个有名的“郢书燕说”故事里，楚国都城郢都有个人在夜里给燕国宰相写信。因为屋子不太亮，影响书写，他就对端着烛台的仆人说：“举烛。”把烛台举得高一点儿。这一分神不要紧，这个人把“举烛”这句话也写在了信中。这是明显的笔误，并不是书信本该有的内容。可是，燕国宰相看信后非常高兴。他说：“举烛的意思是崇尚光明，崇尚光明的意思是让我举用贤人。”于是就告诉了燕王。燕王也深为赞同，燕国因此得以大治。一个笔误竟然使一个国家实现大治，这明显不是写信人的本意。韩非子因此感叹，当今所谓通今博士的学者大多跟这位燕国宰相类似，其实并不知道古人所说的真实含义，只是一厢情愿地凭空讲说而已。既然是凭空讲说，就会时好时坏。如果把治国理政建立在偶然言行的基础上，其结果就可想而知了。

有个郑国人想买双鞋子，先在家里用尺子量好了脚的尺寸。到了市场上之后才发现，量好的尺寸忘记带在身上了。鞋子已经拿在手中了，他却叹息道："忘拿尺寸了。"就赶忙回家去取。等他取上尺寸再次来到市场时，集市已经收摊儿，鞋子也买不上了。有人听说后问他："为什么不亲自用脚试一试呢？"他回答："我宁肯相信尺寸，也不敢相信自己的脚。"来自于脚的长度的尺寸，最后反倒成为对脚的束缚。韩非子说，古人的学说本是来自现实生活，那些泥古的人却受到这些学说的束缚，反而让现实生活适应古人学说，而不能根据现实情况解决现实问题，更不会根据现实变化调整古人学说。[9]

韩非子如此论说古人学说，并不是说古人学说一定有问题，而是说，古人有古人的说法，现实有现实的问题。古人学说来自于古人生活，现代人也应该把生活放在首位，适当参考前人的想法和做法。某种思想和做法是否有价值，是由其内在合理性决定的，并不是由时间早晚先后决定的。古与今的现实生活必定不同，就算是古人的正确说法也未必一定能够解决现实生活中的问题。古人学说未必没有意义，未必不能参考。但是，食古不化、泥古不进就会成为像买鞋的郑国人那样的愚夫。在当代，韩非子思想越来越受重视，但如果有人"食韩不化"，也会制造出新版"郑人买履"故事。

韩非子并没有片面排斥古人。韩非子屡称"先王"功绩，对于尧、舜这样的古代贤明君主也是相当推崇，只不过态度比较客观而已。他说："无地无民，尧舜不能以王，三代不能以强。"[10]尧、舜的功绩不是凭空而来，而是结合他们那个时代的现实取得的。严格说来，与其他思想家一样，韩非子心目中的尧、舜并不是尧、舜本人，而是从自家立场出发看到的尧、舜，也就是法家式的尧、舜。他说："治强者王，古之道也。"[11]"先王以道为常，以法为本。"[12]古代圣王是以法为本而达到大治。大舜在进行治水工程时，对于没有接到命令而治水有功的人，一律诛杀；大禹在会稽召集诸侯大会时，迟到的诸侯也是一律诛杀。从韩非子法家的观点来看，只要是不以法制为准绳的，不论有功或无功，罪行都是一样的。

离开法制而言说先王，并以此来说明古代人的成功，显然是夸大古人的成功，用古代的赏赐来奖赏当代人。君主受了这种言论的鼓动，往往奖赏过度，而大臣则利用这种言论无功而取赏。一旦离开现实，君主就不能很好地把握国家发展方向。韩非子并不是说古代的一切都毫无价值，而是说，如果以古匡今，就会出现思想观念混乱，直至让野心勃勃的大臣有机可乘，对君主地位形成威胁。

韩非子思想发展的前期对古人还是比较看重的，但在其思想发展后期，不是力排古人，就是把先王说成是讲法论术的古人。这如同他对待传统儒家思想的态度一样，也反映出韩非子思想的变化过程。就这个过程而言，韩非子显然是把现实的考虑放在了首位。这是韩非子思想的特色，也是法家思想的特色。

历史在发展

对于历史发展过程，韩非子有他的独到见解。

上古之世，人类发展经历了两个阶段。人类之初，大地上人少而禽兽多，在与禽兽的搏斗中，人们不能取胜。这时候，有圣人出现，教给人们用木头造房，住在高处，避开群兽危害。人们感受到了实利，对圣人非常感激，就让他做了天下之王，号称“有巢氏”。“有巢”就是有房屋。“有巢氏”为人发明了住房，使人与禽兽区别开来，获得了安全。

在“有巢氏”治下的社会里，人们只能吃生食，不会吃熟食，肠胃不好，经常生病。这时候，又有新圣人出现，教给人们钻燧取火的方法。人造火的出现，使人们能够吃到熟食，食物更容易消化，生活质量明显高于禽兽，最终在与禽兽的搏斗中占据上风。这个圣人也得到了人们的拥戴，就让他做新王，叫做“燧人氏”。

进入中古之世，人类又遇到新问题。大水为患，沧海横流，威胁人的生存。于是，先后有鲧和大禹父子二人，率领人们疏通大河，排掉淤水，大家过上了安定生活。

到了近古之世，面对大自然的基本生存问题解决了，社会问题却随之而来。历史上先后出现了像夏桀王和商纣王这样的暴君，接着就有了商汤王和周武王的征伐，终于使人类社会走上了正轨。

以上历史发展过程说明，人类历史是不断发展的。在不同时代，人类都面临着不同挑战。旧问题解决了，新问题会出现，然后再解决新问题，再出现更新的问题。新问题来了，要用新方法、新策略去面对，千万不能一成不变地抱着旧方法不放手。如果在夏禹时代还谈造房、取火的问题，就会被鲧和大禹父子笑话；在商周时代还说治水的问题，就会被商汤王和周武王取笑。在当今时代，如果还在说尧、舜、禹、汤、武的治国之道，就会受到新出现的圣人嘲笑。

韩非子的结论是，新圣人不主张一味地修行古道，不去效法那些一般人认为的永久不变的法则，而是根据当前新问题，提出新方法，以备不时之需。[13]

当今之世，治国之要是什么呢？

韩非子以历史眼光分析道，在古代，由于人口稀少，人们不用耕田织布，吃野生植物的果实、穿禽兽之皮也能维持生活。因为自然资源足够使用，就没有争夺。在这种时代，奖赏和惩罚都起不了作用，人们过着自给自足的自然生活。可是，今天与古代大不相同。一个人有五个孩子并不算多，一个人到了当爷爷的时候，一家有二十五口人并不稀奇。人口增长得如此之快，造成人多而财货寡，人们不得不拼命地卖力气养活一家人。资源相对有限，争斗不免要出现，即使是加倍地赏、加重地罚，社会动乱也难以制止。

古与今的不同是惊人的。在韩非子看来，这种不同，主要是由经济发展因素决定的，也就是功利因素起着决定性作用。

尧帝做天下之王的时候，住的是破茅草棚子，吃的是粗米菜汤，穿的是麻布兽皮，在现在来看，一个看大门的也不至于寒酸到如此地步。到了大禹做天下之王的时候，还得亲自带领民众开荒耕田，连腿上的汗毛都给磨掉了，可在当今时代，即便是做了俘虏，成了奴隶，也不会苦到如此程度。

以此来看，发生在古代的天子让位之事，本是要脱离看大门的和做奴隶般的苦难，并不是什么了不起的大事。可在今天，做一个县令，子孙就会有享不完的富贵，所以，就是这么个小官儿，人们也非常看重。在古代，人们可以让出天子之位，在今天连个县官的职位人们也不会让出，是因为二者的实际利益有了根本不同。住在荒山里的人，过节时的馈赠礼品是清水；住在沼泽里的人们，却花钱雇人排水。在灾荒之年的春天，有了食物连小弟弟都不会礼让；可遇到大丰收的岁月，过路的客人也要给他们些吃的。这不是说有意疏远骨肉之亲而喜爱过路客人，而是食物多少不同的缘故。

古人轻视财货并不是因为心肠好，而是财货相对太多了；现在的人你争我夺，并不是因为品行太差，而是财货相对太少了。古人轻易让出天子之位，不是因为人品高尚，而是天子之位无权无势，没有利益可言；现在的人们拼命当官，也不是因为人品低下，而是当官的权势太重、利益太多了。面对现实，当代圣人、贤明君主，只能不讲仁慈，不顾怜悯地采取严刑峻法。这是由世事决定的，并不是圣人一定喜欢这样做。经济因素决定了人们的社会心态，决定了政治取向。如果经济情形改变了，社会和政治的对策不随之改变，就成了食古不化的愚人。

在韩非子那里，社会历史发展的大原则是，世异则事异，事异则备变。时代不同了，现实就不同了，相应的政策也应该不同。[14]

韩非子用大量历史事实证明他的观点。在周文王时代，作为商朝诸侯的周人土地面积并不大，却因为推行仁义而夺得天下。到后来，汉东出了个徐偃王，土地远大于周文王，也去推行仁义，并且吸引了周围很多小国。楚王感到这是个真正威胁，就出兵灭亡了徐国。二者同是推行仁义，后果截然不同。这就说明，仁义不能通行于古今，能够用于古的，未必能用于今。

就古今关系而论，韩非子主张的历史发展观无论在当时，还是在以后的历史中都发挥过非常重要的作用，成为许多有进取之心思想家的楷模。尤其是他对历史发展向前的坚持，他从独特视角对于儒家推崇的尧、舜、禹禅让王位的分析，都是相当精辟的。不过，令人多有遗憾的是，韩非子所说的一些历史事实，一是有选择性的，二是经过了他的个人加工，有着明显的片面性和倾向性。他强调的时代发展的不同，有些时候也只是某个历史时期的主要社会矛盾不同，并不是人类社会面临的问题发生了质的改变。另一方面，时代不同了，主要政治手段不同了，也并不能说其他相对次要的手段就毫无价值了。从这个意义上说，韩非子的历史观并不是一种力求公允的尝试或努力，而是很露骨地为他的政治观点服务，甚至是为了引起当权者尤其是君主的注意和采纳而陈述的，所以在历史上也多受各方诟病。

经济观：求真求本的务实主张

韩非子的经济观念是简明扼要的。他不是经济学家，根据他的看法，国家发展经济似乎也不是件复杂事情。这样的看法在那个时代也是可以理解的。那是个典型的农耕社会，尽力发展农业是所有国家的唯一选择。除了农业之外，国家没有其他手段获得财富。老百姓会说，省下的就是挣下的，节俭也是致富之路，但这明显是一种消极手段。

抑制工商

在韩非子时代，甚至是在整个古代中国，本着农业第一，甚至是舍农业而无他的原则，工商业的发展受到极度排斥。所谓“重农桑而抑工商”是中国古代社会最具代表性的一项经济政策。

“重农抑商”政策的依据之一是工商无用论，这是中国古代社会由来已久的观念。所谓工，主要是指制造工艺品的匠人，不是指所有工匠。这些工匠制造的产品就算不全是奢侈品，至少主要部分也是非生活必需品。比如金银匠、玉石匠、雕刻匠之类，他们与制造农业生产工具、交通运输工具和战斗武器的匠人相比，与人们日常生活特别是普通人生活的距离是比较远的。

所谓商，指的专业商人。为什么一定要说是专业商人呢？因为在中国古代自给自足的农耕社会里，农民有时也出售或者与人交换一些自己生产的物品，这与专业商人所谓“转货交易”，易地买卖商品的出售方式根本不同，就是说有性质上的不同。出售自己生产的物品是为了维持日用，而易地买卖讲究的是所谓奇货可居，通过出卖这个地方没有的或者是稀少的东西赚大钱。很显然，如果缺乏现代商品经济的概念，一般人是很难接受这种赚钱方式的。

根本不是你生产的东西，你对这个产品的生成没有付出过任何劳动，没有在这个产品上增加任何实际价值，只是把东西从这个地方运倒那个地方出售就赚了大钱，这不仅是不合理的，同时还会引诱人们不去踏踏实实地生产，专做投机生意，在包括韩非子在内的古人看来，甚至是不道德的。

这种观念的产生有各种必然基础。它的社会基础是中国历史和文明史从农耕经济开始，相对优渥的自然条件造成区域性的自给自足经济模式，普通人的生活对于工商活动特别是规模比较大的工商活动，基本上没有深重的依赖性。

产生这种观念的经济基础，是认为商业活动并不能增加社会财富。这种活动只是把某种货物从此地买入，运到彼地出售。在这个过程中，非但没有使货物本身增值，反而使它们的价格升高，而这个升高的价格，就是商人谋取的不合理利润。

产生这种观念的伦理基础，是认为工商业者都是些不想出力流汗的懒惰之徒，他们的所得是不道德的。所以，在古代中国，工商业者是没有像样社会地位的。

值得指出的是，重农抑商观念的在中国古代社会自始至终的存在，还有一个重要原因，就是皇权统治或最高统治者在其间发挥的主导作用。有研究者已经注意到，对皇权和最高统治者们的最大威胁来自于工商阶层。从春秋时代开始，社会中上层追求高品质生活的结果，就是城市的快速发展。城市化的结果，使得对以货币为主要表现方式的财富的追求愈演愈烈。在当时社会条件下，商人最容易成为货币的最大拥有者和那个时代的金融控制者。春秋中后期以来出现的一些大商人，如孔子弟子子贡，以及著名的猗顿和范蠡，都达到了富可敌国、结交诸侯甚至左右一国财政的地步。这种现象使最高统治者意识到，个人拥有过量财富足以对最高权力形成实实在在的威胁，而要保证权力安全，必须抑制工商、打击商贾，使商业发展保持在低水平，从而铲除巨商大贾的生存土壤。

上述观念及其产生的基础在当今社会是难以想象的。但在中国古代，由于社会发展的特殊性，它们就成为天经地义的真理。对于这样的观念，人们只可作为了解古代社会和古代经济观念的依据，而没有理由说古人有意阻挠社会经济发展。即便是最高统治者对商业的抑制、对商贾的打压，其初衷也是保障其权力安全，并没有意识这样做会有碍国家经济发展。如前所述，在最高统治者的意识中，发展农业才算是真正的发展经济。

韩非子在这方面的看法，是很有代表性的。他认为，对于一个正常社会而言，农业是根本，是立国根本，工商业是末业，是国家生存和发展的微不足道的细枝末节。韩非子把工商业者称作“游食之民”[15]或“末作者”[16]，是一群不劳而获者。因为一说“劳”，肯定是耕田种地、挥汗如雨之类。所以，英明君主应该尽量减少工商之民，让他们处在社会最低一层，不能让他们获得像样社会地位，从而使社会成员都去从事根本性的工作，即种地耕田，扎扎实实地增加社会财富。

韩非子批评了当时的不正之风。他说，当今之世，官爵居然用钱可以买得，这就使得工商业者的社会地位被过分抬高了。奸商的财货可以大模大样地在市场上出售，使得商人的人数不断增加。从事工商业可以获得几倍于务农所得，使得国家迫切需要的劳动力迅速减少，而游手好闲的无用之人却日益增多。

即使你有千里之广的磐石之地，因为寸草不生，也不能说是富有；即使你有百万之多的战士雕像，因为它们是僵死的，也派不上实际用场，也不能说你就拥有了强大军队。工商业者不耕而食，不劳而获，即使人数再多，也无益于国家和社会。相反，这种人越多，对社会的危害还越大。[17]

韩非子的经济思想是简明扼要的。它的主旨，是想法设法把农民束缚在土地上，让农民尽力生产粮食，同时取缔工商业者投机活动。要实现这个目标，最主要的方法还是所谓的赏罚。耕田者赏，游食者罚。这种经济政策，在那个时代，特别是在以战争为主的时代，还是有它极强的针对性和有效性的。

韩非子算不上是经济学家，并且他也不看重理论阐述，而是更注意解决实际问题，他的重农抑商思想在中国经济发展史上不可能占有一席之地，这是让后人不必感到遗憾的地方。但是，他的这种思想有助于加强专制制度的稳定性。在中国古代社会，他倡导的重农抑商的具体措施被历代专制统治者所奉行，尽管不能说中国古代专制统治完全是韩非子思想所塑造。也许可以说，历朝历代奉行的重农抑商政策导致了中国古代商业文明极度落后，从而在制度层面和文化层面形成了非常牢固的一体性专制政治。在这个历史进程中，韩非子的经济观是发挥了重要作用的。

劳动致富

经济发展的中心既然是农业生产，韩非子就力主勤劳节俭以致富的观点。他特别批评了学者们学究气非常浓厚的一种观点，即“与贫穷地，以实无资”[18]，把富人的土地和金钱分一些给贫穷之人，使穷人获得生存和生产的基础。

从道理上说，无论是富人还是穷人，最初是站在同一起跑线上的。就富人而言，老天也没有给过他们格外的好年景，他们也没有其他特别的收入来源，之所以致富，不是格外卖力，就是节俭持家。就穷人而言，老天也没有给过他们格外的荒年，也不是说他们总有飞来横祸，之所以受穷，不是懒惰，就是生活太奢侈。看起来，只有勤劳节俭的人才会致富，奢侈懒惰者必然必定受穷。可是，如果听信学者的主张，对富人课以重税，把从富人那里收敛来的财富施舍给穷人，就说明国家政策是鼓励奢侈懒惰，反对勤劳节俭。在这种情况下，还要让人民努力劳作、节俭生活，显然是完全不可能的。

更为重要的是，无节制、无原则地救济贫穷之人，不仅会使他们更加奢侈懒惰，还会影响正常社会风气和社会安定发展。韩非子说，把公家存粮发放给穷人，等于是奖赏无功之人。无功者还能受赏，穷人就会心存侥幸，总是希望不劳而获。如果劳动者都想不劳而获，社会财富就会不断减少。白吃饭的人越来越多，可供人们消费的物质越来越少，全社会最终会陷入匮乏和混乱之中。[19]

韩非子在此所说的贫穷之人，是指那些有劳动能力的正常成年人。无论是荀子，还是韩非子，在他们的法家主张中，对于没有劳动能力，且缺乏亲人照顾的老幼之人、残疾之人，都认为国家应该给予全面救助。一个正常成年人，因为懒惰和奢侈而致贫，在韩非子看来不仅不值得同情，而且应该受到鄙视甚至惩罚。这样的主张乍听上去有些苛刻和狭隘，但如果加以理性分析和思考，其意义和作用却是非同小可的。

韩非子对所谓穷人并没有世俗学者式的同情之心。世俗学者只看到穷人窘迫的生活状况，不究其受穷的根本原因。正如当今扶贫观念所经历的变化一样，必须从单纯的救济贫困，过渡到让贫困者通过生产而脱贫，通过劳动而致富。韩非子大概还没想到这么远。在他内心深处，认为普通人的素质和品质就有问题，而穷人尤甚。在他的政治思想中，普通人没有地位，穷人更没有地位，认为他们只能完全被动地接受统治。在他的经济思想中，穷人不值得同情，不能无原则地给予救济。所以，韩非子思想有着浓厚的贵族气息。也许可以说，无论从他的出身来看，还是从社会现实来看，这都是难以避免的一种思想倾向。

慎用兵器

战争是人与人之间、利益集团之间无休止地争夺利益的结果。古往今来，战争似乎是人类不可避免的一种生存方式。尽管人们不断区别所谓正义与非正义战争，但并无助于战争的休止和消失。在韩非子时代，战争更是空前的司空见惯。一定程度上讲，战争就是那个时代的特征。当时的思想家无一不在这个问题上发表看法，韩非子也不例外。

从他的功利主义出发，韩非子认为社会上只有两种人是有用的，即勤劳的农民和勇敢的士兵。如果这两种人足够多，国家就会富强，反之就会出现混乱和危亡。在当时，耕和战事实上是二而一、一而二的事情，所以韩非子就直接使用“耕战之士”的说法，而不事耕战的人则被称作“末作之民”，比如进行商业投机的人，以及以巧辞利口投君主之所好的人。

这并不是说韩非子是好战分子。韩非子并没有无原则地鼓吹战争，他对战争的重视并不在于战争本身，而在于战争能起到的作用。就战争本身来说，韩非子也没有系统看法。在他看来，战争在当时已经是不可避免的事情。小国和弱国，为了生存，需要进行战争。大国和强国，为了统一天下，也需要进行战争。所以，重要的是如何在战争中取胜，而不是对战争本身议论短长。

韩非子根据《老子》所言“兵者，凶器也”[20]的看法，认为战争的手段不可以不审慎使用。军事行动必求一击而中，否则不仅损兵折将、耗费军力，更重要的是敌我的主动与被动位置就会发生转换，大祸就要来临。为保证军事胜利，必须有切实可行的计谋，包括总体指导思想和具体行动方案。韩非子初到秦国时，给秦王献上的计策是，稳住远处的楚国和燕国，把邻近的弱小韩国作为盟友加以利用，集中力量攻击反秦最为坚决、军事力量也最为强大的赵国。这一战略基本上被秦王在统一天下的军事行动中采纳。[21]

战争准备工作是非常重要的。韩非子严厉批评了那些不重视军事准备的君主。在这些君主的国度里，一没有险要地势，城池也不牢固；二没有战时粮食储备，钱财和物资也很少；三没有像样军备，军人也达不到训练有素。这样的“三无”国家，却还要轻易地攻伐他国，结果不仅损兵折将，还加重了本国的危亡程度。

还有一些君主，很容易被激怒，一怒之下就要用兵，却不重视平时练兵，也轻视攻伐战术。这样的君主往往还是非常贪婪的人物，一点点小利就足以让他们对邻国大打出手。可想而知，率先亡国亡家的肯定是这样的君主。

重视战争，加强武备，也会导致一些消极结果。比如说，在外征战的将军权力太重，把守边地的大将地位太尊贵，以至于独断专行，做事从不请示君主，这会使君主威信扫地，使内政陷于混乱之中。

针对现实，韩非子的战争观绝少书生气，更多的是对一些具体措施的考虑。没有强大武备的国家会受到危亡的威胁，而对武备管理不善也会生出内乱。无论是大国还是小国，都要在重视武备的前提下，使国内政治走上轨道。所谓“治民者，禁奸于未萌；而用兵者，服战于民心”[22]，在严格法治的基础上，让民众充分认识到战争的必要性，都想在战斗中立功得赏，才能取得战争胜利。根据韩非子倡导的法、术、势，君主严格掌握好手中的权力，依法搞好内政，才是在战争中取胜的根本保证。

哲学观：不务玄谈的实用主张

在中国古代思想史上，韩非子可能是第一位主张少谈主义、多说问题的思想家。韩非子没有从政经历，但对于现实政治的观察和思考，对于治国理政具体措施的设想，却胜过任何一个官员，对于天下政治走向的关注、对于天下人命运的忧虑，也胜过任何一个君主。韩非子出自荀子之门，荀子是那个时代最大的学问家和思想家，韩非子没有继承荀子的学问之道和思想追求，但却继承了荀子的怀疑精神和理性作风。韩非子政论文既有荀子的文风，又散发着荀子“持之有故，言之成理”[23]的理性氤氲。

韩学与荀学

韩非子思想与荀子思想关系密切，表现出明显的师承关系。特别是在韩非子前期思想里，这种关联更加明显。韩非子前期思想表现出对于儒家思想有选择的遵从，不仅强调大臣对君主的忠诚，而且不断指出君主应该以仁爱临治天下的观念。韩非子也大讲古之人在许多方面可以借鉴的地方，似乎他的一切思想都在古代有出处。在哲学思维方面，韩非子有一些抽象式的教条说法，讲究顺天应人之类的观念，这与他后期思想相比显得异常苍白无力。

韩非子前期思想是不稳定、不成熟的，有着非常浓重的学究气息，甚至还有一些做学生的味道。韩非子这一时期的思想过于理想化，缺乏深度，比较空泛，这与他涉世不深大有关系。当他结束了求学历程，离开老师荀子，独立从事政治活动时，他的趋向于理想化的政治目标很快被严酷的政治现实击碎，使他的思想从一个极端逐渐奔向了另一个极端。这是一个思想不太成熟的学者型人物在遭受到现实打击之后最容易出现的思想转变。

成熟的荀子思想已经表现出了对法家思想某种程度的接受，并最终走向儒、法思想的全面融合。荀子是孔子儒学的遵循者和发扬者，但立足于现实，他对法家思想的现实有效性是有明确肯定的。在荀子思想观念中，一个理想的社会应该是以儒家思想为主干，同时采纳法家的法治思想和行政管理手段，既讲法制又讲人情，既有奖赏和惩罚又有道德追求。这种具有强烈理想主义倾向的思想，可以影响作为学生的韩非子，却难以左右力图指导现实政治的韩非子。经过无情政治现实历练的韩非子，逐渐甩掉了源自荀门的书生气，抛弃了儒家以德治国的追求，最终成为法家思想的集大成者。

韩非子严肃批判且无情嘲讽儒家的仁爱思想，认为那只会纵容人性中丑恶的东西。他严厉抨击了儒生对古人的无限景仰，认为时代变了，古来的思想观念和相应做法必须随之改变。君主与大臣是生来的冤家对头，让大臣对君主忠心耿耿无异于痴人说梦。或许有个别人在个别场合能够坚持儒家仁义之道，但绝无可能在人群中普及开来。对于绝大多数普通人来说，法制的手段既合理又有效。在韩非子政治思想中，思辨而抽象的内容很少，一切主张都是环环相扣的推论和直截了当的结论。

韩学与《老》学

韩非子哲学思想深受《老子》[24]的影响，韩非子思想的基本概念很多来自《老子》。一般认为《老子》思想是消极而出世的，事实上正好相反，《老子》的真实思想是积极而又入世的。不过，它的入世之“世”不同于其他人所理解的世俗世界。《老子》的政治理想世界是一种尽量减少当政者干预的所谓“自然”状态，强调以退为进，以无欲和不争达到理想状态的人生境界。《老子》的处世之道是以严厉批判现实为前提的。一旦失去这个前提，《老子》倡导的处世之道就可能变成一种阴谋手段，并且追求这种手段的指导思想也可能蜕变成一种专制精神，这一点在韩非子思想中表现得尤其明显。

《老子》寻求一个世外世界，其治国之道也只是针对这个特殊世界而言，可是，韩非子却想在现实世界里有所作为。《老子》式的政治智慧到了韩非子那里就演化成种种政治阴谋，《老子》的政治手段就演化成韩非子层出不穷的“术”。《老子》主张在位者虚静无为，目的是不让在位者干涉人们在自然状态下的自如生活。可是，韩非子的君主无为论则是君主以其无所不能的“帝王术”为手段，严格控制君主政治对手大臣的有所作为，以便保全其至尊地位。这与《老子》思想的精神是格格不入的。

《老子》中的许多智慧之举是来说明《老子》哲学思想的，然而，在此二者之间有时结合得并不完美，以至于让人觉得是两个根本不同的方面。于是，《老子》的哲学睿见和智慧之举便成了并行不悖的两个方面。有哲学头脑的人可以陶醉于《老子》哲学思辨之中，而想得到生活窍门的人则可以尽情汲取《老子》的智慧之举，甚至发展为狡黠和阴谋之术。

《老子》说：“圣人去甚、去泰、去奢。”[25]韩非子接着就说：“去甚去泰，身乃无害。”[26]认为君主应该寡欲而无为，因为美味甘口而病形、美目悦心而损精。再进一步发展，就是在他的功利主义原则指导下的实用观念，比如韩非子赞成墨子“非乐”思想，也反对儒家主张的厚葬。

韩非子对圣人的理解也是《老子》式的，认为“能象天地，是谓圣人”[27]。圣人是对道认识最深、最能依道而行的那种人。圣人既是宇宙和人间的榜样，更是君主的榜样。圣人只知道依照大道和天命的要求去行事，至于能否成功，则决定于天。圣人具体的行事原则是去掉机巧和小聪明，否则就不会长久。

韩非子写有著名的《解老》篇和《喻老》篇，成为历史上第一位对

《老子》思想进行正面诠释的思想家。不过，韩非子对《老子》的诠释有许多地方与后人的解释大有不同，其原因固然有文字本身的问题，但也有不同思想基础的问题。这就说明，对于《老子》思想，韩非子有继承和借鉴的一面，也有别出心裁和有所创新的一面。

哲学与思辨

韩非子哲学思想明显为他的政治思想服务，哲学思想是政治思想的学理基础。韩非子从他认定的宇宙万物秩序，推演出了人世间应有的政治秩序。

受《老子》思想影响，韩非子认为，《老子》确定的“道”，可以称之为大道，乃是万物本源、是非标准。大道的基本特点是虚静以待、宏大无形，完全让万物呈现自己。大道能够把握万物实情，把握事物发展进程。有头脑的人如果不能通晓大道，还想知道事物发展变化的实际，还要企图进行有效的知虑，这显然是幻想。大道的特点在于不可见，以便能在不知不觉中发挥主宰万物的功能和作用。万物的生存和发展看上去是自在的，但实质上却无时无刻不受大道的制约。相应地，人间君主对大臣也应该如此。君主应该不声不响地占据着专属优越势位，不暴露真实意图，让大臣琢磨不透自己，只能低头实干。

“天有大命，人有大命”，这是韩非子的重要哲学命题。所谓大命，就是道所规定的一定之规，是所有力量的总和。一旦认识到天的大命和人的大命，就不要轻易变易，而是持之以恒，一直遵循下去，这就是“履理”[28]，此所谓理，也就是大道。

在大道的规定下，万事万物都有其独特性质，也就是“德”，可以称之为大德。[29]大德的特点是遍在万物，具体指导万物运作。从大德的角度来看，万物之间有名称和物理上的区别，但从大道的角度来看，万物是没有分别的。

根据《老子》哲学，韩非子也强调了大道的另一个名称，即“一”。

大道是独一无二的，大道的运作是一体性，称为“用一”[30]。大道的运行法则之一，就是事物根据大德而各行其是。具体到人世间，个人都是根据各自的才情发展自己，任何人、任何力量都无权强行改变这样的规则，无权妨碍人们最终达到无为的最高境界。总之，天道周遍万物，万事万物依据天命而行，根据天命的要求发展或衰亡，彼此之间不应该相互干涉。

很难说这是韩非子的哲学本体论，很难说他是在认真探寻万物本源，因为他实在看不起世俗所谓的学问和学者，也不想做个纯粹的哲学家。韩非子的上述种种哲学观念，如果能称作是哲学观念的话，无非是最直接地为他的政治思想打基础、找根据，所以他并没有专门把这一套所谓哲学原理讲得那么有系统、有深度。在此也不过是勉强把他的一些涉及哲学本体论的观点联缀起来，而如此连缀的结果，或许并不符合他的本意。韩非子强调天地万物有其根本准则，为的是证明人世间的政治也应该有其根本准则，那就是他所谓倚重的法，以及法的精神。

韩非子哲学思想也涉及到一些辩证思维的观念。比如他说，下级对上级，有小知与小忠。小知不可使谋事，小忠不可使主法。行小忠可能害大忠，小忠乃大忠之贼。[31]如果让小忠执法，就会因为私人之间的慈爱而赦免罪犯，这是对国家的大害。或者是另一种情况，比如因为对个人忠心而危及国家利益。大与小是相对的，相互之间在一定条件下是可以转化的。

韩非子强调，国家的安危在于是非，不在强弱。[32]如果不明是非，强就会变为弱；如果讲是非，弱也可能逐渐变强。强与弱不是一成不变的东西，而是依据是与非的条件而发生变化的。君主如果能明白这一点，努力在是与非上做文章，就能发展和巩固自己和国家的强大。

韩非子反对片面的哲学思维方式。那些讲求仁义的人，不论地点、时间，不看具体情况，遇事都要以仁义来解决，是非常错误的。这正如宋襄公所做的，在两军决战的阵前，不是讲究兵法，而是讲义与不义，结果兵败身死，成为历史笑谈。[33]那些泥古不化的人，只知道讲说古人如何，却对眼前的问题拿不出解决办法。这都是因为不懂得具体情况具体分析的道理。当韩非子坚持政治等级的时候，又警告人们不要刻板地对待这一原则。这只是一项大的政治原则，并不意味着无论是在什么场合下都要表现出上尊下卑。特别是在日常生活方面，一些必要的灵活性还是要有的。

韩非子强调了变的原则。法家人物总是倡导变易，这与他们坚持变法的观念是一致的。在谈及对待古人和古来的政治观念时，韩非子强调说，时代不同了，相关的政治主张也应该有所不同。要解决现实政治问题，首先应该从现实入手，而不应该把古人如何做放在首位，以至于泥古不化，闹出许多笑话。正如那个买鞋的郑国人所做的，在给自己买鞋的时候，不相信自己的脚，却宁肯相信丢在家里的已经量好的尺寸。[34]

那些保守的政治人物总是说“无变古，毋易常”[35]，不要变易古来的常规习俗。韩非子主张，问题的关键不在于变与不变，而是在于古与常。如何对待古人，如何评价古人所作所为，不能通过抽象讨论变与不变的概念而获得解决，只能通过对于古与常的实际认识才能解决。在今天看来，如果常与古是合理的，就可以不变；如果是不合理的，是过时的，就一定要变。有一些世俗学究，怀着一切皆变的哲学原理，认为一切都该变、都要变，以此来决定所有的古和常都必须要变。可韩非子与此不同。他并不反对哲学上的变的观念，但他把变与不变的决定因素放在对于具体事物的分析上，放在现实问题的时效性和合理性上。

任何人在阅读《韩非子》的时候都能感受到，无论是在一般性地议论道理的时候，还是通过历史事件讲说道理的时候，韩非子都表现出了极强的逻辑能力和哲学素养，这与他在荀子门下的学习经历有关。荀子不仅是理性主义大师，还专门思考逻辑思辨问题，把思考结果写成《正名》《解蔽》等专门篇章。韩非子继承了荀子及荀门的理性精神和逻辑能力，并且有所发展。他反对离开具体社会问题奢谈哲学和逻辑，这种实用精神和功利主义对于传统法家治国理政思想产生了深远影响。

言语与行动

韩非子坚决主张"审合刑（形）名"，[36]即名称和实物相符合，概念与事实相一致。从哲学上说，这就是强调理论和实际的一致性。有确定的名称和概念，就要有相对应的实物和事实。韩非子进一步强调，那些明确的实物和事实，一定要有与之相符合的确定的名称和概念，否则就是不合理的、没有存在意义的。所以，不仅要以名责实，还要严格地以实责名。这就说明，在对待和处理实际事务时，韩非子更注重一般性的方法和原则。根据"审合刑（形）名"的原则，在政治方面，君主必须严格要求大臣的言论和行为相符相合，既不能言大而功小，也不能言小而功大。落实在大臣言行之中，首要的是遵循原则，而不在乎具体事件或行为的结果。如果说这也是韩非子遵循的一项哲学原理的话，那么，这项原理就是指导其法治精神的内在逻辑。

名和形的关系，有时也被韩非子表述为名和事、名和物的关系。在此二者的关系上，韩非子主张以名为首，强调名称或概念的重要性。名称能够正确反映事物性质，事物就能保持相对不变的状态。反过来看，名称不正确，事物性质就难以确定。[37]如果面对难以确定其性质的事物和事情，做成功的希望就不大。韩非子的这一主张并不是说随便确定一个名，然后根据这个名去确定事物，也不是说非要改变事物，与名取齐。而是说，那些依道而行的人，韩非子称之为圣人，并不是随便去说或去做，而是紧紧把握大道或大一，掌握事物的特性，了解事物生存和发展规律，然后根据名与实的相符程度，决定自己的意见和做法。这显然是与韩非子的政治观念相一致的，也就是与他所提倡的"帝王之术"相关联的。

在对待国家政治时，从理论层次上来说，君主掌握名，大臣遵循形，形名参同，就表示君臣关系是和谐的，国家就可以达到大治。从处理具体政务的层次上来说，在决策中，韩非子强调君主并不率先发表具体意见，而是让大臣主动站出来，表明能做什么或要做什么。君主根据大臣所说让他们去做，去具体实施，最后根据做事的结果评定大臣的是非功过。比较大臣所说和所做的结果，判定大臣的功过，这个过程，韩非子称之为形名参同，或参验。[38]

这种思想的哲学意义，并不在于先有理论或先有实践，而是在于理论与实践是否一致。它不是用真理检验实践，也不是用实践检验真理，即不是评判真理或实践本身的是与非，而是决定真理与真理所针对的实践的相符程度。这显然是一种倾向于功利和实用的哲学。

鬼神与法制

乍看之下，鬼神与法制是两个完全不同领域的事情，可以说是互不相干。但是，在韩非子时代，神鬼思想和神秘主义哲学还有很大市场，甚至直接影响到治国理政。面对纷繁复杂的社会问题，很多时候人们不得不在鬼神与法制之间、在求神与求法之间做出选择。不用说，韩非子肯定是站在了法制的立场上。

求神问卜，探寻事情未来状态，古往今来有种种手段，但这不是韩非子批判神秘哲学的重点。在人类之初，由于对许多自然和社会现象缺乏认识，解决一些难题时不免求助于神秘或迷信手段，这本是自然而然的。可是，随着人类生存经验增多，生存手段改进，迷信活动的作用不断受到限制，范围也不断被缩小。那些人类凭借自身能力能够实际解决的难题，逐渐不再求助于冥冥之中的天神地神。但是，真正的麻烦不是此类事情，而是那些从道理上说是人自己的事情，却又是个人或有限数量的人们难以解决的难题。这些个人或有限的人们，明知自己力不从心，但却又想获得成功，就会求助于天地神灵这些最古老的神秘力量。所以，真正相信或依赖鬼神的是生活和社会中的弱者，真正让鬼神大显神威的时代是政治混乱不堪的时代。

这并不是说一个时代的强者就一定不信鬼神，在特定情形下，强者也要依靠鬼神，只是主导思想不同于弱者而已。人类学家说，即使是在远古时代，在原始部落里主持祭祀的巫师，或者还包括部落首领，内心并不一定对鬼神深信不疑。他们之所以对鬼神大加膜拜，并不是自己信奉，而是想让手下人信奉，让追随者和被领导者信奉。直白地说，是统治者把信奉鬼神和相关祭祀活动当成统治人们的重要手段。

至于诸如此类的利用鬼神的动机，实事求是地说是很复杂的，似乎不能简单地说仅仅是出自统治者的私利。社会需要稳定，人民生活需要安定，越是在上古时代，越需要利用信奉和祭祀鬼神的活动。事实上，这种利用还以种种变体形式反映在现代生活之中，比如各种纪念仪式，揭幕、奠基之类，无不是古代祭祀活动的回声。

所谓迷信活动的另一层意义，是对于人的心灵的影响。自古及今，对迷信活动感兴趣的并不都是愚夫愚妇。一方面，有识之士也得承认有太多的个人不能左右的人之外的力量。尽管掌握这种力量的不一定是有形的鬼神，但如果能以一定方式预知这种力量的运作，或者自认为能够预知这种运作，对人的心灵和精神无疑会产生许多微妙影响。另一方面，神秘哲学对于人世的方方面面也确实有独到见解，特别在那些人类未知领域，神秘哲学的意见也颇有其合理性。这些合理性，对人的精神世界也能程度不同地起到安抚作用。

但是，神秘哲学发挥的精神作用毕竟有限，不应该夸张太大。在有些方面，比如韩非子经常提到的治国和攻战，神灵的作用就不能被放在主导地位上。可是，在春秋战国时代，大自国家，小到家族和个人，在重大行动之前必有规模不等的神秘仪式或活动。不过，从著名文学性史书《左传》来看，这类活动的结果指向，比如最引人注目的利用《易》进行的占卜，一般都是对于占卜者已有决定和倾向的支持。这就说明，尽管周朝是上古神秘哲学的高潮期，但长期战乱已经使人们广泛地注意到了神秘哲学的作用是很有限的。它只能发挥宣传和鼓舞的作用，并不能实际指导人们完成任何事情。完全相信并依靠鬼神做决断的人，不是弱者，就是愚者。明智之士不断指出，鬼神并不能参与或改变人事，人事应该由人自己去处理和解决。

正是在这样的历史背景下，凭借理性和睿智，韩非子断言，那些依靠鬼神决定国家大事的人，“愚莫大焉”[39]。他举例说，赵国和燕国互相攻伐，两国在兴兵之前都求神问卜，得到的神谕都是“大吉”。这难道是鬼神在欺骗人吗？不是，是人在自欺。赵国打败了燕国，看上去赵国的求神活动比较灵验，可过后不久，赵国却被秦国打了个屁滚尿流，这难道是说秦国的鬼神更厉害吗？春秋时代的越王勾践一心依靠神谕，却做了吴王夫差的奴隶，后来扔掉了求神问卜这一套，卧薪尝胆，明法亲民，终于杀死了夫差。韩非子的结论是，只有依靠法制，才能国富兵强。

韩非子对于当时神秘哲学的批判是立足于依法治国的精神，以及运用法制所产生的实际效果，并未涉及那些神秘哲学的深层次学理意义，也就是说，只讲实际效果，不说抽象推论。但在那个时代，能够明确给予鬼神思想以坚决批判，已属难能可贵。再进一步，能够提出以法制精神抗衡甚至去除鬼神思想的影响，就更能体现出韩非子思想的积极价值了。

哲学与功利

韩非子哲学观点明显受到他的功利主义思想的影响。从功利主义思想出发，韩非子对于世俗所谓学术、所谓学者有一种近乎与生俱来的反感。《韩非子》中并没有韩非子专门讲述哲学的篇章，甚至没有纯粹论述哲学的章节。他的《解老》《喻老》以解说《老子》哲学为出发点，但归宿处还在于解决实际问题，更不用说也没有认真遵循《老子》的哲学思路。哲学并不能直接为国家创造财富，不能抵御外来侵略，这从韩非子对智者毫不留情的批评中就能得到证明。

韩非子说，世上所谓智者，是那些能说一通微妙玄通大道理的人。这样的大道理，人群中有上等智慧的人也难以知晓，更不用说大多数普通人。可现在，君主看重这些智者，要把他们的玄妙道理作为对大众的规约，这让普通人如何能摸得着它的门路，并去实际执行呢？

连粗粮淡饭都吃不饱的人，不会去想美食佳肴；连粗布衣服都穿不上的人，不会想要锦绸绣缎。治理国家时，各种政事也应该有缓急之分。眼前紧急的事情还难以解决，就不应该把以后不太要紧的事情排在前面。国家存亡的问题还解决不了呢，又怎能奢谈发展呢？只有解决好生存问题，老百姓的日子能过得下去了，并且越来越稳定了，才能着手解决更深层问题，比如精神享受等生活质量之类的事情。

韩非子沉痛地说，当今君主连普通老百姓勉强弄明白的事情还解决不了，却去一门心思地探讨那些玄妙高深的道理。这些玄妙的高论与老百姓现实生活格格不入，说明当今君主所做的事情与他们应该做的事情之间，方向正好其反。

这些走入邪路的君主在面对各式各样的所谓治世言论时，只求其持论者说得巧妙，不求其与现实问题是否吻合；在考察那些智者的行为时，只在意他们的名声高低，不看他们的实际成就大小。这使得天下之人在发表言论的时候，只求巧妙，不求实用。尽管讲说先王如何达到天下大治的人、讲说仁义道德的人挤满了朝廷，而国政却难免陷于混乱。在具体生活行事方面，人们都在竞相比谁更高妙，比谁远离现实，而不在乎能不能建功立业。智士隐居山林之中，连送到眼前的官禄也不接受，君主还一个劲儿地巴结他们。真正有能力治国理政的人完全不在君主眼中，致使国家的兵力弱不禁风。这是为什么呢？韩非子一针见血地指出，这是因为社会风气不对头，普通人追求的，君主优待的，都是些中听不中用的乱国之术。[40]

在这种乱国之术指导下，国家上上下下都说的是富国强兵的大道理，但事实上却是国家越来越穷，兵力越来越弱。韩非子认为，造成这种局面根本原因是说的人多，做的人少。讲说应该耕田的人很多，真正耕田种地的人却很少；讲说应该打仗的人很多，但真正拿着刀枪上战场的人却很少。所以，英明君主应该是只重其实力而不听其虚言，只看实际行动和成就，不听夸夸其谈地说有什么才能。有功的奖赏，没用的就禁绝，人民只有一条路可走，就是尽其死力追随君主。[41]

耕田种地，不用说是要劳筋费力的，可是，只要君主明确表示，“耕田就可以致富”，人们就会去流汗。参加战斗当然是有生命危险的，可是，只要君主明确表示，“立功可以显贵”，人们就会去拼命。可是，如果像韩非子看到的那样，修养文学，学习如何言谈，不用耕田出力，不用对敌拼杀，照样可以得到富贵，哪还会有什么人想去耕田打仗呢？这种情况再继续下去，百人效仿智者空谈，只有一人流汗流血耕田打仗，就会出现这样的结局：因为智者太多，空谈说教的太多，致使国法不能执行，流于败坏；因为耕田打仗的人太少，实实在在为国出力的人太少，国家就会陷于贫弱之中。

韩非子反对纯思辨、重视实用性，同样表现了他的现实批判精神，并且他以锐利的观点、严密的逻辑和流畅的文字把这种批判精神表现出来，既难能可贵，又震撼人心、影响深远。为避免出现上述不利局面，韩非子明确主张，在英明君主治下的国家，除了法律条文之外，其他文字记载都要废除，也就是说，文字只服务于法制建设。同时，国家只以官吏作为老师，不要说什么上古的先王如何值得效仿。[42]秦朝建立之后，作为韩非子思想崇拜者的秦始皇下狠手“焚书坑儒”，与韩非子如此思想主张明显是有关系的。

不过，韩非子的极端功利思想也有许多明显的薄弱之处，并在历史上产生了多方面不良影响。他认为，一个经济发展落后、民众文化和认知能力低下，甚至都面临生死存亡的国家，就可以忽视甚至否定建设文化、提倡道德、重视文士，这是非常短视的和危险的观点。事实上，韩非子也强调过，“安危在是非，不在于强弱”[43]。只可惜他把“是非”过多地定义在法术势方面，忽视了社会发展的方向性问题。如果说为了国家或政权的生存，就有理由把民众生活质量压制到最低，有时确实可以度过眼前危机，但更多时候会因此而放纵最高权力的肆无忌惮，最终彻底破坏政权生存下去的可能。这是被韩非子忽视了的社会发展规律，并一次次地成为导致中国古代封建王朝走向衰亡的重要思想基础。

韩非子思想是为现实政治思想服务的，他的政治观点都对应着现实问题。韩非子思想表现的是一位功利主义大师的建树，他的哲学并不是寻常意义上的哲学。韩非子哲学完全融注于实实在在的富国强兵的实际方略中，而不是像他那个时代的许多思想家那样，在他们的著述中有专门的章节讲述哲学思想。从这个角度来看，也可以说韩非子思想是反哲学的，是从功利主义思想出发的。韩非子认为那些与富国强兵没有直接关系的思想就是无用的高调、智者的骗术、乱国的根本。

韩非子并非标准的哲学家，至少他本人并不想做个哲学家。当然，思想家的主观愿望并不能完全左右他思想的发展实际。韩非子只想让他的思想与治国安邦保持一致，并不想单纯讨论哲学本身。人们有时讨论他的哲学思想只是基于这样的考虑，即任何一位思想家，无论他宣扬的是什么思想，纯玄思的也好，纯实用的也罢，都会有中心思想，有一贯的思维方式，对社会和人生都有相对固定和一致的看法。这就是哲学和哲学思维。

韩非子有着明确的哲学倾向和哲学思维，对于那个时代的哲学发展也是很有贡献的。如果要写一部中国古代哲学史，讲到战国时代是不能不讲韩非子哲学的。不能因为他对纯学术的反感，就忽视他的哲学贡献。

注释：

①《韩非子·杨权》，第137页。

②《韩非子·饰邪》，第344页。

③《韩非子·心度》，第1178页。

④以上详见《韩非子·奸劫弑臣》，第278、279页。

⑤《韩非子·备内》："情非憎人也，利在人之死也。"（第323页）

⑥《韩非子·显学》："世之显学，儒、墨也。"（第1124页）

⑦《韩非子·南面》："愚赣窳惰之民，苦小费而忘大利，震小变而失长便，狎习于乱而不容于治。"（第334页）

⑧耿振东《〈管子〉学史》："韩非肯定了管仲在齐国的改革。……对旧制度、旧习俗的变革不是一帆风顺的，往往受到种种阻碍。韩非为我们记载了管仲当时改革的情景。因民众反对改革，桓公外出时要配备全副武装的战车，从这些提防民众闹事的武备中可知管仲改革困难重重。"（第81页）

⑨以上详见《韩非子·外储说左上》，第694-697页。

⑩《韩非子·饰邪》，第348页。

⑪同上，第344页。

⑫同上，第359页。

⑬《韩非子·五蠹》："圣人不期修古，不法常可，论世之事，因为之备。"（第1085页）

⑭同上："事因于世，而备适于事。""世异则事异。"（第1089、1092页）

⑮同上，第1120页。

⑯《韩非子·诡使》，第991页。

⑰《韩非子·显学》："夫知祸磐石、象人，而不知祸商、官、儒、侠为不垦之地、不使之民，不知事类者也。"（第1139页）

⑱同上，第1134页。

⑲详见《韩非子·难二》，第874页。

⑳《老子·三十一章》:“夫兵者，不祥之器也。”(第93页)○《史记·越王句践世家》:“兵者，凶器也。”(第1740页)○《汉书·主父偃传》:“兵者，凶器也。”(第2799页)《冯奉世传》:“兵，凶器也。”(第3298页)

㉑详见《韩非子·存韩》，第34页。

㉒《韩非子·心度》，第1177页。

㉓《荀子·非十二子》。第91页。

㉔本书谈及传统所谓“老子思想”时，使用的是“《老子》思想”的表态，原因有二。一是《老子》当然有其作者，但这个作者未必是一个叫做“老子”的人。二是《老子》这本书的思想内容较为复杂，恐怕并不是一人一时所写，故以《老子》这本书为思想标的可能更圆融一些。

㉕《老子·二十九章》，第90页。

㉖《韩非子·杨权》，第137页。

㉗同上，第164页。

㉘同上。第137页。

㉙《老子》和韩非子使用“道”和“德”分别表示万物的总体规定性和具体事物的特殊规定性，在哲学上是有独创性的。不过，他们对“道”和“德”这两个字词的使用，明显有对抗传统儒学和其他思想派别的意味，因为儒家更多的是在道德伦常和个人修养的意义上使用“道、德”二字的。为了与讨论儒学和其他派别思想时相区别，本书在行文中使用“大道”和“大德”来表示《老子》和韩非子的“道”和“德”。

㉚《韩非子·扬权》。第145页。

㉛《韩非子·十过》:“行小忠，则大忠之贼也。”(第199页)

㉜《韩非子·安危》:“安危在是非，不在于强弱。存亡在虚实，不在于众寡。”(第530页)

㉝详见《韩非子·外储说左上》，第704页。

㉞同上，第697页。

㉟《韩非子·南面》，第334页。

㊱《韩非子·二柄》，第126页。

㊲《韩非子·扬权》："用一之道，以名为首。名正物定，名倚物徙。故圣人执一以静，使名自命，令事自定。"（第145页）

㊳《韩非子·奸劫弑臣》："人主诚明于圣人之术，而不苟于世俗之言，循名实而定是非，因参验而审言辞。"（第282页）

㊴《韩非子·饰邪》，第339页。

㊵《韩非子·五蠹》："民之所誉，上之所礼，乱国之术也。"（第1111页）

㊶ 同上："故明主用其力，不听其言；赏其功，必禁无用。故民尽死力以从其上。"

㊷同上："故明主之国，无书简之文，以法为教；无先王之语，以吏为师。"（第1112页）

㊸《韩非子·安危》，第530页。

第八章　谁领风骚：道德治国与法制治国

法制：强制的力量

守信：执法的保证

忠孝：天下的祸害

仁爱：法律的蛀虫

再论道德与法制：对立与相容

道德与法律，是治国的两项主要手段。究竟是以德治国，还是依法治国，或者两者之中以哪一种手段为主治理国家，古今中外，没有停止争论，也没有停止尝试和实践。这种争论和实践，特别是在战乱时代，或者是社会转型时代，更是异乎寻常地激烈。韩非子所处战国时代就为这种争论创造了最为复杂的内部和外部环境。

韩非子追随儒学大师荀子是他年轻时代的事情。他在荀子门下学习的时候，应当是以钻研荀子儒学为主。不过，荀子尽管是硕儒，但其思想是开放性的，甚至对于法家思想也相当程度的肯定。韩非子后来转向法术之学，宗从黄老思想，并对儒家思想有着非常深刻的批判，显然都与他在荀子门下学习的经历有关。对于一种思想，无论是宗从或者批判，只要能够达到一定深度，必是以对此种思想的深入研习为前提。

法制：强制的力量

在韩非子之前，这种争论早已开始了。争论的双方，是儒家和法家。儒家主张道德治国，至少应该以道德为主导，用道德约束政治。法家则完全相反，认为应该依法治国，甚至完全摒弃道德，去除温情，用法制约束政治。

韩非子宣称，在他的时代，儒家和墨家是所谓“显学”，即在当时社会上最为流行的两种学说，其中尤以儒家，在孔子之后分为八派，其影响力最为可观。儒家之所以最有影响，是因为针对现实问题提出了明确主张，认为社会动荡不安的主要原因是从上到下缺乏道德修养。儒家人物不仅注重自我修养，还说古道今，劝说世人向道德靠拢，特别是劝说在位者做一个讲道德的政治家。

在儒家声势浩大的思想攻势之下，世俗之人虽然并不一定能严格按照儒家道德标准行事，但至少在口头上赞成儒家道德教条。那些喜欢做表面文章的君主，好大喜功的君主，纷纷把儒者奉为座上客。尽管这种座上客一般都只能起招牌作用，但有时也能碰到个别想入非非的君主，尝试着以儒家思想治理国家。

可以想见，在那种战乱时代，这种尝试一般都会成为历史笑谈，使得像韩非子这样的功利主义思想家大为震惊和不满。那些遵循儒家思想治国的君主肯定不赞成法家依法治国的主张，这无形中就把道德和法制对立了起来，而二者之间相容的一面就显得无足轻重。在韩非子思想里，儒家道德观念特别是那些主要依靠人的自觉性加以表现的方面，比如仁义、忠孝、诚信等等，就成为主要被批判和攻击的对象。意味深长的是，像“礼”这样的对人有一定强制性约束的观念，就很少受到韩非子批判。

对于儒家道德观念的态度，韩非子总的指导思想是，圣人治下的国家依靠的不是让人主动为善，而是使人不能去行恶、不敢去行恶。教育是次要，甚至是可有可无的；强制是必需的，有时甚至是唯一的。

如果一定要找到自然笔直、天然所成的箭杆，再过百万年也无箭可射；如果一定要得到自然浑圆的树木去做车轮，再过千万年也无车可乘。尽管世上没有自然笔直的竹竿，也找不到自然浑圆的树木，人们却有箭可射，有车可乘，就是因为使用了人为手段。使用一定的方法，人们可以把竹竿削直，可以把木料整圆。对于人世而言，不使用外在法制手段，却要人们自觉自愿地成为善人，那只是空想，根本不符合社会实际。

即使万一找到了自直之箭、自圆之木，它们也不会被好工匠看重，不会成为工匠追求的目标。这是为什么呢？因为要乘车的人太多了，需要的箭也太多，自然而成的箭杆和车轮根本不能满足人们的需求。国家要达到大治，根本指望不上那些自善之民，即有道德自觉性的人。这是因为，国家要治理的不是个别人，而是所有人。

由此看来，韩非子并没有明确反对道德存在和道德价值，只是说，与法制相比，道德的力量不仅太有限，而且起作用的机会是或然性的。韩非子肯定的法制，不仅可以有效约束不规矩的人，而且适用于所有人、所有场合。[①]这种寄希望于法制一刀切的思想，出现在韩非子时代并不是偶然的。在那种极度动乱的社会现实之下，希望有一种力量，最好是一种外在力量，一下子抑制或肃清所有丑恶，是包括韩非子在内的许多正直之士的梦想。

不能简单地下结论说，韩非子是个反道德主义者。他所反对的道德是有特定内容的。无论什么样的道德哲学，都有具体的道德教条。对于盛行于那个时代的道德教条，韩非子的取舍标准就是他所推崇的“法”的原则。韩非子反对那些与法的精神、法的条文格格不入的道德说教，以及这些说教中的某些方面。比如儒家的仁义主张，强调人情世故，强调一定程度无原则宽容，这显然与法制的要求大相径庭，所以必须受到严厉指责和批判。那些与法制相合的，甚至能促进法制精神推行的儒家教条，韩非子并不反对，相反还加以肯定，并促进其发挥作用，比如“信”。

守信：执法的保证

坚持“信”，讲求信用，为所有思想家所肯定。但是，同样讲守信，同样要求兑现诺言，各个思想学派的侧重点却有所不同。儒家更多的是讲求日常生活中的信用，把持守信用当作人生的必备修养来看待。儒家的思路是，作为政治家的个人能够持守信用，政府的守信就不在话下了。韩非子对于个人守信讲得不多，他对“信”的强调，更多的是在政治方面。一般来说，守信更多情况下是基于自觉，而韩非子根本不相信个人自觉，故尔对于政治家个人持守信用的问题也很少提及。

韩非子法制思想的基础是对于赏罚的强调，甚至是依赖。没有明确而公允的赏罚，法律等于空谈。赏罚有两大支柱，一是赏罚得当，二是赏罚有信。如果赏罚无信用可言，奖赏不能兑现，惩罚不能执行，法令就不可能行得通。

国家也好，君主也罢，对百姓、对臣下建立起信用是个过程。既然是个过程，就不可能一下子建立起来，而应该是循序渐进，逐渐取得人们的信任。要从一件件小事、一桩桩小情中，由小信逐渐建立起大信，这是贤明君主共同遵循的路子。

晋文公带兵攻打原城这个地方。出发时，晋文公命令士兵只携带十天口粮，并与臣下相约，十天之内攻下原城。可是，十天之后，原城却没有拿下来，晋文公便下令退兵。有从原城逃出来的人说，再有三天，城内就弹尽粮绝，守不住了。大臣也劝说："原城已经精疲力竭，我们不妨再待几天。"晋文公则说："如果我因此而得到原城，就会失去信用。两者相比，我不能得到一座城池而失去信用。"最终收兵撤退。原城里的人听到晋文公的说法后，认为如此守信用的君主值得归顺，就主动投降了。

类似故事听上去不免让人觉得有些夸大，但这并不是事情的重点。人们应该关注的，是法家人物心目中的守信和价值，以及对于守信的极端的、近乎死板的追求。著名法家人物吴起偶然与一位故人相遇。吴起邀请这位故人到家里吃饭，故人答应下来，并约定好了时间。到了吃饭的那天，故人却没来，吴起就一口饭也没吃，一直等到晚上。到了第二天，吴起派人把这位故人请来，吃完了这顿饭，才结了这个约定。任用过吴起的魏文侯，也有守信用的美德。有一次，魏文侯与管理林子的官员约定要去打猎。到了约期，却刮开了大风。左右之人都劝魏文侯不要去了，魏文侯则坚持说："我不可以因为大风而失信于人。"最后，他还是去赴约打猎了。

不仅是政治家，普通人守信用也得到了韩非子肯定。孔子著名弟子曾参，后人尊称为曾子。有一次，曾子夫妻带着孩子逛街，孩子哭闹起来。曾子之妻安慰孩子说："待会儿回家后给你杀猪吃肉。"回到家里后，曾子果然准备杀猪，妻子制止道："刚才不过是哄哄孩子，你不必当真。"曾子则说："孩子是不可以随便哄骗的。他现在还没到了能够分清是非的时候，正需要从父母身上学习。现在你哄骗他，等于是教他骗人。这不是正确教育孩子的方式。"最终还是杀了一头猪。

对于不守信用的害处，韩非子也讲过一些反面例子。楚厉王立下一面戒鼓，与百姓约定，一旦有外敌，就击鼓示警，集合大家。有一次楚厉王喝醉了，经过警鼓时就随意敲了起来。百姓大惊，赶快集合御敌。楚厉王安慰人们说，是我醉酒了，与左右嬉戏而敲响了鼓。几个月后，果然发生了紧急情况，可再击鼓示警时，人们却无动于衷。楚厉王不得已，只好更换了报警信号。[2]

不过，韩非子对“信”的看重，只局限于就事论事式的守信，并不包括由于守信用而建立起来的人与人之间，特别是君主与大臣之间的长久信任。一般来说，特定的人与人之间，由于长期守信用，可以逐渐建立起信任关系，这种关系的基础固然可能有利益成分，但更多的是人的道德心、责任心等等与利益没有直接关联的因素。可是，韩非子却不这样认为。韩非子所说的守信用，比如以上所举事例，都是守信者出于某种利益才守信，或者迫不得已才守信。并不是像儒家所认为的，守信用应该成为一种内在的道德修养，一种生活习惯，甚至是以利他为目的的。

晋文公，也就是公子重耳，在没有登上晋国君主大位的时候，曾经有一段政治流亡生涯。手下有个名叫箕郑的，携带着重耳的饭盒子。因为迷路，箕郑与重耳走散了。可箕郑忍饥挨饿，也不敢动饭盒子里的饭。后来，重耳返国继位，成为晋文公，带兵攻克了发动叛乱的原城。进城之后，晋文公说：“想当年，箕郑忍饥挨饿也没动我的饭，我认为这样的人一定不会叛变我。”就任命箕郑做了原城的新官长。但大夫浑轩却不同意，说道：“因为当初没动饭盒子，就认定他不参与叛乱，这真是不讲究‘术’的表现啊！”

真正贤明的君主，对于臣下的信任，依靠的不是臣下不会背叛，而是不能背叛；不是他们不会欺骗，而是不能行骗。[3]不能依靠臣下的道德自觉性，而是要依靠君主的驭臣之术，迫使臣下没有力量背叛，不敢目无君主。易言之，君主唯一能依靠的是法、势、术，而不是抽象的道德信用。作为君主，不管大臣以前的行为是好是坏，只要凭借现有力量，迫使大臣服服帖帖地为我服务就够了。有才能的君主是关注如何建立势位、形成力量，如何自如地运用法、术、势，而不是要求臣下内心里对我忠心以及如何在君臣之间建立自觉的信任关系。不求己而求臣，就等于与虎谋皮。

这种观点的进一步发展，就是后来三国曹操所主张的，只要你有才能，我才不在乎你的出身和品行。春秋时期，鲁国的阳虎篡权未成，被驱逐出境。阳虎逃到齐国，因为同样原因被齐国怀疑，又逃到赵国。阳虎受到赵国权臣赵简子的欢迎，还让他做了大总管。赵简子手下劝谏说："阳虎善于窃取一国政权，为什么还用他做总管？"赵简子说："阳虎确实是一门心思地想着夺权，我则是专心致志守护好我的权力。"赵简子对阳虎有深入了解，头脑清醒地运用"势"和"术"，只让阳虎发挥他的治家治国才能，不让他有篡权机会。这样一来，阴谋家阳虎反而成了赵简子的得力助手。阳虎的主张是，"主上贤明，我就悉心侍奉；如果无能，我就用特殊手段应对他"。④由此可见，君主与大臣就是力量博弈的关系，不可能实现无条件的信任，也就谈不上相互守信。

世俗所谓的奸臣并不可怕，可怕的是君主没有对付奸臣的良方。做臣下的使奸行诈做奸臣，在韩非子看来是自然而然的事情，臣下的本质就是不择手段地夺权取利。真正的问题是，面对必然的奸臣，君主如何行事。君主明明知道臣下一有机会就要谋取私利，就应该顺势利导，充分利用臣下的这种特性，让他们必须通过为君主尽心尽力而得到私利，不能让他们通过搞阴谋取得私利。君主将法、术、势的威力使用到位，就能在利用臣下私心、有计划地满足臣下应得私利的同时，让君主和国家也能得到充足利益。

韩非子并非不重视那些公认的道德观念和律条，但他的重视是有条件的、有目的的。韩非子不同意片面夸大或拔高这些道德观念和律条的力量，认为它们不可能自动形成积极的行动，不可能天然有利于君主。只有在与法、术、势真正起作用的情况下，最终是在服从法制的情形下，它们才能发挥积极作用。在韩非子有限的道德哲学之中，功利主义的原则贯穿其中，始终发挥着主导作用。

纵观中国古代的悠长历史，儒学推崇的道德哲学和道德律令，只在极少数杰出人物身上有过程度不同的遵循和闪耀。在所有时代，在绝大多数人身上，这样的遵循和闪耀是难以让后人看到的。尤其是在统治者那里，儒家道德基本上是装饰物，并不是决定事物性质的内核。只有在政治相对清明、法治相对有效的时代和地域，才能隐约看到儒家道德的些许踪迹。这显然是在告诉人们，至少从逻辑上讲，法治倡明是道德流行的必备保证。

忠孝：天下的祸害

韩非子叹息道，天下之人，想当然地认为忠孝之道是正确的，从来不曾在仔细审察一番之后再去谨慎履行，最终导致天下大乱。对于所谓的尧舜之道，也是想当然地认为应该效法，从而出现了弑杀君主、曲折父兄的悖乱之事。

儒家宣扬的做人典范，比如尧、舜、汤、武之类的古代贤王，他们的行为明明违反了君臣之义，搅乱了后世的道德教育。尧把君位让给了舜，君王就做了大臣的臣下，做臣下的却让君王做了大臣。作为臣下的商汤王和周武王，最终杀死自己的君主夏桀王和商纣王。对于这样的君不君、臣不臣的人，天下人还一致称誉他们，韩非子认为，这才是天下不能达到大治的主要原因。

所谓明君，是能控制好臣下的君主；所谓贤臣，是能修明法律、尽职尽责，并拥戴君主的大臣。可现在倒好，自以为是明君的尧帝却不能控制大舜，自以为贤臣的大舜却不能拥戴尧帝，自以为申明大义的汤王和武王杀死了君长。这显然是说，做君主的就应该让位，做大臣就应该夺权。时至今日，做人子而夺取父亲产业的大有人在，做人臣而夺取君主权力的也是大有人在。

做父亲的让位给儿子，做君主的让位给臣下，这并不是教育世人各定其位、各守其职的正确原则。韩非子的主张是，“臣事君，子事父，妻事夫”，这三种关系摆顺了，天下就会大治；摆不顺，天下就会大乱。

儒家主张的社会等级制是以道德观念为基础的。从道理上说，只有贤人，达到道德标准的人，才有资格掌握政治权力，居于上位。即使贵为一国之主，如果昏庸无道，大臣也有权力劝谏和反抗，不得已的时候甚至可以另立新君、取而代之，进行所谓“革命”，革天之命，改易上天的命令。

从维护法律至高无上的权威以及不可变易性为出发点，韩非子在维护等级制度的问题上比儒家的主张要刻板得多、保守得多。严格说来，儒家既主张社会等级，又主张贤人政治，这就为以下犯上的阴谋家留下可乘之机。所谓贤能、贤人，其标准的主观性明显强于法制。韩非子对这种主观随意性非常反感，他宁肯不提出类似儒家道德教条这样的主观性太强的政治标准，以维护君臣上下关系的稳定性，从而达到天下安定。

韩非子总的主张是“尚法而不尚贤”，治理国家只需要严肃立法、严格执法即可，有没有贤人无关紧要。贤与不贤的标准在于能否依法行事，不在于有没有道德修养，有没有才能，特别是儒家所说的道德修养和以德治国的才能。韩非子的设想是，如果能严格执法，严守君臣、父子、夫妻之间的上下关系，即使君主是个无能之辈，臣下也不敢侵凌；如果不尚法而尚贤，认为只有贤人才有资格主宰国家，就会不断出现像齐国田氏夺取姜氏君权这样的以下取上的事情。如果这种以下取上的事情成为合理合法的，天下大乱就在所难免了。

在这个问题上，对立双方都有一定道理，也都有明显不足。如果说以贤与不贤为标准决定君臣的地位，韩非子的担心就不是没有道理的。况且，贤与不贤也很难定出客观标准。人人都说自己是贤人，都应该主宰天下，天下就更不成个样子了。反过来说，如果照韩非子所言，一切依法而行，即使是个糊涂到家的君主，大臣也得唯命是从。不过，这种情形似乎也难以长久存在。法是死的，人是活的，再好的法律，再完善的法律，也需要有德行、有才能的人去执行。所谓“有法必依”，强调的就是立法者和执法者的素质和能力，更不用说君权、王权是否会在法制之上存在、如何才能具有合法性，更是一个古已有之的难题了。

韩非子引用孔子的话说，为了挽救天下危亡，有道之人可以自作主张、匡扶正义，甚至不做父亲的孝子、不做君主的忠臣。对此，韩非子指出，父亲之所以想有个好儿子，是想着家贫的时候靠他致富，父亲有苦楚时能从他那里得到快乐。君主之所以想有个贤臣，是想着国家出现混乱时靠他治理，君主地位卑下时靠他抬高。可现在呢，照韩非子所引用的孔子说法，好儿子根本不为父亲着想，反而让父亲处在家中的苦楚位置，贤臣也可以不为君主着想，反而让君主的地位岌岌可危。这就说明，父亲有了好儿子，君主有了贤臣，适足以为害，根本得不着实利。这还能说是好儿子，还能说是贤臣吗？

韩非子引用当时流行语，“忠臣不危其君，孝子不非其亲”，忠臣不危害君主，孝子不非难双亲。在儒家看来，大舜因为贤良而取代了君主位置，汤王和武王因为申明大义才杀了他们的君王。韩非子得出结论说，这些人都因为是贤臣才危及君主，并得到天下人称赞。大舜还是个普通人的时候，在家里受到父亲瞽叟和异母弟弟象的虐待。大舜得天下之后，就流放了父亲，杀了弟弟。韩非子就此发表意见说，大舜的行为既不仁又不孝。所以，儒家肯定的忠臣和孝子，在韩非子看来却是既不孝又不忠，正是危害天下的祸水。

韩非子心目中的忠臣与孝子是什么样的人呢？他说，孝子事奉父亲的目的并不是取代父亲的地位，忠臣事奉君主的目的也不是夺取君主的国家。儿子如果经常称赞别人家的双亲说：“看人家的双亲，晚睡早起，强力生财，养活着儿孙。”这就等于是诽谤亲人。人臣如果经常称赞先王德高望重，就等于是诽谤君主。韩非子肯定的孝子和忠臣，是一门心思以双亲和君主为上帝的人。因为父与子、君与臣的关系是天然的和法定的，无论双亲和君主的表现怎样，儿子和臣下都不应该改变孝子和忠臣的表现。所谓忠臣，应该考虑的只是尽力守法，专心侍奉君主，至于君主是否圣明，是否称职，根本就不是臣下应该考虑的事情。[5]

韩非子法家与儒家的在这个问题上的对立之处，并不在于是否应该忠君，而在于以什么标准去忠君。儒家的标准是道德，韩非子的标准则是法制。从忠君的确定性上来说，韩非子的标准比较明确，容易掌握。从忠君的灵活性和正确性上来说，儒家的标准更占上风。韩非子的主张更容易造成所谓愚忠愚孝，因为在法制要求下，君臣父子的上下等级关系是永远不能改变的。尽管从理论上说，韩非子的法制对君主也有约束力，但真正守法的君主寥寥无几。更不幸的是，通观中国古代历史，世俗君主只接受韩非子倡导的严格的等级观念、等级制度，却并不履行儒家道德的约束。所以，对于维护古代专制体制而言，法家的贡献明显大于儒家。

仁爱：法律的蛀虫

韩非子指出，能言善辩之士，把先王的仁义之道当作迷惑君主的谈资，却拿不出有效的治国方案。因为仰慕先王仁义而弱乱其国的，是三晋国家韩、赵、魏；不仰赖仁义而强国的，是秦国。韩非子断言，能够统一中国的，也必定是秦国。

韩非子认为他的学说与盛行的各种治世之论有根本区别。他说，那些学说在说服君主的时候从来都不提倡君主用威严之势制服奸邪之臣，而是说："用仁义惠爱就可以了！"[6]世俗君主觉得仁义之名听起来很好，却不能详知其实，致使大到国家灭亡、君主身死，小到土地被削、君主地位卑屈。

世俗所谓仁义是对贫困者的施舍，所谓惠爱不过是哀怜百姓，不忍惩罚而已。对贫困者施舍就意味着无功者得到奖赏，不忍惩罚就会导致暴乱没完没了。无功者能得到奖赏，民众对外就不会奋勇杀敌，对内也不会尽力耕作，只会一门心思谋私利、得名誉，进而获取高官厚禄。这样一来，奸私之臣越来越多，暴乱之徒也会越闹越带劲。这样下去，国家除了走向灭亡，还能怎么样呢！

韩非子批评的仁义或仁爱之心，是指君主对于臣民的片面容忍、无原则宽容，并不是对于民众的真心仁爱。这样的仁爱之心，把对民众的仁爱与法治精神对立起来，认为讲仁爱就不能讲法治，讲法治就不是讲仁爱。这完全是错误的，既忽视了法治的价值，也没有正确理解仁爱的意义。事实上，孔子所说的仁爱、仁者爱人等仁慈精神，并不是倡导无原则的爱。孔子更不是说，因为爱人、爱百姓，就让人们胡作非为，不受法律约束。

民众害怕的是严刑，憎恶的是重罚。圣人看中了这两个工具，严加利用，以求达到国家安定、暴乱不生。这充分说明，就治国而言，单靠仁义惠爱不足以用，而严刑重罚才是最有力的工具。即使是最好的骑手，如果没有马鞭缰绳，也不能够制服烈马；最好的木匠，没有规矩，也做不成方圆；最有能耐的君主，如果没有赏罚之法，如果不能保持威严的权势，也不能治理好一个国家。

韩非子提出的具体步骤是，一个好的君主，要使用双管齐下的策略。一方面，用赏利劝诱民众，让民众知道有功才可以得赏，而一味地讲仁义，民众则会无所事事。另一方面，要用严刑重罚禁止人们的不法行为，让民众懂得，有罪就会受罚，不会因为无端的爱惠而被免除惩治。这样一来，无功之人不会有非分之想，有罪之人也不会心存侥幸。只要马匹良好、车子结实，什么样的颠簸路途都无所谓；只要舟楫良好、船体牢固，什么样的大江大河都不在话下。有了法制之术，施行重罚严诛，就可以造就霸王功业。⑦

韩非子并没有过多谈论仁义与法制在理论上的联系和区别，而是着重强调它们在现实中的不同功用，这就表现出了功利主义政治理论的特色。

对于韩非子法治思想的主要反对之一，来自一些学者对于所谓上古“黄金时代”理想政治的推崇，他们认为那是个以仁义治国的时代。韩非子反驳说，古与今的政治现实不同，采取的治国措施也应该有区别。如果以想象中的古代缓和而宽仁的政策，面对当前急迫的政治形势，就等于是用对付驽马的缰绳和鞭子去对付烈马，这是一种不明智、不知道事情严重后果的做法。

韩非子把批评矛头直接对准了儒家和墨家这样的所谓“显学”，即在当时名声显赫的学说。这些学派的学者们的共同观点是，“先王兼爱天下”[8]，古代圣王仁爱天下，如同父母对待子女那样地对待天下之人。他们认为，“司法官行刑的时候，君主连饭都吃不下去；听到死刑报告后，君主还为死者流泪”。这是在说，如果以父母爱子之心对待天下人，天下就会达到大治。如果这种观点能够成立，就意味着父子关系是和谐无比的。但是，放眼现实，情形完全不同。

父母虽然都爱子女，但却不能保证子女对父母能够服服帖帖，不能保证每个家庭都是和睦的。人们走出家庭，从人之常情来说，人与人之间的关系是不可能超越父子之情的，所以，君主就算能够厚爱其民，也不能保证与民众之间不产生任何矛盾和冲突。换句话说，即使当代圣王真的爱民，但由于君主之爱不可能超越父母之爱，那么，让圣王治下的民众奉公守法，治下的国家达到大治，也就是根本不可能的了。

再以学者们崇拜的先王来说，即使是在行刑时泪流满面，也不过是想倡导仁爱，而并不是想以仁爱作为治国的手段。流着泪不想刑杀，确实是仁爱的表现，可到最后还不得不执行刑杀，却是法治的表现。先王尽管流了泪，可该杀的还是要杀，这说明仁爱并不能替代国法，并不能实实在在地治国治民。

正常情况下，人们都不得不服从于权势、服从于政治权威，很少有人主动服从仁义。孔子是天下公认的圣人，修行明道，游说海内。可是，天下这么大，人口这么多，而真正达到仁义之境的只有孔子一人，承认和赞美孔子仁义之教，并追随他的也不过弟子七十多人。然而，那个鲁哀公，孔子在世时的鲁国君主，论才能也不过是个下等君主，却因为是国君，占据君主势位，便能得到境内成千上万人的服从。这就说明，人们不得不服从权势，权势也确实易于让人服从。孔子讲述仁义再精彩，也得服从有权势的鲁哀公。

以仁义作为区分上下贵贱的标准，孔子就不应该臣服鲁哀公；让政治权势的力量发威，鲁哀公就能让孔子称臣。君主到底应该选择仁义还是权势，是再明显不过的事情了。可是，当今学者游说君主称王的时候，不主张君主树立政治权势，却主张君主施行仁义。这明明是要求君主一定要在道德修养方面赶上孔子，让全天下之人都像孔子七十弟子一样贤能。这明摆着是痴人说梦，是企图树立了一个永远不可能实现的目标。

韩非子断言，那些故意犯法的人都是有备而来，是不会被所谓仁慈感化的。对这种人千万不能姑息养奸，以至于纵虎为患。

齐国大夫晏婴陪着齐景公在齐国的少海游玩。齐景公登上一座高台后说："多么广阔美丽的国土啊！后世将会是谁拥有它呢？"晏婴回答："那一定是陈氏了。"陈氏是陈国贵族，政治避难来到齐国。齐景公不禁反问："这是我姜氏的国家，怎么会是陈氏的呢？"晏婴解释说："陈氏现在很得民心啊！陈氏对上为齐国士人请求官爵，对下则是大斗出小斗进，对民众放债时用大斗、收债时用小斗，普遍施行恩惠。君王在重敛，陈氏则是厚施。大灾之年，民众都把陈氏看成救星。陈氏虽无大德，民心却尽归之。"齐景公听后惊讶不已，问晏婴该如何是好。晏婴认为这其实也没有什么可怕的。他出主意说："君王只要接受贤人，疏远不肖之徒，整治苛捐杂税，缓解刑罚之苦，抚恤贫穷孤寡，大行恩惠，民心自然归向于君。即使有十个陈氏，也不会有什么问题的。"[9]

晏婴的这番主张乍看上去是可以成立的，可是，正如韩非子所说，春秋以来，历史上无数臣弑君、子弑父的惨剧，并不是一天两天形成的，而是日积月累的结果。大凡行奸之辈，积久而力多，力多而不可绝。有见识的君主绝不会为了得到仁厚之类的虚名，造成姑息养奸的被动情势，一定要果断决策，尽早斩草除根。当晏婴提出对策的时候，陈氏已成气候，君主企图以恩惠对恩惠，已经为时太晚。韩非子认为，唯一有效的办法就是马上下手，将陈氏势力连根除掉。可齐景公认为使用武力太小题大做，就采纳了晏婴的建议。就这样，齐景公死后还不到十年，陈氏就杀掉了齐简公，夺取了齐国政权。

那么，陈氏这样的大臣可以用仁厚之术得民心，作为君主的齐景公为什么就不能如法炮制呢？在韩非子看来，只有依法而治才能达到国富兵强。君主必须坚持以法治为主干，国家才能富强。君主以仁慈为主导，民众就会不听号令、我行我素，使国家陷于萎靡不振。但是，那些有政治野心的大臣却不管这些。他们为了得到民众拥护，就利用君主以法治国，人民对法制有所畏惧的机会，打着仁慈的旗号，以小恩小惠收拢民心。这就是说，野心家的仁慈之道，君主是无法效仿的。君主处在守势，不能因为想得到仁慈的好名声而不计后果地放松对民众的管制，只能以法制治国，以强硬手段压服臣民。陈氏之类的大臣采取攻势，他们的目的只有一个，就是瓦解君主势力。为实现这一目的，最有效手段是以仁爱之名对民众施以恩惠，尤其是可见的物质利益，而并不在意国家利益会不会在这个过程中受到损害。总之，在韩非子看来，仁义或仁慈只能是有政治野心的大臣出的牌，法制和法治才是君主维护地位的不二选择。

君主与大臣的利益是相反的。君主要行法治，大臣必然要行仁慈，跟君主唱对台戏。君主对待这种大臣的唯一有效办法，就是利用君权威势把他们除掉。如果君主效仿这些大臣的做法，也去行恩惠，无异于东施效颦，不仅会失去权力，还会使国家陷于灾难之中。

在坚持韩非子法治精神的国家里，大臣私自对百姓行惠是非常危险的。想当年，孔子弟子子路在鲁国权臣季孙手下做官时，鲁国开始了一项巨大的公共建设工程。子路看见民工很辛苦，就发起善心，用自家粮食做好饭，要慰劳他们。孔子闻听，就派另一位弟子子贡赶到现场，砸了子路已经摆好的饭摊子。子路非常不高兴，就去质问孔子。子路说："我从先生这里学到的就是推行仁义，而仁义的含义就是天下人利益共享。我现在招待民工，先生你让人阻挠，这难道不是在反对我推行仁义吗？"孔子也是毫不客气，严肃批评子路说："你从我这里学去的，不过是一知半解的知识。根据礼法规定，只有天子才能仁爱全天下人，诸侯只能爱护境内之人，大夫只能爱护管辖下的人，士人则只能爱护家庭成员。超过了这些限度，那就叫侵凌上级。你不过是个家臣，却擅自去爱护鲁国百姓，这不是严重侵凌你的上级吗？"[10]这就是说，代替上级行私惠是非常危险的，即使你的主观愿望只是爱民，并不想代替上级的权威和地位，客观上却是对上级权威的挑战，是一种引火烧身的做法。弟子做出如此危险的事情，孔子作为老师，当然是要及时地严厉制止的。

把仁义之类的观念作极端推演和过度应用，足以让人迂腐不堪、自取其祸。春秋时代，宋襄公与楚国人在涿谷对战。宋国军队已经在河岸上排列好阵势，而对岸的楚国大军还没有渡过大河。宋国右司马给宋襄公献策说："敌国兵多，我国兵少，难以取胜。我请求在楚国军队渡过一半，还没来得及布好阵势时，就乘势出击，那一定会大获全胜。"宋襄公一听，大摇其头，说道："我听君子说过，不重击受了伤的人，不擒拿上了年纪的人，不在别人陷入险境时再推人一把，不在别人有危难时再逼迫人家，不进攻没有排好阵势的敌人。现在楚国人还没有摆好阵势，如果我们发起进攻，就会有害于大义。我们一定要在楚军都渡过河，并排好阵势后再行进攻。"右司马抱怨道："君王不爱宋国人民，却一味地讲什么大义。"宋襄公怒道："赶快回到你的行列里去，否则我就以刑法处置你。"右司马返回到行列之后，楚国人已经全部过河并摆好了阵势，宋襄公这才下令进攻。对战结果，宋军被楚军完全击溃大败，宋襄公大腿上还中了一箭，随后伤口感染，没几天就死去了。[11]

通过叙述这个著名的历史事件，韩非子倒不一定是批评大义有什么问题，而是强调理解和运用大义的人有问题。那些宣扬大义的人只是片面讲说大义的重要性，而没有指出应该在什么场合下才算是恰当运用大义。如果大义运用不当，就会走向反面，成为大不义。

韩非子主张的法治，在他看来不会出现片面性的问题。其一，法制的规定性很明确，不会在不同时间和地点有不同含义。其二，法制在什么情况下都是不折不扣、不徇私情、不讲私义的。其三，不会因为不同的执法者而改变法制的性质和内容。

不过，韩非子太看重法制的长处和积极一面，没有注意到或者来不及审视法制不足的一面。他拿法制的长处与仁义的短处进行比较，得出的结论当然是有利于法制的。客观地说，不应该泛泛地说仁义比法制好，或者法制比仁义好，这种角度的比较本身就是欠妥的。对于治国理政来说，法制或依法治国与仁义或以德治国各有所长。理性的态度应该是让法制和仁义发扬各自长处，克服各自短处，在治国理政和社会生活中发挥相互促进和相互补充的作用。

再论道德与法制：对立与相容

孔子一行人周游列国时，常在卫国逗留。孔子弟子子皋在做卫国执法官期间，给一个人上过刖刑，即砍断双脚的刑罚。受过这种刑罚的人，一般都去做守门人，也许是认为行动不便，不会擅离职守。忽有一日，有人诬告说，孔子一行人要作乱。卫君不明就里，就要把他们抓起来。孔子一行人得到消息后，马上四散奔逃，离开了卫国。子皋行动得晚了些，在跑到城门时，城门已经关闭，无法出城了。令人未曾想到的是，那个受过子皋刖刑的守门人却主动把子皋藏了起来，躲过了官吏的追捕。

事情过去之后，子皋问守门人："我执行君主命令，砍了你的双脚，这会儿正是你报仇的好时机，而你却救了我，这是为什么？"守门人说："我之所以受到断足之刑，是因为我犯了罪，罪该如此，无可奈何。然而，就在对我行刑之前，你曾依据法律规定，想减轻对我的刑罚，我对这些知道得一清二楚。到了刑罚最终决定之后，你非常不高兴，那神情我也看见了。这不是你对我徇私情，而是你有仁人之心。我很感激你，这才救了你。"[12]

韩非子的这种看法，也许是他思想早期的观点。不过，如果就此说，韩非子其实并没有武断地彻底否定仁爱的价值，也不是毫无根据的。应该说，韩非子所反对的，是以仁爱取代法令，或者把仁爱滥用在不适宜的场合。

在孔子儒家看来，仁爱是维护社会正常运行的根本，韩非子则认为法制具有更根本的作用。孔子弟子曾子嘱咐他的一个就要担任执法官的弟子说，对待犯人要"哀矜而勿喜"[13]，要以悲悯之心对待那些犯罪者，万不可因为处罚的人越多越高兴。韩非子借子皋之口想要表达的思想是，要在法制范围内，在严格执行法条的前提下，表现适度的仁爱之心。韩非子之所以这样想，恐怕是要防止出现那种以惩罚人为乐的不正常的心态。

韩非子与众多的法家人物一样，强调严肃立法、严格执法。但是，一丝不苟地执法绝不是以杀人、刑人为乐。执行刑罚的目的并不是表现刑罚本身，而是要达到以儆效尤、安邦治国。如果仁爱之心在法治范围内有助于这种目的的达成，也没有必要一定反对它。韩非子借孔子之口说："善为吏者树德，不善为吏者树怨。"[14]刑罚的最高境界是让受刑罚的人心服口服，不是让他们因为受了刑罚而对国家和社会生出更深怨恨、谋划出更严重的罪行报复社会。如果法制成为激化个人与个人、个人与社会之矛盾的工具，法的精神便荡然无存，法制的价值也就会大打折扣，甚至不名一文。

韩非子并不是要有意把法制与仁义对立起来，而是强调不同时势下法律与仁义各有所用，但由于他的思想重点在现实之中，在急迫的政治形势之下，所以，言语之间明显有一种否定仁义之作用的倾向。他的仁义与法制之关系的种种论述，传达给人们的更多的是一个国家只要有了严肃的法制，只要严格依法而行，仁义就可有可无了，甚至在特定形势下，推行仁义对法治社会来说还是多余的，这就为类似秦始皇式的暴政开了绿灯，准备了充足的理论依据。

在一个极度混乱的时代讲求仁义道德是比较容易陷于两难之境的。应该说，即使韩非子也希望出现这样一个高度文明的时代，即不用强制，只讲道德，人们自觉自愿地过着高尚的道德生活，做着本分的事情，不仅不去侵夺他人利益，还会主动地给他人创造便利。但现实是严酷的，在韩非子时代，慢条斯理地讲道德，在一定意义上就等于自杀。特别是在关系到国家存亡的问题上，人们对学者的连篇说教确实难以忍受，更不用说像韩非子这样的高度敏感的政论家了。即使韩非子想给仁义道德以必要的地位，但在面对现实的理论分析和实际对策中，他还是不能完全持守中正态度。这种倾向和结果是可以理解的，尽管它的影响难以用简单的言语进行评说。

注释：

①《韩非子·显学》："有术之君，不随适然之善，而行必然之道。"（第1142页）

②详见《韩非子·外储说左上》，第708-712页。

③《韩非子·外储说左下》："明主者，不恃其不我叛也，恃吾不可叛也；不恃其不我欺也，恃吾不可欺也。"（第729页）

④《韩非子·外储说左下》："主贤明，则悉心以事之；不肖，则饰奸

而试之。”（第730页）

⑤以上详见《韩非子·忠孝》，第1151–1155页。

⑥《韩非子·奸劫弑臣》：“仁义惠爱而已矣。”（第293页）

⑦详见《韩非子·奸劫弑臣》，第293页。

⑧《韩非子·五蠹》，第1096页。

⑨详见《韩非子·外储说右上》，第763–764页。

⑩同上，第767–768页。

⑪详见《韩非子·外储说左上》，第704页。

⑫详见《韩非子·外储说左下》，第722页。

⑬《论语·子张十九》，第278页。

⑭《韩非子·外储说左下》，第727页。

第九章 文士误国：文化反对论

文士：社会废物
儒者：以文乱法
文化与功利：文化反对论的实质

韩非子持有明确的文化反对论立场，在中国思想史上是非常有名的。他的论点尽管有明显的过激和不足之处，但也并不是没有值得深入思考的地方。

乍看上去，社会文化活动并不能直接创造物质财富，也不能直接解决实际社会问题，尤其是经济和军事问题。要让人们认识到文化的真正价值，既需要适当环境，也需要历史过程。在战乱年代，要想由乱到治，尤其是想快速而有效地结束战乱状态，文化显然是直接插不上手的。可是，如果全社会文化水平很高，国民文化素质也很高，就不容易产生战乱。即使发生战乱，也比较容易平复。

从历史上看，文化发展需要一个由低向高的过程，要想认识到文化对人类生存和发展的深层次作用，也需要一定时间。当然，如同世上所有事物一样，在某些情形下，文化本身对社会发展也会产生消极作用。可是，社会生活的其他方面，如政治、经济、军事等，无不具有这种特点。所以，拿文化的不足与其他方面的优越之处相比，在方法上就是不可取的。

韩非子对文化的非议甚至攻击，基本上就是在上述社会和思想背景下发生的。在当时社会中，构成人口多数的社会下层劳作者没有受教育的机会，谈不上文化素养，想从文化角度改变他们的思想和行为基本上是徒劳的。面对这种客观情势，像韩非子这样急于改变现状的思想家，就容易忽视文化的价值和作用。

文化是什么？如何定义文化？一直以来都是难以解决的问题。尽管如此，人们对于文化及其作用还是有着较为一致的认识。在中国古代，“文”是“纹”的初字，“纹”是后起字。“文”字初义是文身和对物件的图案装饰，引申为文饰和修饰的意思。“化”是变化和改变的意思。《韩非子》中未见“文化”一词，但有“文章”“文采”“文饰”，以及“文”、“化”二字作为单字词汇的使用。《易传》称“观乎天文以察时变，观乎人文以化成天下”①，通常认为这是对“文化”二字的最早组合使用，所谓“以文化之”是也。现代人使用“文化”一词是对西方相关文字的翻译，最简明的解释就是“以文化之”，基本沿用“文化”二字的本义。儒家主张“以文化之”，用礼仪文饰修养一个人，实现对人向好、向善的不断改变。不用说，这是个长期而艰难的过程，并且会伴随着各种反复和不确定性。

韩非子反对以文治国，反对君主重用文学文士参与国事，认为以文治国适足以误国害民。可是，在后人看来，韩非子也是文化之士，是用文化“武装”起来的政论家，他有什么资格执行双重标准？有什么理由把他的政治理论作为治国方针呢？然而，在韩非子看来，他这样的文士是法术之士，而奉行儒、墨之道和其他思想的文士是文学之士。严格说来，韩非子并不认为自己是文士，更不是文学之士。韩非子并不反对他所持守的文化，而是反对文学之士的文化。在韩非子那里，就算文化没有阶级性，也是有阶层性的。本书为了叙述方便，称韩非子为文化反对论者，其实他反对的文化主要是他认为的儒士所宣扬的空洞而不切实际的庸俗文化。

韩非子生活在战国晚期，社会极度动乱不必说，更要紧的是，大到每个国家，小到每个人，都时时存在着生与死的选择。在这种情形下，过度强调文化的作用，把眼前紧迫的生存问题托诸道德原则，托诸提高人们的文化素质，确实无异于螳臂当车，听上去有些可笑。孔子在世时就遇到过类似问题。孔子提出的以仁义道德主导国家政治的主张，只能施之以和平时代。眼见孔子的主张无法在现实中落实，孔子之后就出现了墨子的主张。墨子一派竭力反对孔子倡导的礼乐之道，认为文化追求丝毫无益于解决现实问题，尤其是下层民众的生存和安全问题。之所以会出现像墨子和韩非子这样的文化反对论者，根本原因还是在于社会发展未能充分展示出文化的基础性作用，未能证明普通人的素质在社会发展中的持久作用。

文士：社会废物

韩非子从功利主义的政治观念出发，认为要想富国强兵，一切就得从有利可得的原则出发。在韩非子理想国里，除了管理国家的君主和大臣、官吏之外，只有两种人是必要的，即士兵和农夫。在一个强国里，文化是多余的，文士主要是文学之士当然也是多余的。

名和利，是战士和农夫的追求，也是文士的追求。但是，名和利是不能随便给人的。韩非子认为，人们要得到名利，必须依法行事。法制是合理的名与利的标准。如果名与利、功与赏的授予脱离了法制约束，战士就不会奋勇杀敌，农夫也不会实实在在地耕田种地，要想实现富国强兵就根本不可能了。耕战之士要想求得名利，只有通过耕种和杀敌的途径，文士求得名利的途径则与此不同。文士只是通过在君主面前花言巧语而得名得利，对国家并没有实际贡献。文人的存在是对社会风气的腐蚀，是对社会的危害。

王登在做晋国中牟的地方长官时，上言晋襄公："中牟有两个文士，中章和胥己。他们的修养很高，学识渊博，君王为何不任用他们？"晋襄公说："你把他们带来让我看看，我让他们做个中大夫吧。"宰相听罢劝谏道："中大夫是晋国的重要官职。把这样重要的官职授予无功之人，不符合晋国提拔大臣的原则。君王只是听到了他们的名声，还没有实际考察过他们呢！"晋襄公说："我任用王登，就是既听了名声，又进行过考察的。现在王登对他们二人的名声和行为都了解过了，应该不会有问题。"这就等于是说，王登的一句话，就让两个人做了中大夫，得到国家的优厚待遇。中牟之人闻听此事，纷纷放弃耕种田地，把家财变卖之后，弃农从文，追随文学之士去了。这样的结果很可能是韩非子作了演绎，甚至说晋国有一半人都弃农从文了。不过，如果确实是以这种方式任用此二人，则对政治导向和社会风气的影响也肯定不会太小。

还是在晋国，著名文士叔向有一次会见晋平公。晋平公本来是小腿肚子抽了筋，但却忍痛端端正正地坐在座位上与叔向交谈。人们听说之后，纷纷说："叔向是贤者，王公礼遇他，腿肚子抽筋也不敢不坐好。"于是，国家几乎有一半人放弃了本职工作，去追随叔向之类的文士去了。

在古代专制政治体制下，君主的倡导确实可以代表国家政治取向。君主过分看重文士，就会使国人不能安心于耕田打仗，不安心于实实在在的工作，徒慕虚名，盼望着无功而得禄，盼望着靠着一张嘴、一通玄谈就能得到荣华富贵。韩非子认为，这是亡国的原因之一。

韩非子所说的类似上述两件晋国轶闻的事件，在春秋战国时代确实多有发生，尽管他对于这两个事件所产生影响的描述明显夸张。其实，被韩非子批评的文士也并不是空口说白话，并不是对于治国理政没有主张，而是他们的主张与韩非子的不同而已。一个国家，崇尚虚文当然会误国，但是，如韩非子所倡导的一路刚猛，纯粹以高压甚至武力治世的国家，也不会获得长久安定。可惜的是，在韩非子时代这种例子虽然也有，比如不可一世的越国和吴国的灭亡，但却并不明显，还没有引起韩非子之类学者的足够重视。

依韩非子之见，上面提到了三位文士，即中章、胥己和叔向，如果他们只是奉公守法的民众，君主对他们的礼遇就太过分了，因为奉公守法是国民最起码的义务。如果他们违法乱纪，尽做些没有实用价值的事情，君主又有什么必要礼遇他们呢？最重要的是，像这样的文士，国难当头之时拿出不救急主张，发生了战争也不能披甲上阵。如果过分优待他们，那就意味着把耕田、战斗的功劳放在了第二等的位置上；如果不过分礼遇他们，就会有助于法制发挥效力。国家安全的时候，他们地位显赫；国家出现危机时，他们又会怕得要死。这样一来，君主从文士那里能得到什么实用的东西呢？

为此，韩非子又举一例，以示君主对文士所应有的认识和必须采取的态度。

赵武灵王派李疵到中山国，看看中山国能否被攻伐。李疵回来报告说：“中山国可以攻伐。君王不先下手，就会落在齐国和燕国后面。”赵武灵王问：“你认为可以攻伐中山国的根据是什么？”李疵回答：“中山国君主喜好文学之士，经常到穷闾陋巷看望他们，对他们极度礼遇。”赵武灵王诧异道：“根据你的说法，这是个贤明的君主啊！怎么可以攻伐呢？”李疵说：“不是这样的。如果看重文学之士，战士就不愿意打仗，农民就不喜好种田。战士不想打仗，军队就不会有战斗力；农夫不好种田，国家就会贫穷不堪。国家对外软弱，对内贫穷，哪有不灭亡的道理呢？这个时候去攻伐，不正是最佳时机吗?”赵武灵王点头称是，发兵一举灭亡了中山国。[2]

赵国灭亡中山国是真实的，可是，把原因归咎于中山国君重视文学之士，却有些失之于偏颇，甚至有可能是韩非子编造的。韩非子认为重视文学之士就会挫伤战士和农夫做好本职工作工的积极性，也未免耸人听闻。说因为有了文学之士国家就陷于贫弱，也是难以成立的。

韩非子显然认为文士是无用之人甚至是有害之人，他们所从事的学问也就理所应当地成了愚昧的标志。为了支持他的观点，韩非子甚至对文士的个人品行提出疑问。他说，郑县有个叫屈公的士人，听说有敌人进攻，吓得昏死了过去。直到敌人退去，人们告诉他平安无事了，他才苏醒过来。[3]平心而论，这样的士人可能会有，毕竟文士不比两军阵前的勇士。但是，如果因为一个文士的表现而指责所有文士，或者无视社会成员不同的社会分工和职责，那就很难证明对文士的批评是公允的。

在谈到商鞅变法时，韩非子说，使国家得到大治的法和术，从秦国商鞅变法的事例中已经得到证明，而世俗学者却还是不能理解。世俗各种愚学并不知道国家治乱的实情，学者们都在读古书，不断地说古人是怎么做的，最终使当代人的思想陷入混乱，使国家达不到大治大兴。可是，这些学者智虑浅薄，连迫在眼前的祸患都躲避不开，却妄自批评目光远大的有法有术之士。学者所谓术，只能谈说，不能实用。愚学之人与真正法术之士相比，就如同是小虫子与大山的区别。[4]

韩非子认为，国家灭亡的征兆之一，就是大臣纷纷以讲学为时尚，他们的门人、食客都喜好辩论之术。战国时代有所谓“战国四公子”，楚有春申君，赵有平原君，魏有信陵君，齐有孟尝君。他们家资巨富，食客无数，其中是有一些才能特异之人，但大多数都是些能说不能干的文士。这些人也许很有学问，但以韩非子的论人标准来说，却都是迂腐不堪、不能为国家效力的废人。他们的存在，只是为主人浪得礼贤爱才之类的美名，但对于社会风气、国家富强，却造成莫大危害。在韩非子看来，他们都是社会赘疣。国家要想国富兵强，非得除掉这种废物不可。

韩非子对文士的辛辣讽刺和尖锐批评，在那个时代是独一无二的。韩非子批评的对象是所有文士，而不是像其他思想家一样，只是批评某一思想派别的文士。这样一来，人们就要提出疑问了：难道韩非子本人不是一介文士吗？如果他断言所有文士都是无用的废物，这不等于是自打嘴巴吗？如果他认为所有文士的主张都无益于治国，而他自己却提出了那么丰富的思想和明确的主张，这不等于是自相矛盾吗？

如前所述，韩非子所谓文士，指的是那些没有任何现实主张的空谈之士，指的是那些拿不出任何解决现实问题之办法的愚学之士。韩非子不擅长言谈而擅长撰文，被秦王嬴政所极度欣赏的也是政论之文。更重要的是，韩非子思想成就主要集中在解决迫在眉睫的富国强兵问题上，他更像是实干家，而不是学问家，更不是谈说道德修身、关注细枝末节的学问家。说韩非子是思想家，也是后世认定，恐怕韩非子不太愿意接受这样的称号。总之，韩非子的志向和成就，与他所批评的文士是有明显区别和本质不同的。

儒者：以文乱法

韩非子有一项著名论断，“儒以文乱法”，儒家的思想，儒者的行为，搅乱了法制。君主过分重视儒家仁义之道，给奉行仁义者以极大荣誉，有害于人们建功立业的愿望。推行所谓“文学”活动的人其实并没有实用价值，如果国家任用这种人，就会搅乱法制，因为法制的精神是有功者才能得到奖赏。“法之所非，君之所取。吏之所诛，上之所养”，[5]法制必须惩罚的非法之事，却得到君主的肯定；官吏必须依法制裁的人，却得到君主的支持。

楚国有个名叫直躬的人，父亲偷了别人的羊，他便去告官，可是，地方长官即令尹非但没有表扬直躬，还把他给诛杀了，理由是，他对君主的直，就是对父亲的曲，虽然忠于君主，却不孝于父亲。韩非子讲这样的故事，明显是针对儒家思想的。孔子说过，即使父亲果真把别人的羊据为己有，也挨不上儿子去告发。[6]在孔子看来，家庭是国家的基础，一个对家长不孝的人，很难对君主忠诚。韩非子故事中的令尹，显然是做出了有利于儒家观念的决定。

韩非子认为，家庭利益和国家利益发生了冲突，应该把国家利益放在首位。儒家的主张是以道德教条取代国家法制，以家族利益取代国家利益，致使空讲道德的人受到君主重视，一心为国立功的人却被冷落，甚至受到惩罚。在这个问题上，韩非子倡导的是集权政治之下的国家主义或集体主义，孔子倡导的是家族主义、个人主义，或者是道德主义。

在鲁国，有个人跟着君主出征，打了三次仗，当了三次逃兵。孔子听说后去问其缘由。这个逃兵说："我还有老父亲在家里，如果我死了，就没人养活他了。"孔子认为这是大孝子，就把他举荐给了君主。韩非子的这个故事还是说明，儒家的孝子就是国家的叛臣，儒家道德标准是对法制的反动。

韩非子痛心叹息，令尹杀死直躬，楚国人的奸邪之行就无法让君主得知了；孔子奖赏逃兵，鲁国人就容易叛国了。这一切，都是所谓"文化人"片面讲求道德的结果。在君主和国家利益面前，文学之士的所作所为实际上与君主的要求正好相反。在韩非子眼里，楚国那位令尹和孔子一样，都是"以文乱法"之士，他们怀有儒家道德主张，认为这样的主张高于君主和国家利益，所以他们才在未经君主同意的情况下自作主张，但实际结果却是损害了君主和国家利益。

不幸的是，现实中的君主却看不到这一点，他们心安理得地欣赏文学之士的花言巧语，不愿意下辛苦依法治国。那些心怀私利的人一眼就看到了“修仁义”和“习文学”行为能够捞到个人好处。修行仁义道德，会得到君主信任，得到君主信任，就会谋到职位、获得实利。讲习文学，会成为老师，当上老师，就会显达荣通。这就造成了如此局面：没有功劳却得到官职，没有军功却显达荣通。一旦形成这种局面，国家自然会走向混乱，君主地位也就岌岌可危了。

韩非子不断呼吁，互不相容的东西决不能并立。比如说，在杀敌者受赏的同时，却把仁慈的行为看得很高贵；在攻城者得到爵位的同时，却对兼爱之说深信不疑；训练强大军队以防国难时，却不断扩大儒士队伍；想以农业富国，以兵卒距敌，却又十分重视文学之士。国家安定之时大养儒士，国家有难之时却想到了带甲之士。得到君主利益的人对国家没有实用价值，对国家有实用价值的人得不到君主利益。换句话说，君主把利益大量地给了儒士和文学之士，而这些人却派不上实际用场；兵士是国富兵强所必需，却得不到实际利益。结果就是，从事实际工作的人对工作漫不经心，游学之士却与日俱增、登堂入室。在韩非子看来，这是世道之所以混乱不堪的根本原因。⑦

韩非子不遗余力地攻击儒士，至少有以下原因。其一，韩非子曾经追随硕儒荀子学习，对于儒家思想有深入了解，能够从学理上抓住儒学要害进行批判。其二，在韩非子时代，先秦儒学已经开始走下坡路，一些儒士的表现，甚至可以视为思想腐化和行为堕落，甚至荀子对某些儒士也有毫不留情的抨击。其三，根据韩非子所见所闻，确有太多君主素质不高、品行不端，极容易被一些儒士的花言巧语所打动，做出许多荒唐无稽的事情。其四，韩非子是三晋人士，而三晋国家正是战国末期儒士相对集中活动的地区。三晋国家均与强秦接壤，受秦军冲击最严重，国力最早开始衰弱。这些原因加在一起，让韩非子直接把儒家思想的流行、儒士的大规模活动和君主对儒家的重视，与山东六国的政治腐败和社会混乱相联系。这样的联系未必全部准确，但在大方向上是很有说服力的。

文化与功利：文化反对论的实质

韩非子完全是以功利眼光看待所谓“文士”即知识分子的作用的。要求知识分子的价值必须体现在创造立竿见影的实际价值、做出看得见摸得着的实际贡献，从历史发展的角度来看，明显是一种狭隘的见解。之所以产生这种狭隘观念，并不完全是韩非子有意贬低知识和知识分子的作用，而主要是受了急迫的现实政治需求的影响。战国末期，富国强兵的口号十分响亮，成为压倒一切的呼声。在这种形势下，还要四平八稳地讲述儒家仁义道德，滔滔不绝地宣扬古圣先王的丰功伟绩，显然是不合时宜的。公允地说，尽管从这种不合时宜里不应该推导出对文化的轻视或全面否定，但是，要想使一种思想、一种主张尽快起到震撼世俗的效果，就不得不矫枉过正。所以，韩非子的文化反对论在很大程度上也算是一种不得已的无奈选择。

值得注意的是，韩非子所说文士，不完全等同于现代意义上的知识分子。韩非子用的是“居学之士”[8]这个词，以有学识而自居的文士。严格说来，韩非子也是文士，但韩非子严厉批评的无用文士，显然不包括像他这样的人。韩非子自认为其学识是“实学”，实实在在的学问，即针对现实政治的行之有效的学问。他抨击的那种文士，其学识是“虚学”，没有实际内容，甚至只是玩弄文字游戏，比如那些能言善辩的人，或者是张口闭口引用古人的说法，号称对古代文献和历史有研究的人。所谓“居学之士”式的文士，他们拥有的学识并不能服务于治国理政，与富国强兵的国家政治主题是不相干的。

韩非子提出的文化反对论观点虽然有一定的现实依据，但其中反文化的倾向也是不容否定的。如果韩非子活在今天，诸如文学艺术、休闲娱乐之类的活动绝对会受到他的反对。除了政治家，大概只有所谓工农兵才有存在的价值。如果真有国家按照韩非子思想治国理政，这个国家不是兵营，就是劳改农场，并且还不一定是有人情味的、能够持久发展的兵营或农场。

韩非子对文化及文士作用的否定，表现出了十足的现实批判精神，这既是那个时代的产物，也是高于那个时代的一般认识。即便是对于他不断予以批判的儒家思想及儒士行为，在一些上下文中，韩非子也是有所保留的。事实上，韩非子并不否认孔子儒学的道德价值，也不断肯定甚至赞扬孔子和孔子弟子的高尚人格。这就说明，韩非子真正反感的是那些利用传统文化谋取个人利益的文士，以及那些忽视真正的治国理政之术，转而沉溺于空洞观念的君主。为了说服这些君主采取措施救亡图存，为了制止贪婪文士的自私行为及其对社会的危害，韩非子不得不在一些场合放出所谓的“狠话”，甚至完全否定儒、墨之学，否定文士的社会作用，显然，这样的“狠招儿”更多的是一种政治策略，并不完全表现韩非子的真实想法。其实，作为那个时代知识分子的一员，韩非子本人的政治命运并没有因为口头上对文士的批判而发生实质性改变。

注释：

①见《易传·贲卦·象》。见高亨《周易大传今注》，齐鲁书社，1979年6月第1版，第226页。

②以上均见《韩非子·外储说左上》，第662-663、697-700页。

③ 同上，第699页。

④《韩非子·奸劫弑臣》：“愚学之人，比有术之士也，犹蚁垤之比大陵也，其相去远矣。”（第287页）

⑤《韩非子·五蠹》，第1104页。

⑥《论语·子路十三》："叶公语孔子曰：'吾党有直躬者，其父攘羊，而子证之。'孔子曰：'吾党之直者异于是。父为子隐，子为父隐，直在其中矣。'"（第197页）这是韩非子所引故事的最早版本，显然《韩非子》版本对这个故事做了更有利于儒家的改写和引申，以证明儒学对社会的危害。另外，"攘羊"并不是"窃羊"，而是"六畜自来而取之"。别人家的羊跑到直躬父亲的羊圈，直躬之父没有给人家送回去，而是据为已有，这叫作"攘羊"。

⑦《韩非子·五蠹》："国平养儒侠，难至用介士，所利非所用，所用非所利。是故服事者简其业，而游学者日众，是世之所以乱也。"（第1105页）

⑧《韩非子·外储说左上》，第663页。

第十章 进退两难：激荡时代中知识分子的命运

进：为臣之术
退：智法之士面临三大敌人

在先秦政治史和思想史上，韩非子可能是最有争议的人物之一，从当时直到当代。韩非子思想是中国思想史上重要的一环和转折点，韩非子本人则是中国古代知识分子命运的重要代表和转折点。韩非子思想的诞生，标志着一种思想可以与政治现实、与专制君主的利益密切结合，甚至不分彼此。在此之前，这样的思想是没有过的。韩非子死于秦王嬴政之手，标志着先秦时代诸侯国君主尊重和敬畏思想家、学问家的时代的结束。当那个激荡的时代结束之时，古代知识分子的命运日渐清晰，或者与当权者合作，或者不合作，选择前者可以荣华富贵，选择后者就得遭受各种磨难，直到韩非子式的悲惨结局。

进：为臣之术

韩非子所谓为臣之术，指的是大臣正面对待君主的方法，而不是对君主耍滑使奸、谋取不当利益。本书在讲到法、术、势的时候，重点讲述了君主对付大臣尤其奸邪之臣的道术。在那样的场合，奸邪之臣使用的各种对付君主的方法，严格来说并不是韩非子所说的为臣之术。

在主动以术行事方面，有为君驭臣之术，也有为臣事君之术。无论是面对明君还是昏君，都有一个以恰当方式表现为臣之道的问题。一般认为，做臣子的，有才能且忠心耿耿就可以了。可在韩非子看来，有才能是必要的，但所谓忠心、忠诚之类，却是理想化的东西，在现实中是根本不存在的。为臣之忠是不得已而为之，并不是积极主动的道德修养的结果，大臣忠君是逼出来的，没有必要说忠诚是为臣的必备美德。

君臣的利益相反，君臣关系总的来说是敌对的。明知是敌对的，还得相处下去，其间的方法就显得至关重要了。君主之"术"是如何克制臣下的私心私意、私行私利，迫使他们做出有益于公家的事。为臣之"术"则是如何在君主权势之下，在为公的前提下，遵循法制约束，保全自身利益。所谓为臣之术，在韩非子那里并不是搞阴谋，更不是夺权之类的密谋策略，而是为了长久保持正当的君主关系而使用的一些行之有效的方法。

守护等级

在当时君主专制体制之下，韩非子明确主张政治等级制。但是，这种等级制的核心是，处在各个等级的人，无论是君还是臣，其言行都要与所处等级相对应，既不能超越等级，也不能降低等级。超越等级是以下犯上，固然是一种罪过。但是，有意降低等级，以上就下，也是不适当的行为，有可能招致意想不到的麻烦。超越与降低等级的行为在本质是一致的。

做臣子的，如果表现得过于卑下，生活过分节俭，说明现在的官爵不足以奖赏和激励他积极向上。另一方面，无节制地要求宠荣，就会形成以下逼上的情势。[①]这两种情况的性质是一样的，都说明做臣下的已经不安于处下的地位了。

晋国上卿孟献伯的居处简陋，穿着简单，日子非常清苦，根本不像上卿的样子。晋国明文规定，上大夫应该有两辆车、两匹马，中大夫是两辆车、一匹马，下大夫则只有一匹马。上大夫也就是上卿，之所以有那样的优待，是预防国家有战事，或者有其他紧急事务时，行动起来方便快捷。但是，孟献伯家里连这些必备的车马都没有。

有一天，晋国名臣叔向到孟献伯家串门儿，就问起这件事。孟献伯说："我看到还有国人面现饥色，所以不养马；还有上了年纪的人在步行，所以就不要车。"叔向出来后，跟大臣苗贲皇说："跟我一同去恭贺献伯的节俭吧！"苗氏说："有什么好祝贺的！国家明文规定爵禄等级，目的是鼓励人们为国立功，用来区别贤人与不肖之徒的。可现在，献伯搅乱了国家政令，也根本没有应急之准备，这显然是以对国家的不利，成就他个人的名节。你认为这值得提倡和祝贺吗？"

所谓"君君、臣臣"，做君要有做君的样子，做臣要有做臣的样子。官职的不同等级，并不完全是区分上下，更重要的是厘清责任。人们固然要反对贪官污吏，但也不应该赞成廉洁得出了格的官吏，因为那会使人想到，他的廉洁是不是还有其他目的。在汉武帝时代，丞相公孙弘就类似于孟献伯的表现。他身为丞相，吃的粗茶淡饭，盖的是普通棉被，穿的衣服也是出奇的简单，外表看去根本不像是个一人之下、万人之上的高官。当时就有人提出异议说，如果他生活得不像丞相，那么，工作起来也肯定不像丞相。[②]这就是说，一个官员连最起码的生活标准都有意达不到，那他就肯定有其他不可告人的目的。另一方面，这种有悖人之常情的表现也难以成为大多数人的典范。

多数情况下，这种廉洁得不近人情的官员极有可能是想博取名声、邀买人心。不是想以这种极端手法保住地位，就是想威逼他人，甚至是君主。韩非子就认为，这种极端行为是不值得提倡的。春秋时代楚国宰相孙叔敖，乘坐的是拉柴的车，拉车的是一匹老母马，平日里粗茶淡饭，面有饥色。人们就说，他可以说是个良好的大夫，可就是对在下位者形成了逼迫。就是说，他的生活如此俭朴，他手下的人又该怎样生活呢？久而久之，必然不利于上下关系的和谐。

管仲做了齐国宰相之后，对齐桓公说："我很有权了，可是还太穷。"齐桓公就把国家的一部分税收权给了他。管仲又说："我已经很富有了，但地位还是太低。"齐桓公就把他排在了齐国大贵族高公和国公之上。管仲又说："我已经够尊贵的了，但还觉得与君王的关系太疏远。"齐桓公就称管仲为仲父，比作父亲一般。孔子对此事的评论是，太过分了，明显形成对君主的逼迫之势。[③]

为臣之道的一个重要方面，就是严格按照做臣的定义和要求去行事。不要超越权限和生活标准，也不要有意降低权力和对生活的正当要求，否则容易引起人们的议论甚至猜疑，甚至引起君主的怀疑。同时，在韩非子看来，做大臣的不仅要处理好与君主的关系，还要处理好与下属的关系。在当时政治制度下，大臣要想处理好上下级关系的重点之一，就是遵守等级制度、守护等级标准。其实，这也是依法治国的必有内容之一。

举用能人

在古代君主制度之下，大臣的一项重要使命就是为君主、为朝廷举荐贤能之士。在孔子政治思想中，这一项使命至关重要。孔子政治思想的核心是调动人的主观能动性，充分发挥个人道德责任心，举用贤才就是表现这种能动性和责任心的重要方面。任用贤才的途径多种多样，但仅靠君主一人的发现是相当有限的。孔子说，称职的大臣，一定要不断举用贤才，即使被举用的人是下属，举用之后有可能做比自己更大的官，也不要犹豫。[④]孔子倡导这项原则的时候，用人制度还是以世袭制度为主导。不过，到了战国末期韩非子时代，任用普通士阶层中的有才能之人做官，甚至做到相辅之类的一人之下万人之上的大官也不是新鲜事情了。远的不说，近如韩非子同窗李斯，就是从普通士人做到了秦国丞相。

韩非子不认可人的道德之心和自觉向善，也不要求大臣必须是有道德的高尚君子，但是，他也强烈地反对庸才当政。其实，儒家所谓人才与韩非子所说人才并不相同。对于人才，儒家更强调“贤”之德，法家更强调“能”之才。除了具有治国理政的专业才能之外，儒家人才一定得有相当高的道德修养，而韩非子的人才则要严格遵循法制，接受君主之术的统驭。在韩非子的观念中，就算世间真有儒家式的“贤”才，对君主来说，他们也是极其危险的人物。大臣的有贤德总是意味着有野心，有野心意味着谋取私利和篡夺权力。君主真正需要的是能人、能臣，也就是说，君主不论使用什么“术”统驭群臣，被统驭者应该是有真才实学的人。有才能的人仅仅依靠君主的发现和提拔是不够的，还需要有大臣的发现和举荐。大臣的重要职责是举用韩非子定义的人才、能人。

举用能人并不是件简单的事情。鲁国权臣阳虎是有名的能臣，因为在鲁国举行叛乱而逃到齐国，又因为在齐国作乱而逃到赵国。当赵国执政者赵简子表扬阳虎善于举用人才时，阳虎抱怨说：“我在鲁国举荐过三个人做县令，可我出事之后，他们都在搜捕我。后来我在齐国又举荐了三个人，一个人做了齐侯亲信，另一个人做了县令，还有一个人做了边防侯吏。后来我有了麻烦时，做了齐侯亲信的不愿见我，做了县令的在迎接我的时候准备绑我，做了侯吏的一直追捕我到边境线上。这怎么能说我是善于举荐人才呢?”

阳虎抱怨的情形在举用人才的过程中并不少见。阳虎表达的是，我举用的人应该成为我的亲信，有义务为我个人效力，因为我有恩于他们。很明显，阳虎的这种观点与举用人才的宗旨是背道而驰的。无论是孔子的儒家举贤观，还是韩非子的法家举能观，都不会接受阳虎的观念。为君为国举荐贤才或能人，是要他们为国家和社会服务，并不是为当权者或官员培植个人势力。尤其是在韩非子政治思想中，大臣以私害公的任何举措都应该受到谴责或惩罚。

举用人才是要有原则的，最重要的一项是出以公心。晋国中牟缺县令时，晋平公问当政的赵武："中牟是军事要地，必须有一个好县令。你看谁能当此重任？"赵武马上推荐了邢伯子。晋平公问："那不是你的仇人吗？"赵武回答："私仇不入公门。"晋平公又问谁可以担任中府的县令，赵武推荐了自己的儿子。这就是所谓"外举不避仇，内举不避子"，出以公心是大臣举荐人才的基本准则。根据韩非子的说法，赵武在位期间曾经举荐过四五十位人才，可在赵武去世之后，这些人虽然都来吊丧，但都是以宾客的身份出现，并没有被视为赵武的家族成员，也就是说，赵武把他们举荐给了晋国君主，而没有把他们培植为个人势力。在韩非子看来，这就是出以公心。

赵国大臣解狐把一个仇人举荐给赵简子做宰相。那人以为解狐已经不记仇了，就去解狐家拜谢。解狐远远看见他到来时，就弯弓搭箭去射他。解狐说："我推荐你是出于公心，认为你能当此重任。我与你的仇是私人怨恨，我不能把私仇带到君主面前。"⑤

"私仇不入公门"就是要求公私分明，韩非子认为这是从政者的重要政治底线。"公"是指君主利益，在当时政治制度下，君主与国家是一体的。"私"是指与君主利益相反的大臣的个人利益，尤其是那些有政治野心的大臣的个人利益。韩非子明确指出，以公抑私是富国强兵的基本政治要求，失去了这一基本要求，国家政治的其他方面就无从谈起了。

巧进直言

韩非子思想深受荀子思想影响，心思缜密，表达有条理。从这样的思想风格出发，对于做一个合格大臣，韩非子既提出了严格的政治标准，也强调了合理甚至不乏巧妙的做事方法。这样的方法就是做大臣的技巧，或者说为臣之“术”。比如说，韩非子主张大臣要理直气壮地向君主明确表达意见，也就是一般所说的直言。但是，他也认真探讨了如何恰当直言的问题。

春秋时期郑国著名政治家子产的父亲叫子国。子产对郑君很忠心，子国责骂他：“你与众臣不同，坚持忠于君主。如果君主贤明，就能听你直言；君主不贤明，就不会听你的。听与不听，不是你能掌握的。但有一点确定无疑。因为你与众不同，就会与众大臣疏离。与众大臣疏离，就会危及自身。不只是危及自身，还要危及你的老父。”晋国名臣范文子也喜欢直言，他的父亲范武子用拐杖敲击着他说：“直言者肯定不为众人所容。不能为众人所容，就会危及自身，进而危及你的父亲。”

由此可见，向君主直言可不是一件简单的事情。那些对实际政治缺乏经验的人，总是片面赞美直言是一种美德，殊不知，不分青红皂白进直言，不仅不能达到劝谏君主的目的，反而会轻则丢官，重则亡命，再也不会有直言的机会了。进直言的基础是君主贤明。梁车做赵国邺县县令的时候，姐姐去看他。天太晚了，县衙关了门，她进不去，就选择了越墙而入。梁车发现后，用刖刑处罚了姐姐。赵成侯知道此事后，认为梁车太缺乏慈爱之心，就免去了梁车的县令之职。梁车的正直和秉公办事反而惹下了麻烦。

管仲曾经是齐桓公的敌人。齐桓公登上君位之前叫公子小白，与兄长公子纠争位，管仲是公子纠的家臣。两位公子争位，杀得昏天黑地，管仲还差点儿一箭射死小白。齐桓公执政后，逃到鲁国的管仲被押送回齐国。

在被押解回国的路上，管仲口渴，向鲁国的一个边境官员讨要水喝。这位官员对管仲非常恭敬，私下对管仲说："万一你回国后得到任用，将如何报答我?"管仲说："如果如你所说，我就一定任用贤人和能人，以功论赏。除此之外，我还能用什么报答你呢?"此官员听罢，大发怨气。管仲的一番直言，并没有得到对方的理解和接受。[6]

做君主的一定要明白良药苦口、忠言逆耳的道理。所谓直言，就是忠言，听起来多半情况下会让人感觉不舒服，特别是不符合人的私意的时候。臣下如果对君主说一些不符合君主私意的话，必然要求这个君主是贤明君主，是个把国家利益放在首位的君主。

君主在权力较弱的时候是忌讳直言的。可是，如果大家都满足了私利，公家的利益就不会存在了。[7]一个国家、一位君主，或者是某种权力系统，当它们开始走下坡路时，一般是不采纳直言的。当获取私利已经成为国家或社会的风气时，公共利益就不会有人理睬，那些行公意的人就会受到孤立，甚至会有危险，正如子产的父亲教训子产时所说的那样。

按理说，大臣应该向君主进直言，不应该阿谀奉承，但是，在具体操作中，欲进直言的大臣一定先要对政治风气特别是君主品质有恰当判断。在中国古代专制社会里，这种先见之明是一个政治家必备的生存手段。这倒不是说，如果面对昏君的时候就应该随波逐流、沆瀣一气，而是说要想使直言起到应有效果，一定要对接受直言的对象做出正确判断。如果盲目直言，不仅达不到直言的目的，还有可能走向反面，出现可悲结局。这是韩非子"直言术"能够发挥作用的必备条件。

韩非子"直言术"的另一个必备条件，是要取得君主信任。对于大臣的直言，贤明君主至少能做到不对直言者惩罚和报复，尽管未必能够依照直言行事。一旦取得君主信任，就能最大限度地保证直言得到认可。韩非子法家前辈人物、孔子弟子子夏断言："信而后谏。未信，则以为谤己也。"[8]对于上级，对于君主，应该在取得充分信任后再去劝谏。所谓劝谏，通常是直言。如果没有得到充分信任，当你直言劝谏的时候，在上位者很可能会认为你是在诽谤他们，有意说他们的坏话，至少也会认为故意让他们难堪。

在这个问题上，韩非子思想面临着两难，也是韩非子式的法家思想最难以让人全面接受的一个方面。在中国古代君主专制的政治制度下，因为是家天下，所谓“朕即国家”，按理说国家的公意与君主的私意是一致的。然而，在现实政治中，在太多时候、太多情况下，正是君主的行为破坏和侵蚀着国家利益，甚至直接导致江山易主。即便是历史上公认的所谓“明君”，也会由于心智一时不明、受人蛊惑、判断失误等“不可抗拒”的原因，做出许多昏愦之事。之所以令人错愕地走到这一步，根本原因是君主权力难以受到有效约束。面对难以约束甚至横行无忌的权力时，直言者的结局大多时候会是悲惨的。韩非子倡导大臣直言，但又拿不出有效约束君主权力的办法，只能使用一些技巧去躲避有可能来自君主的反对和伤害，最终的结果显然是不确定的。当韩非子因为秦王嬴政喜欢他的文章而被邀至秦的时候，肯定不会想到会死在这位秦王手中。从《韩非子》的记载来看，韩非子说给秦王的直言确实不少，所以，他在秦国的悲惨结局就是早已注定了的。

退：智法之士面临三大敌人

韩非子自命为智法之士、智术之士、法术之士和能法之士，意思是知法和用法的人。韩非子断言，在思想界，只有儒学和墨学才是“显学”，钻研这两派学问的文学之士占据统治地位；在朝廷之上，则是权臣当政，盛行阴谋之术和奸邪之行；在各国权力最顶端，是形形色色贪图私利、目光短浅的君主。韩非子认为，这三种人对于他提出的法制主张和法治精神都怀着敌视态度。对韩非子这样的法家人物来说，与这三种人进行斗争是取得政治上的合法性和有利地位的重要保证。

与文学之士的斗争

如前所述，所谓知识分子的概念，在韩非子那里并不像在今天这样明确。不过，古今所同的最起码一点，是认为知识分子是脑力劳动者，而在韩非子的观念中，脑力劳动者至少有两类，即像他那样的智术之士或智法之士，以及像儒生那样的闲居之士、居学之士或文学之士，有时也被称为学者。

就现实的富国强兵而言，文学之士并没有实际而可行的合理主张，智法之士则有一整套具体而切实可行的有效办法。这两种人都想从政，手段却大相径庭。文学之士靠的是虚幻的设想，巧妙的言辞，有时不免脱离原则；智法之士靠的是实在的目标，切实的步骤，所以才一贯坚持原则。

正因为法术之士与文学之士有如此的根本不同，法术之士才受到了世俗愚学之士的品头论足，才被文学之士妄加非议。韩非子不客气地说，世俗愚学只知说古，不能论今。与法术之士相比，他们也自称有术，但他们所说的术是中听不中用的，与法术之士的术相差千里万里。法术之士依法治国，他们却认为是施暴。法术之士执法不苟，他们却认为是不仁不爱。

对于严刑重罚的措施，民众很不喜欢，可国家却因此而大治；对于哀怜百姓、减轻刑罚的做法，民众是喜欢了，可国家却因此陷入危亡之境。这就是说，法术之士治国，与世俗的意见肯定不同，更不用说那些盲目效法古道的愚学之士了。韩非子痛惜道："愚者固欲治而恶其所以治，皆恶危而喜其所以危者。"[9]那些愚昧无知之人，包括所谓学者和普通民众，他们也希望国家实现大治，也不喜欢国家出现危亡，但限于他们的见识和处境，却不能接受法术之士提出的治理国家、去除危亡的有效主张。所以，法术之士"必逆于世""同于义而异于俗"[10]，坚持自己的主张，与学者展开全方位斗争。

韩非子提出的治国之道不能被其他学派所接受，很大程度上是双方看问题的角度不同。比如说，韩非子重视的是结束天下战乱，而所谓“愚学”之士看重的是用什么样的手段结束这种战乱。韩非子更看重国家利益，愚学之士则不断强调个人权利。强调个人权利看上去有一点儿现代味道，但在韩非子看来却是以不讲原则为前提的。韩非子设想的是尽快结束眼前的混乱，而愚学之士却在此过程中的一些点滴小事上纠缠不休。韩非子心急如焚，一心想把自己认定的幸福强加给人，而愚学之士则从不着边际的大道理出发，强调那种理想化的人的幸福。这并不是说韩非子存心与人们作对，而是他对于人性中恶的一面感触太深了。

要想客观而全面地评判韩非子所谓的法术之士与文学之士之间不同思想观点的是非曲直，进而全面讨论法家和儒家思想在中国古代社会发展过程中发挥的不同作用及其利与弊，显然不是一件容易事情。但是，令人印象深刻的是，正是完全不想做一个思想家的韩非子，却在他的思想和雄文中，把法家和儒家思想的对立呈现得那么突出、那么明确。荀子在世时，对于各家各派思想，包括法家思想，都有批判性的论述。但荀子的批判有两大特点，一是对各家思想进行了总体性批判，二是倾向于从思想和学术角度提出批判。韩非子继承老师荀子的批判精神，但与荀子不同的是，韩非子对儒家学者提出了更多批判，并把批判的重点放在儒学在于解决现实问题缺乏实际对策上。对于韩非子的如此态度和做法，从历史长河的角度看去可能有些短视，但从时代要求的角度看则可以说是抓住了儒、法对立的要害。

与当政权臣的斗争

韩非子所说的权臣，并不是朝堂上的普通大臣或官吏，而是那种手握重权，能掌握一国之政，甚至是一人之下万人之上的执政者，所以，韩非子也称他们为重臣或重人。

智法之士与权臣是天然仇敌，不共戴天。在智法之士的政治道路上，权臣是必然的挡道者。这是因为，智术之士远见卓识、明察秋毫，能够看透人的私心；能法之士刚强有力，正直无私，能够矫正奸人的不轨行为。可是，那些能够左右一国之政的权臣，他们有足够的能力取得君主的信任，所以就目无国家法令，擅自行事，谋取私利，浪费国家财物以方便自家。如果智法之士得到重用，那些享有特权的贵重之臣就会失宠，甚至被排斥在外，或者还会受到法律制裁。所以，这两种人是不共戴天的仇家。[11]

重臣掌握国家大权，左右国家政治，国家不论想在国内国外做什么都得通过他们。诸侯不靠他们就做不成事情，即使实力相当的其他诸侯国也要说他们的好。在国内，百官不靠他们就不能完成工作，不得不为他们所用。就算是君主的近侍之官，比如作为君主左右手的郎中，不靠拢他们就无法接近君主，所以，郎中也得为他们隐瞒罪恶。学者不靠他们就得不到优厚俸禄，所以也得吹捧他们。有了这四方面的帮助（“四助”），无论是出于自愿的还是被迫，重臣的奸邪行为就得到了全面保护。

重臣根本不会忠于君主，根本不会向君主举用他们的仇家——智法之士，同时，君主也不能越过“四助”而真正洞察重臣，结果就是，君主越来越失去权威，重臣却越来越有分量。

重臣之所以能够得到君主的重用，主要有这样一些原因。首先，这种人一定得是君主信爱的人，他们对君主的好恶也深有了解。他们利用各种便利条件投君主之所好，加深与君主的私人关系。其次他们担任国家要职，势力很大，人们都得巴结他们，投靠他们的人也多得不得了，以至于全国人都对他们歌功颂德。

智法之士之所以得不到君主的重视和重用，情形正好与重臣相反。智法之士不会去了解君主的喜好，也就谈不上投其所好。不仅如此，对于君主的不当之处还要据理力争，试图改正君主的不妥思想、纠正君主的错误行为。就这样，智法之士没有高官可做，也就不会有人来给捧场，更难想象不计其数的人为他们说好话了。总之，重臣的长处，尽是智法之士的短处，以所短与所长争，胜负早已决定在先了。

这种胜负结局不仅使得智法之士在君主面前无法得势，还表现在他们的个人困难处境上。一旦智法之士有了过失，如果能以犯法为借口进行诬害，重臣就会毫不留情地下手，如果与法律沾不上边，重臣就派刺客要他们的命。可是，只要是人，就会有犯错误的时候，这样一来，智法之士不是死于官吏之手，就是死在刺客刀下。智法之士动辄都会有杀身之祸，又怎能冒死进言呢？重臣的奸邪之途越来越坦荡，又怎肯见利而后退呢？

据此分析，韩非子展现出的国家政治的前途是，君上的地位越来越卑下，重臣的私家之门越来越尊贵。[12]在这种情势下，对于君主来说，所谓国家灭亡，指的并不是丧失了地域和城池，而是丧失了权力。之所以会丧失权力，是因为私门逐渐取代了公门，重臣逐渐架空了君主。韩非子为君主展示重臣的危害，目的当然是提醒君主，真正值得任用的是像他这样的智法之士。

不幸的是，在智法之士的从政道路上有种种难以克服的先天障碍。以常情而论，君主的左右不一定都是智士。如果君主想要听听智士说了些什么，就得先与左右之人讨论和议论，这就等于是跟愚人谈论智者。君主左右也不见得都是贤人，如果君主听说有贤人，准备以礼相待，就要与左右之人评论一番贤人的行为，这就等于是与不肖之人议论贤者。智者的命运掌握在蠢才手里，贤士的前程决定于不肖之人，这还能有什么可说的呢？

进而言之，那些求仕的智法之士洁身自好，以真才实学行事，既不会请客送礼，又不会枉法为奸。君主左右的人肯定不会是廉洁奉公之人，得不到智法之士的贿赂，就不会在君主面前说他们的好话。这样一来，君主根本就不会有机会亲自效验智法之士的才能，而在朝中做官的也就只能剩下贪官污吏了。[13]

尽管有重臣以及君主左右亲近的层层阻挡，韩非子还是声明了智法之士的原则，并且不乏自豪感。韩非子说，重臣虽然能够显赫一时，但是，在各国政治运作中，当国家有了新君时，旧君手下的重臣能保持其原有特权地位的，十个当中连两三个都没有，这是因为他们早已犯下了欺主大罪，旧君可能不会觉察，新君则不会放过。另外，在重臣手下做事的，也就是在朝廷中的官员，不是愚人，便是贪官污吏。重臣带领着这些愚人和贪官污吏做事，向上就是欺主，向下则是鱼肉百姓，必然造成国家政治混乱不堪，最后还得让君主担上骂名，这显然是犯了大罪。智法之士、贤明之士明白这一点，根本不愿意和他们一起掉脑袋，所以一定不会追随重臣。

韩非子也毫不客气地指出，重臣有大罪而君主不能禁止，说明君主也是有重大过失的。一个国家，君主有大过于上，重臣有大罪于下，除了亡国，还能有其他选择吗？[14]

结合自己在韩国和秦国的遭遇，尤其是在秦国被李斯和姚贾攻击和算计，韩非子对于智术之士与朝廷重臣的抗衡和斗争有过沉痛教训、有着深刻认识，用文字表达出来的时候也非常生动，完全切中了问题要害。表面上看，双方的抗衡和斗争是与生俱来的，二者本性不同，尖锐对立和斗争不可避免，但是，透过种种表面现象，韩非子真正想要表达的是智术之士的不幸命运。他们很想取得君主的信任，很想在治国理政上有所作为，但无情的政治现实却一再击碎他们的梦想。

深入来看，重臣之所以能在与智士的斗争中占据上风、不断取胜，根本原因在于他们获得了君主的支持。从现代政治学的角度去看，则是当时的政治制度更支持重臣的习性和作为。生活在那个时代，韩非子很难看透这一点，就算以他的智慧偶尔能够感受到这方面的问题，也只能是在迷惘中稍有涉及而已。他不可能清楚地表达出来，更不能参透其原因。这是韩非子式的智术之士、法术之士真正的悲哀所在、悲剧所在。

与在位君主的斗争

韩非子认定君主与大臣是天然仇敌。也许韩非子在强调这种天敌关系时只是针对已经在朝廷之上的大臣，但是，智法之士从政的结果也只能做大臣。所以，韩非子就掉进了为别人设置的陷阱之中了。也就是说，智法之士一旦被任用，与君主也就形成了不能相容的敌对关系。这其实是古代君主专制制度的本质所在。君主与臣民不可能存在共同利益，君臣博弈是无时无刻不存在的。

韩非子在君主面前自称“贱臣”，这说明像他这样的智法之士不仅在等级上与君主不可同日而语，并且注定得不到重视，更不用说获得像样的社会地位了。韩非子认为，智法之士与君主的对立关系，集中表现在所谓“说难”之上，即在表达自己的政治意愿方面，像他这样的知识分子处在了绝对的困境之中。

韩非子所谓“说难”“难言”，意思是说要想让像韩非子这样的法士的政治主张得到君主的重视或肯定，是一件相当难办的事情。这并不是说法士难于说出什么，而是难以说在君主心坎上。这个难处或困境，构成韩非子政治思想的一个重要方面。法治之道之所以难以推行，奸邪之行之所以难以禁绝，一个重要原因在于法士之“说难”，即他们的合理而有效的政治主张难以让君主接受，更不用说让那些文学之士和当政权臣赞成和遵循了。

韩非子对于“说难”有很明确的概括性描述。如果智法之士说的是洋洋洒洒的华美之语，君主会说这是华而不实；如果是恭敬而严肃的耿直之言，君主会说是笨拙而不伦不类；如果多方陈述，运用各种比方来说明问题，又会被看作是玄虚而无用；如果是简洁明了，不加修饰，又会被说成是暗昧而不加辨别；如果是言辞激烈，直指人情事理，会被认为是僭越而不知礼让；如果是宏大广博，深妙不测，会被说成是浮夸而无用；假如是谈论日常事务，事事道来，会被认为是太鄙陋；假如说的都是世俗之事，言辞没有悖逆之处，会被说成是贪生怕死，阿谀在上者；假如是言辞远离世俗，不谈人间之事，会被说成是荒诞不经；如果是言语乖巧，颇具文采，会被说成是过度花哨；如果没有文采，直来直去，会被看成是太鄙下；如果不断地引用《诗》《书》，主张效法古人，会被说成是只会述说往事。

韩非子还列举了很多善于言说的前人的事迹，他们最终结局都是令人同情的。这并不是说只有愚昧的君主才难以接受智者的进言，就是号称至圣的君王，有时也是如此。所以，韩非子的结论就是，君子难言，法士难言。

韩非子说，说服国君的难处，第一不在于我心里有东西表达不出来，第二不在于我不能用恰当的方式表达出来，第三不在于我没有胆量用广博的知识和上好的口才表达出来。而是在于，如何明白君主的心理和心思，投其所好，用爱听的话来适应和打动君主的心。

“说难”的具体方面是：

一、难以明白君主心意。如果君主的目的是想得到上好名声，你却用厚利去说服他，君主就会认为你志节卑下，把你抛弃得远远的。反过来讲，如果君主想要厚利，你却用名声说服他，君主就会认为你没有头脑，离题万里，当然就不会任用你。如果君主本来是想要厚利，可表面上却是要名声，你根本不知道，就用名声去说服他，君主就会表面上任用你，实际上却疏远你。如果你是用厚利去说服他，君主会暗地里用你的主意，而把你本人扔在一边。对于这种不能对症下药的现象，韩非子非常重视，不断告诫游仕之士，千万要留心。[15]

二、无意间陷于危险之中。任何事情，保守秘密才能成功，泄露秘密就会失败。[16]可是，有些时候并不是你有意泄露君主的秘密，可能是无意中说中了君主不想让人知道的秘密，你就把自己置于极其危险的境地了。君主表面上做了一件事，但只是想把这件事作为幌子来利用，实际上暗中想做成另一件事。如果你不仅知道表面文章，还知道内情，那也是非常危险的。君主暗中规划的事情已经布置停当，你虽然身处局外，却揣摩到了它的内情，一旦泄密，无论真相如何，君主也会认为你是罪魁祸首，这无疑会给你带来危险。在你与君主的关系还没有达到亲密无间的程度时，你就跟他说知心话，即使因此而建功，你也不会有所收获，而一旦遭到失败，你就会引起君主怀疑，这显然也会给你招致危险。

还有一些方面，也会使游说游仕之士陷于不测的危险中。比如说，君主有了过失，你却依据礼义进行挑剔；君主有时自以为是，以为拥有了独到的计谋，想显示一下能力和功劳，而你也恰恰给想到了；勉强让君主做他根本做不到的事，从而陷君主于尴尬之地；在君主不能住手的时候你却劝他住手，让他心里很不痛快；跟君主议论或品评他的大臣，君主会认为你在离间君臣关系；如果与君主议论他左右的亲近宠信之人，君主会认为你是在说他们用君主的权力做交易，在出卖君主的权力；如果是议论君主喜欢的人，会被认为是想找靠山；议论君主不喜欢的人，又会被认为是试探君主的喜好。

在读到《韩非子》中此类文字时，会强烈意识到韩非子并不仅仅是个逻辑缜密的理论家，而且是个细心的行动家，居然能把与君主和当权者的交往“手册”制定得如此详细和明晰。由此可见，韩非子是一位热切的求仕者。可惜的是，他的思想变了，没有了他的思想前辈们的宽容精神。他的时代变了，如果思想家不能容忍不同的思想，当政者对不同思想和思想者的剔除就会更坚决、更无情。

三、难以把握言语尺度。既然说服君主是那么艰难，是否可以从加强言语使用方面找到出路呢？韩非子的回答还是否定的。游说游仕之士如果精简说辞，会被君主认为智力有问题，摒黜不用；如果能言善辩，会被认为只能说些空洞废话，还是会被抛弃；如果不讲事实，尽讲大道理，会被认为没有胆量，不敢尽言；如果利用许多事实来谈说，会被认为是粗野而傲慢，说话不得要领。

郑武公谋划攻伐胡国，故意先把女儿嫁给胡国君主，拉拢关系。忽有一日，郑武公问群臣："现在我想用兵，你们看哪个国家可以攻伐？"大夫关其思回答："胡国可以攻伐。"武公大怒："胡国是兄弟之国，你却说要攻伐，是何居心？"马上把关其思给杀掉了。胡国君主听到后，以为郑国真的亲近，就不加防备了。没想到郑国发动偷袭，成功灭了胡国。

宋国有个富人，院墙被雨水冲坏。他儿子说："如果不赶快修好，必定会有盗贼。"邻居家的老父亲也这样劝说他。到了晚上，果然被大盗偷走了好多财物。这个富人呢，认为儿子非常有头脑，却怀疑上了邻居。

韩非子分析说，在上面两个故事里，发表正确意见的人，因为与主人公的关系远近不同，遭遇就大不一样。这就说明，真正困难的不是知道什么，而是恰当运用你所知道的东西。尽管"人主"长有"逆鳞"[17]，但"说难"也只是"难"，不是没有可能。如果方式得当，完全可以化"难"为"易"。

那么，如何变"说难"为"说易"呢？

"说"的宗旨是要设法掩饰君主的自豪心理，去除他的羞耻之心。君主有自私的急需时，说士就一定要以公义来支持他；君主有某种卑下倾向，说士就一定得说这种倾向非常美好，还要埋怨他为什么不赶快去做；君主心高志傲，想做成大事，但就是能力达不到时，说士就要说这件事是如何没有价值，赞美他不去完成此类大事的行为是如何高明；君主想炫耀智能，说士就要举出一些同类事情，使劲儿给他提供参考，让他方便使用，而说士则佯装对此一无所知；想让君主接纳那些与人相妥协的话，就一定要说这种话有多么好，说明这些话本来就符合君主私利，算不上丢面子；想给君主陈列一些有危害的事情，就要说它们的坏话，并举例说明它们对君主个人也是有害的。

如果说士想让君主接受自己的意见，最好不要采取直截了当的方式。要想赞扬君主，应该是赞誉与君主有同样行为的人，这可以保持君主的矜持；知道君主要规划一件事，不要直接去给君主出谋划策，而是要去规划另一件相同的事情，以免伤了君主的自尊。对于那些与君主有同样卑污之行的人，一定要尽力粉饰他们，说明这并没有害处；对于那些与君主遭受同样挫折和失败的人，也一定要明确加以粉饰，说明那其实算不上过失；如果君主逞能，就不要用困难来纠正他；君主刚愎自用，就不要用他的过失去触怒他；在君主自以为得计的时候，不要以失败来让他感到窘迫。

弥子瑕是卫灵公嬖臣，得到卫灵公万分宠幸。卫国法令规定，私自使用君主车乘的人要处以刖刑，就是砍掉双脚。有一次，弥子瑕半夜得知母亲生病，就伪称得到卫君许可，乘用卫君的车回了趟家。卫灵公知道后大加赞赏："好孝顺啊！为了母亲，竟然忘了触犯刖刑。"又有一次，弥子瑕跟随卫灵公在果园游玩，吃到一个甜桃，就把吃剩下的一半给了卫灵公。卫灵公高兴地说："这是爱我的表现啊！忘了是自己吃剩下的，还要让我尝尝。"可是，随着时间推移，弥子瑕年老色衰，逐渐失宠。有一次不小心得罪了卫灵公，卫灵公愤懑地说："想当年，他曾偷用我的车，明知故犯；还把吃剩下的桃子给了我，把我看成什么了？"

同样是弥子瑕的行为，前后得到的评价却大不相同，这是由于爱与憎的不同情感所致。受君主宠爱时，什么都是对的，反之则什么都不对。据说，龙这种动物身体柔顺，高兴的时候还可以骑，可它喉咙下面有一尺多长逆向生长的鳞，如果有人去揪，就会遭到杀身之祸。韩非子说，君主也有逆鳞，说士在说服君主的同时，还能做到不揪君主的逆鳞，那就差不多了。

在说服君主接受自己的治国之道的问题上，韩非子有明确原则。他说，在主导思想上不要跟君主唱对台戏，在言辞上不要与君主发生抵牾和摩擦，然后再展开想象力和辩才。只有取得君主信任，关系密切，不至于让君主随便生疑，才有可能完全表达意见，甚至在与君主面对面的抗争时，也只会提高自己的政治地位，而不会出问题。

古代的两位大能人，伊尹和百里奚，论才能和修养，已经达到圣人高度。可是，为了取得君主信任，他们甚至从最低贱的事情做起。伊尹先给君主作厨师，百里奚则先去给君主放牛，以期靠近君主，慢慢让君主认识自己、信任自己。韩非子由此推演说，如果把他的政治理论当成厨师和放牛的，并通过它们而达到救世的目的，对于说士来说也没有什么可耻的。[18]

韩非子的这种思想与他的经历有密切关系。司马迁认为，韩非子关于"难言"的文字，就是在他仕途屡遭挫折之后写下的。[19]这就说明，当他游说韩王和秦王的时候，对于这种难处还缺乏真正的认识。另一方面，这种看法却与韩非子的整体思想有矛盾之处。他的政治思想从根本上说是主张君主集权的。君主集权，一切由君主说了算，这就很难要求其广纳群臣之言。如果能够广泛听取群臣意见，在实际操作层面对于君主的集权是有冲击的。特别是在群臣意见不一致的时候，专制君主也容易陷于两难。事实上，在任何情况之下都很难要求群臣意见达到一致。在争权夺利的竞争中，意见一致是绝不可能的。认真听取所有意见，并做出平衡而恰当的决断，只有理想中的圣王才可以做到，而现实中的君主与理想中的圣王完全是两种人。韩非子一方面主张君主专制，另一方面又想排除"说难"、求得"说易"，这在当时基本上是不可能的事情。

进与退：法术之士的两难

当法术之士或智法之士为了求仕建功而面对君主的时候，韩非子虽然论说了"说难"与"说易"的事实存在和转换机制，但是，要想真正把握好二者的尺度，以求得一个适当平衡，在现实政治中近乎难以完成。与其说是韩非子提出并分析了"说难"和"说易"的问题，还不如说他在这个问题上陷入了更深的两难之中。

楚国人和氏从山中得到一块品位很高的玉璞，就是未经雕琢的原初玉石。玉本来就是石头的一种，一块璞石，在外行看来，与普通石头无异。

出于对君主的敬重，和氏把这块璞石献给了楚厉王。楚厉王让玉石匠人鉴定，匠人说是块普通石头。楚厉王以为和氏故意说谎邀功，就动用刖刑，砍掉了他的左足。楚厉王死后，和氏不死心，又把这块璞石献给了继位的楚武王。楚武王又让匠人鉴定，结果照旧，和氏又失去了右脚。楚武王死后，楚文王继位。和氏虽然还坚信那块璞石的品位和价值，却再也不敢去冒险了。没办法，和氏抱着璞石在山下哭了三天三夜，哭干了泪，哭出了血。楚文王得知后，派人问道："天下受过刖刑的人多的是，为什么只有你伤心到这般田地？"和氏回答："我哪里是为了刖刑而伤悲？我伤悲的是，本来是宝玉却被说成是石头，本来是贞洁之士却被认为是说谎者。"楚文王听罢，改变了做法，不是让匠人只看外表，而是让他们动动手，把璞石处理一番，终于得到了一块宝玉，还把它命名为"和氏之璧"，使这块玉石名扬天下。

此类故事的真实性并不很高，就算不能说全部是编撰，也是加入了太多夸张的内容。不过，韩非子讲述的重点并不在于故事情节，而是在于故事说明的道理。珠宝玉器之类，本是君主急于得到的东西，和氏虽然只是献上了璞石，看上去算不上很美很贵，对于君主也没有造成危害，然而，宁是在丢掉了两只脚之后，宝玉的性质才被确定。由此可见，一块普通璞石，要被确定为宝物是相当之难的。

韩非子说，在当今时代，我所讲的法术未必能像玉璧那样是君主急于得到的东西，只不过是要禁止臣民的自私和奸邪之行而已，本质上对君主是有利而无害的。即令如此，如果想让君主接受它，法术之士要丢掉的，恐怕不会只是两只脚啊。法术之士看到了这一点，看到了如果胆敢执着地向君主奉献法术，后果不仅是失去两只脚的侮辱，说不定还会丢掉性命，所以才不敢像和氏那样，左一次右一次地去冒险进言。

然而，法术的价值却非玉璧所能比拟。君主如果使用法术，大臣就不会擅自决断，左右亲近也不敢出卖君主的权力。如果对整个国家使用法术，无业游民就会回家去耕田，游手好闲的人就得去从军打仗。这就说明，法术会被臣民视为祸害。一般的君主，如同楚厉王和楚武王对待匠人的鉴定结果一样，很难排除大臣的意见、越过民众的议论，而去单独执行法术。这样一来，法术之士即使是拼死力争也无济于事，自己的道术照样难以行得通。

在韩非子之前，法家杰出人物中有著名的吴起和商鞅。吴起在楚国变法，得到楚悼王欣赏，但变法措施却触动了大臣和贵族的根本利益。不幸的是，新法刚施行了一年，楚悼王就去世了，大臣随即作乱，杀害了吴起。商鞅的遭遇与吴起大致相同，只是支持商鞅的秦孝公是在变法八年后才去世的。他们二人的变法活动虽然都没有进行到底，但由于法术在两个原本实力相当的大国推行的时间长度不同，到后来，楚国陷于内政不整、国力削弱的灾难之中，而秦国则逐渐富强了起来。[20]

从吴起与商鞅的遭遇中，韩非子认识到，他们的主张无疑是正确的，但他们本人却被反对势力杀害，说明法术与大臣和世家大族的利益是冲突的。面对现实，韩非子痛惜道，大臣的贪婪和大权在握、贵族的制造政治动乱远胜于当年，但当今君主却没有楚悼王和秦孝公的胆识，那么，法术之士又怎能眼看着一定得蒙受吴、商二人的灾难，还要去到君主跟前推行法术呢？既然法术才是唯一拨乱反正的工具，而法术之士又不能跳下眼前的火坑，那么，天下大乱，没有霸王出现的局面也就在所难免了。

这就是法术之士的两难。

韩非子说过，在与君主的斗争中，如果能想方设法，甚至是抛弃人格和尊严，先取得君主信任，就有希望推行法术。可是，这种方法说来容易，做来也真是太难了。如果法士真能做到弃人格于不顾而求得君主青睐，也就能够横下心来去做奸臣和媚臣了。由此看来，法术之士还是处在不可解的两难之中。

法术之士的两难，在韩非子短暂一生中就有最明显的体现。韩非子之所以在韩国未能得志，就是因为他在日常言论和给韩王的进言中公开批评时政得失，对当政者没有表现出丝毫的妥协姿态。秦王政因为欣赏其政治思想而把韩非子请到秦国，韩非子自以为秦国政治与韩国政治完全不同，但事实上这种不同只是表面上的，而君主专制的本质特性并未改变。当韩非子依然激烈批评秦国大臣未能尽职尽责的时候，他们就组成了统一战线，利用秦王政对韩非子缺乏完全信任的时机，一举除掉了这个异己分子。归根结底，韩非子客死秦国，还是由于他的法家性格，由于他坚持自己的主张和原则，未能与既得利益者达成妥协。

法术之士之所以身处两难之中，与他们坚持的政治思想，即韩非子所说的“法术”有着必然的因果联系。春秋战国以来，远到阻碍社会发展，近到一国政治的腐败，都与世袭贵族的特权地位紧密相关。如果不能消除世袭制，如果不能去除世袭贵族特权，社会就无法进步和发展，国家只能走向腐败和灭亡。法家人物最敏锐地看到了这一点，所以，战国时代以来发生在各国的变法活动都是由法家人物主导，他们的变法措施都是针对着世袭制和特权现象的。可以说，法家人物及其思想就是当时国家和社会中腐朽旧贵族和特权阶层的死敌，万般阻挠法家思想、拼死迫害法家人物的就是这些特权阶层中的既得利益者。

战国时期法家的变法活动，就是要用一些新制度改造旧制度。变法相对成功的国家，战国早期是魏国，战国末期是秦国。魏国的变法成功，最终被魏国后来的衰败和灭亡所淡化；而秦国变法的成功，似乎被统一天下的伟业所强化。然而，秦朝的灭亡，与六国的灭亡只有早与晚的区别，并没有本质的不同。这也从侧面证明，韩非子的法术并不能从根本上改变旧制度，所以，韩非子这样的法术之士，也未能证明可以通过推行法术、推动变法而改变他所在的知识分子阶层的政治命运。

有退无进：知识分子的政治命运

对于法术之士的政治命运，韩非子的看法总体上是悲观的。当他在秦国受到秦王嬴政的致命打击时，曾经有过的希望就完全破灭了。从韩非子的政治视角来看，经过商鞅变法洗礼的秦国在当时是最有能力也最有资格统一天下的。从韩非子与秦王的对话以及给秦王的上疏中，能够让人感受到韩非子的政治热忱。但是，现实是严酷的，命运是悲惨的。

对于暗淡的政治结局和不幸的人生悲剧，韩非子应该是有足够的心理准备的。着眼于现实，韩非子不无义愤地断言，智术之士至死也不会显荣于当世。原因是，他们所处地位正好不是当世需求的，所讲说的也不是最时髦的。他们受到了众人的一致攻击，他们的思想被淹没在无穷无尽的流言蜚语之中。

楚国春申君黄歇是有名的战国四君子之一，以聚贤养士而知名于世。春申君有个爱妾叫余，正妻的儿子叫甲。余想让春申君抛弃正妻，就弄伤身体去见春申君。余哭着说："我能给君做妾，是我的大幸。我想取悦夫人，就难以让君满意；取悦于君，又难以让夫人满意。我本来就能力有限，不能同时让你们二人都满意，最终在谁面前也不能得好。我与其死在夫人那里，还不如死在君的面前，请君现在就让我死了吧！日后再有别的姬妾受到宠幸，但愿君一定要明察，不要再像我这样成为别人的笑料。"春申君听信了余编造的这套话，就抛弃了正妻。

余还想杀掉甲，让儿子作继承人。余撕破内衣让春申君看，哭诉道："我受君的宠幸已经很久了，甲不是不知道啊。可他今天却要强暴我，我不听从，与他争斗，内衣也被撕破。儿子不孝，还有比这更厉害的吗？"春申君大怒，杀掉了甲。

韩非子不无悲愤地说，从这件事来看，父子之间的亲爱关系还会因为毁谤而受到伤害，而君臣相处根本不可能达到父子的亲爱程度。同时，众多大臣的毁谤更胜过一妾之口，那么，圣贤之人屡屡被杀也就没什么稀奇的了。[21]

法术之士与文学之士的政治遭遇是不同的。世俗君主大多昏愦，那些善于装饰外表、善于言说的文学之士就更容易得到君主青睐，而讲求实际的法术之士，因为要急于改革现状，往往会捅到马蜂窝，最终必然遭受厄运。

不过，当面对现实中愚昧的君主和奸邪的权臣时，要想清楚地把韩非子所攻击的“无用”的文士阵营，与他所在的法术之士阵营区分开来，并且时时处处表明二者之间的不同，也确实不是件容易的事情。然而，韩非子痛苦地指出，现实中的大多数当权者并不在意区别这两种人，认为他们或者都是根本无用的，或者都是不着边际的。所以，在君主专制时代，知识分子的命运早就被政治人物做了安排。除非你放弃对知识的追求，在获得了一定的文化知识之后去做官，去为君主建功立业，表现出完全的功利价值，否则就不会得到君主和权臣的承认。在这一点上，韩非子的主张正为那些反对他的人准备好了攻击的弹药。

韩非子的“说难”虽然说的只是法术之士或者智术之士的政治处境，但是，某些君主对所谓文学之士的重视也并不像韩非子所说或所举例子那样简单。韩非子似乎是把法家以外的思想家都归于文学之士，可是，那些坚持原则，并有高深道德修养、直道而行的文学之士，比如像孔子、孟子、墨子、庄子等，却也从未得到过君主的真正重视，更谈不上重用。从这个角度来看，韩非子的看法只是激于一时义愤，并不完全符合实际。

在中国古代政治中，得不到重用的是坚持原则的知识分子。如果坚持用自己的主张改造现实，并在此过程中不做妥协，那么，无论是文学之士，还是法术之士，在专制政治之下都很难获得光明的政治前途。在中国古代君主专制的政治制度之下，能不能受到重视和重用，并不在于出身和身份，而是在于能不能抛弃原则和大道，是否会与昏君和权臣同流合污。当然，从中国古代历史进程来看，在不同时代和不同政治环境下，知识分子坚持原则的程度和人数是不同的。这是一个复杂和饱受争议的话题，在此能下的结论仅仅是，至少从韩非子时代开始，这个话题已经成为全社会不得不正视的一个问题了。

注释：

①《韩非子·外储说左下》："臣以卑俭为行，则爵不足以劝赏；宠光无节，则臣下侵逼。"（第720页）

②详见《史记·平津侯主父列传》，第2950页。○《汉书·公孙弘传》，第2620页。

③以上详见《韩非子·外储说左下》，第745–749页。

④《论语·宪问十四》："公叔文子之臣大夫撰，与文子同升诸公。子闻之，曰：'可以为"文"矣。'"（第211页）

⑤以上详见《韩非子·外储说左下》，第750–753页。

⑥同上，第754–756页。

⑦《韩非子·外储说左下》："公室卑则忌直言，私行胜则少公功。"（第721页）

⑧《论语·子张十九》，第273页。

⑨《韩非子·奸劫弑臣》，第287页。

⑩同上，第287–288页。

⑪《韩非子·孤愤》："智术之士与当途之人，不可两存之仇也。"（第239页）

⑫同上："主上愈卑，私门益尊。"（第246页）

⑬同上："不以功伐决智行，不以参伍审罪过，而听左右近习之言，则无能之士在廷，而愚污之吏处官矣。"（第249页）

⑭同上："使其主有大失于上，臣有大罪于下，索国之不亡者，不可得也。"（第252页）

⑮《韩非子·说难》:“此不可不察也。”(第254页)

⑯同上:“事以密成,语以泄败。”(第256页)

⑰《韩非子·说难》,第269页。

⑱以上详见《韩非子·说难》,第254-269页。

⑲详见《史记·老子韩非列传》,第2147页。

⑳《韩非子·和氏》:“楚不用吴起而削乱,秦行商君法而富强。”(第275页)

㉑详见《韩非子·奸劫弑臣》,第289-290页。

《三晋百位历史文化名人传记丛书》已入选传主名单

尧	传说时期
舜	传说时期
禹	传说时期
晋文公	春秋
介子推	春秋
师旷	春秋
卜子夏	春秋
赵武灵王	战国
蔺相如	战国
荀子	战国
韩非子	战国
卫青、霍去病	西汉
班婕妤	西汉
关羽	三国
石勒	十六国
郭璞	两晋
慧远	两晋
法显	两晋

拓跋珪、拓跋焘、拓跋宏	南北
冯太后	两晋
王通	隋
尉迟敬德	唐
薛仁贵	唐
武则天	唐
狄仁杰	唐
王勃	唐
宋之问	唐
王之涣	唐
郭子仪	唐
王昌龄	唐
王维	唐
裴度	唐
白居易	唐
柳宗元	唐
温庭筠	唐
司空图	唐
李克用	唐
狄青	宋
司马光	宋
杨家将	宋
米芾	宋
元好问	金
关汉卿	元
郝经	元

白朴	元
萨都剌	元
罗贯中	明
王文素	明
孔天胤	明
王家屏	明
张慎言	明
傅山	清
于成龙	清
陈廷敬	清
孙嘉淦	清
杨二酉	清
雷履泰	清
栗毓美	清
祁寯藻	清
徐继畬	清
董文焕	清
车毅斋	清
刘笃敬	清
杨深秀	清
渠本翘	清